阅读推广人系列教材（第三辑）

中国图书馆学会　编
王余光　霍瑞娟　李东来　总主编

图书馆科普阅读推广

主　编　肖佐刚　杨秀丹
副主编　高　磊　王海茹　徐慧芳

Reading Promotion of Science Popularization in Public Libraries

朝華出版社
BLOSSOM PRESS

图书在版编目（CIP）数据

图书馆科普阅读推广 / 肖佐刚，杨秀丹主编 . -- 北京：朝华出版社，2020.2
阅读推广人系列教材 . 第三辑
ISBN 978-7-5054-4485-0

Ⅰ . ①图… Ⅱ . ①肖… ②杨… Ⅲ . ①图书馆—读书活动—教材 Ⅳ . ① G252.17

中国版本图书馆 CIP 数据核字（2019）第 089844 号

图书馆科普阅读推广

主　　编　肖佐刚　杨秀丹
副 主 编　高　磊　王海茹　徐慧芳

选题策划　张汉东
责任编辑　赵　倩
特约编辑　孙　开
责任印制　张文东　陆竞赢

出版发行　朝华出版社
社　　址　北京市西城区百万庄大街 24 号　　**邮政编码**　100037
出版合作　（010）68995593
订购电话　（010）68996050　68996618
传　　真　（010）88415258（发行部）
联系版权　j–yn@163.com
网　　址　http：//zhcb.cipg.org.cn
印　　刷　文畅阁印刷有限公司
经　　销　全国新华书店
开　　本　710mm × 1000mm　1/16　　**字　　数**　233 千字
印　　张　15.75
版　　次　2020 年 2 月第 1 版　　2020 年 2 月第 1 次印刷
装　　别　平
书　　号　ISBN 978-7-5054-4485-0
定　　价　45.00 元

版权所有　翻印必究 · 印装有误　负责调换

阅读推广人系列教材
编委会

主　编　王余光　霍瑞娟　李东来

编　委　**（按姓氏音序排列）**

白兴勇　毕洪秋　陈　亮　陈幼华　崔　波
邓咏秋　费　巍　冯　玲　宫昌俊　顾玉青
郭欣萍　何官峰　侯　艺　黄　鹏　金德政
敬　卿　李诗苗　李世娟　李西宁　李　歆
李　雅　林肖锦　刘淑华　吕　梅　毛　旭
缪建新　钱　军　钱　昆　邱冠华　屈义华
沈红梅　史胜辉　宋兆凯　王　波　王丽丽
王新才　王以俭　王　媛　吴　晞　肖容梅
肖佐刚　熊　静　徐　雁　徐益波　张　岩
赵俊玲　赵　晓　赵元斌

《图书馆科普阅读推广》
编委会

主　　编　肖佐刚　杨秀丹

副 主 编　高　磊　王海茹　徐慧芳

编　　委　（按姓氏音序排列）

陈佳男　陈朝霞　房向群　高月贤

葛文娴　黄雯越　霍利民　刘　丹

穆红梅　檀　博　涂志芳　王渝生

吴翠红　冼伟红　颜湘原　杨兰英

张　恺　张泽华　朱　斐

总 序

由中国图书馆学会（以下简称“中图学会”）主持编写的丛书“阅读推广人系列教材”，是中图学会“阅读推广人”培育行动的一部分。

自2005年中图学会设立科普与阅读指导委员会（2009年更名为“阅读推广委员会”）以来，各类型图书馆逐步重视开展阅读推广活动，并取得了丰硕的成果。在阅读推广过程中，很多图书馆面临不少问题，其中没有适合从事阅读推广的馆员是一个重要问题，而这对图书馆阅读推广活动能否持续、有效、创新地开展，将产生重要的影响。

鉴于此，中图学会阅读推广委员会于2013年7月，在浙江绍兴图书馆举办了“首届全国阅读推广高峰论坛”。这一论坛的目的是为图书馆免费培训阅读推广人，造就一支理念新、专业强、技能高的阅读推广人才队伍。首届论坛获得了图书馆界同人极高的评价。此后，在2014至2015年，中图学会阅读推广委员会又在常熟、石家庄、镇江、成都、临沂举办了五次免费培训，都取得了良好效果。

在绍兴阅读推广人培训之后，中图学会阅读推广委员会便着手考虑培训的专业化与系统性。为了更好地将阅读推广人培训工作顺利推进，委员会于2014年7月为中图学会制定了《培育阅读推广人行动计划（草案）》。该草案分四个部分：前言、培训课程体系与教材、专家组织、考核与能力证书授予等。关于阅读推广人，“前言”中写道：

“阅读推广人”是具有一定资质，可以开展阅读指导、提升读者阅读兴趣和阅读能力的专业与业余人士。

全民阅读、阅读推广，是立足中国文化、提高中华民族素质与竞争力的重要举措，近两年来受到政府与社会的广泛关注。为了推动全民阅读工作规范有效开展，培训“阅读推广人”，则是十分重要与必要的，也是很多机构，如学校、图书馆、大型企业、宣传部门十分需要的。

中国图书馆学会长期以来开展阅读推广活动，积累了丰富的经验，并拥有一批该领域的专家学者，从事全民阅读与阅读推广研究，他们承担课题或从事教育培训，取得了一定的成果，为进一步开展“阅读推广人”的培训、资格认证提供了重要的基础。作为以促进全民阅读，为读者终身学习提供保障为目标和社会责任的图书馆，应当成为阅读推广人培养与成长的摇篮。

中国图书馆学会为了更好地帮助图书馆、学校、大型企业、宣传部门等机构开展阅读推广工作，将阅读推广人培训作为自己一项长期工作。为了培训工作更好与规范地开展，特制订《培育阅读推广人行动计划》。参加培训的学员，通过一定的考核，中国图书馆学会将授予学员“阅读推广人”资格证书。

2014年12月11日，中图学会阅读推广委员会举办的“全民阅读推广峰会暨‘阅读推广人’培育行动启动仪式”在常熟图书馆召开。会上，中图学会正式启动“阅读推广人”培育行动。

在“阅读推广人”培育行动中，教材的编写成为首要任务。这套“阅读推广人系列教材”是国内首套针对阅读推广人的教材。由于没有相关的参考著作，教材可能还存在一些不足。在今后使用过程中，对教材中存在的问题与不足，主编将做进一步的修订与完善。这套教材的问世，对中国阅读推广人的培育将发挥积极的推动作用。

“阅读推广人系列教材” 编委会

前　言

阅读是人类运用语言文字获取信息、认识世界、发展思维，并获得审美体验的活动。阅读推广是社会机构和个人开展的旨在培养大众阅读兴趣、阅读习惯，提高大众阅读质量、阅读能力、阅读效果的活动和服务。科学普及作为一种面向全体大众的终身社会教育，对于传播科学知识、提高国民科学素质具有现实而深远的意义。日本早在 20 世纪 60 年代就提出“让每个人口袋里都有一本科普书”的口号，培养读者按照科学思考问题的习惯、按照科学看待事物的眼光。将阅读推广与科学普及二者有机融合，面向社会大众提供多样、创新、有趣和持续的服务，即是当今社会对图书馆提出的一个时代要求。近几年来，公共图书馆作为科普阅读推广的中坚力量，以服务社会为使命，凭借着对科普阅读推广工作的热情，创新性地开展了大量面向不同群体的服务，为科学知识的普及做出了巨大贡献。比较遗憾的是，在理论层面尚未对科普阅读推广的概念、理论和方法进行梳理，对于众多的图书馆和其他机构不断推陈出新的活动和服务的总结与理论提升也尚需时间。在这样的背景下，本书以哲学本体论意义上的“主体—活动 / 服务—客体”为理论依据和分析框架，尝试从理论层面对公共图书馆及其合作机构的实践活动做较为细致的解析和梳理，也为公共图书馆未来实践提供一定的理论指导。

科普阅读推广的主体包括公共图书馆在内的社会机构或个人，本书以公共图书馆及其合作机构为核心进行描述和分析。客体是其服务的对象，对象的范围随着社会发展在不断延伸和变化，依据主体的性质，这里的客体主要为公共图书馆及其合作机构的服务对象，即公共服务面向的社会大众。又因服务活动的层次不同，本书借用管理学分众营销的概念将其分为不同的群体。科普阅读推广无论是作为活动还是服务都在主客体的统一中被认识、理解和发展。活动的开展需要资源，资源不仅包括传统的纸质图书、电子资源，还延伸至空间资源。主客体的统一性还反映在形式上，科普阅读推广产生了众多的活动和服务形式。由此，本书以“主体—活动/服务—客体”为框架，将核心内容包含在五讲中，即：

1.科普阅读推广内涵、特征与体系。在此讲中，在科学普及起源和发展以及主客体关系进行梳理的基础上，界定科普阅读推广的内涵，并分析相关特征。明确科普阅读推广是社会组织或个人为促进人们阅读科普读物而开展的相关活动。科普阅读推广是科普工作的重要组成部分。科普阅读推广与科普工作面向的服务对象都是人民大众，重点人群为青少年、农民、城镇劳动者、领导干部和公务员等。科普阅读推广的最终目的是为了提高全民的科学文化素质，让服务对象了解必要的科学技术知识，掌握基本的科学方法，树立科学思想，崇尚科学精神，并具有一定的应用科技知识和处理实际问题参加公共事务的能力。

2.科普阅读推广资源建设。此讲以资源形式出发，梳理科普阅读活动的文献资源和非文献资源。文献资源以《中国图书馆图书分类法》(以下简称《中图法》)为依据，确定“科普”文献的类别。本讲基于对主体概念的理解，将非文献资源做了拓展，不仅包括公共图书馆的合作机构，即其他社会科普机构和专门的科普场馆，也包括科学家、科技工作者和科研机构；与此同时，强调深具时代特点的包含微博、微信等新媒体资源在内的开展科普阅读活动的媒介资源。本讲强调图书馆员的资源建设作用，认为图书馆员是图书馆科普阅读推广工作的核心，是直接面对科普推广受众的传播者，并以此为基础分析馆员的能力要求和素质策略。

3.科普阅读推广空间设计。空间是图书馆重要的资源，这样的认知已在图书馆界基本达成共识。科普阅读推广活动需要空间，空间设计是活动和服务的重要组成部分。本讲从一般空间概念、规划和设计原则出发，分析和梳理“以读者为中心”的图书馆科普阅读空间设计元素，包括空间规划、环境设计、材料选择与陈设、推广材料与内容设计；重点梳理和分析目前实践中科普阅读推广的空间类型，如阅览室（包含专题书架）、科普展示长廊和展厅等。

4. 科普阅读分众推广。一般而言，公共图书馆在其基础职能之外，还应充分发挥资源和服务优势对社会进行更多的延伸服务。本讲在延伸服务理念下，基于科普阅读推广服务活动本身和客体的层次性，借用管理学分众营销概念，将图书馆科普阅读分众推广对象重点界定为未成年人、农民、弱势群体（包括老年人、视障人士、失业和务工人员等）。从延伸服务的类型，如服务空间、服务内容和服务时间方面，重点阐述不同分众对象的界定、科普阅读推广模式以及延伸服务的形式，并以大量案例分析总结实践过程中形成的特点。

5. 科普阅读推广形式。借助互联网、新媒体等方便快捷的工具以及世界读书日、全国科技周等特殊时间节点，阅读推广的形式不断创新发展，不断呈现出内容丰富、形式多样的特点，科普阅读推广也不例外。其中讲座、沙龙、竞赛、书目、快报、展览等也成为最常见的科普阅读推广的有效形式。科普日（周）和重点节日以及新媒体推广也是重要的科普阅读推广形式。本讲从这些形式构成要素角度定义相关概念，分析特点，基于案例分析不同形式活动的流程、注意事项等。

阅读和科学普及是人类文明进程中的重要环节，世界各个民族、国家都非常重视二者以及二者的有机融合，本书也对世界上主要国家如美国、英国、日本等国科普阅读推广活动中的要素（如政策、活动形式、推广体系等）进行梳理，并辅以案例进行深入研究，为我国未来科普阅读推广活动和服务的开展提供必要的参考。

2016 年至 2018 年，在中国图书馆学会指导下，阅读推广委员会主办、科普阅读推广专委会承办了第一届、第二届科普阅读推广优秀案例征集工作。两次共收到来自全国各级公共图书馆、学校图书馆的案例二百余个，共评出一等奖案例九个。本书将案例内容与专家点评汇集整理，以资更多图书馆、其他社会机构或个人学习借鉴。

此外，本书也对近年来相关的科普书目、科普机构、科普基地等做了初步调研，成果以附录形式呈现。

本书应中国图书馆学会阅读推广委员会要求，作为系列丛书之一得以出版，本应精雕细琢，但因编著者能力及时间有限，在理论框架、实践梳理方面存在各种不足，希望社会各界给予批评指正以臻完善。

杨秀丹

2018 年 11 月

目 录

第一讲　科普阅读推广概述 / 1

第一节　科普概念与意义 / 1

第二节　公共图书馆科普阅读推广内涵、特征及体系 / 10

第二讲　科普阅读推广资源建设 / 19

第一节　科普文献类型与推广 / 19

第二节　非文献类科普资源建设 / 22

第三节　科普阅读推广馆员 / 28

第三讲　科普阅读推广空间设计 / 33

第一节　科普阅读推广空间设计的理论与原则 / 33

第二节　科普专题专架与阅览室 / 43

第三节　科普阅读推广展示长廊 / 51

第四节　科普阅读推广展厅 / 55

第四讲　科普阅读的分众推广 / 67

第一节　农村科普阅读推广 / 68

第二节　未成年人科普阅读推广 / 72

第三节　弱势群体科普阅读推广 / 83

第四节　科普阅读推广的延伸服务 / 89

第五讲　科普阅读推广形式 / 97

第一节　讲座、沙龙、竞赛 / 97

第二节　书目、快报、展览 / 105
第三节　新媒体 / 116
第四节　科技活动周、全国科普日、其他重要科技节日 / 124

第六讲　国外科普阅读推广调研 / 133

第一节　美国科普阅读推广 / 133
第二节　英国科普阅读推广 / 141
第三节　日本科普阅读推广 / 147

第七讲　国内阅读推广优秀案例 / 159

第一节　第一届科普阅读推广一等奖案例 / 159
第二节　第二届科普阅读推广一等奖案例 / 173

附录 / 219

科普法律与规划 / 219
科普网站 / 220
科普机构 / 220
科普类推荐书目 / 226

后记 / 237

第一讲

科普阅读推广概述

历史的车轮呼啸向前，科学技术日新月异，社会也迈入了一个全新的知识经济时代。于是，知识的创造、传播和应用逐渐成为人类社会最重要的活动，学习也将成为贯穿于全体社会成员各个生产、生活领域及人生的整体过程。科学知识和技术手段的更新不断加速，且越来越快。在此背景下，科学普及无论对于社会进步还是个人发展都显得更为重要。科学普及作为一种面向全体人民进行的普惠性质的社会教育，对于提高国民科学素质具有现实而深远的意义。

第一节　科普概念与意义

科学技术是第一生产力，是经济和社会发展的首要推动力量。它强大的程度一方面取决于科学技术自身的发展水平及其应用，另一方面取决于被人们理解和接受的程度。科学普及可以有效而广泛地提升人们理解、接收及掌握新知识、新技术、新思维的程度，因而科学普及无论从国家、社会、集体还是个人都有着广泛的认知与接受基础。

一、科普概念

（一）概念释义

科学普及又称大众科学或者普及科学，也可简称为“科普”。它是指某一组织、群体或个人利用各种传播媒介和手段以浅显的、直观的、公众易于理解和接受的方式向大众介绍自然科学知识、推广科学技术应用、倡导科学方法、传播科学思想、弘扬科学精神的活动。科学普及的本质是一种让公众理解、接受和使用科学意识、知识和方法的社会教育活动。

人们已经越来越多地认识到，我国的科学普及不仅应该普及科学知识，而且还应该增强科学精神等方面的内容。其中，李大光在 1989 年将“公众理解科学”的概念引入中国，并逐渐引起注意和讨论。李大光认为，“现代科普是目前西方国家和部分发展中国家所采用的完整的提高公众科学素养的模式，其特点是：①注重公众科学素养调查和了解，注重公众对科学信息的需求愿望；② 将科学知识传播置于完整的公众科学素养的提高工作中，科普是促进公众科学素养的一个不可分的重要组成部分；③形成上下的互动规律，既注重公众对科学的理解，也注重公众对科学的了解和跟踪过程；④传播知识过程，注重市场规律，知识信息以公众的需求为主；⑤遗漏信息较少。[①] 这是一种精细完整的公众理解科学的模式，是发展方向。”同时还出现了对科学传播理论的探讨和研究。对于科学传播理论有不同的观点论述和观点分支，这里所说的科学传播，笔者把它看作科学普及的一个新的形态，是公众理解科学层面的扩展和深化。科学传播与科普的区别有三：第一，科普是由科学家向公众 单向传输科学知识的过程，而科学传播是科学共同体与公众的双向互动。第二，科普的目标是为科学共同体服务，但科学传播的目标是公民文化建设。第三，科普的学科基础是科学加文学，因为文学好比糖衣，可以帮助受众更好地接受科学；科学传播的学术基础是科学史、科学哲学，目标是融合科学与人文。[②]

我国科学普及经历了科学普及、公众理解科学和科学传播三个阶段，这一进程也体现出我国普及事业的广义化过程，也折射了我国科学传播事业全面化、系统化的过程。从《中华人民共和国科学技术普及法》第二条可以得出我国“科普”的定义，即国家和社会应当采取公众易于理解、接受、参与的方式普及科学技术知识、倡导科学方法、传播科学思想、弘扬科学精神。现代科普有三个层次，第

① 任勇胜 . 科学普及 . 公众理解科学 . 科学传播 . 中国图书评论 .2005（9）：21–24.

② 赵致真 . 中国科普与新世纪［M］. 北京：中国科学技术出版社，2001：96.

一个层次是向公众普及科学知识、科学观念和科学思想；第二个层次是促使公众理解科学技术本身的特点、发展规律、局限性以及科学技术和人类其他活动的相互关系；第三个层次是公众理解科学的生命在于创新，理解自己是科学的主人，从而参与到科学技术的发明创造中来。

（二）科学普及是一项系统性工程

科学普及是一项复杂的系统工程，作为一个系统包括普及主体、普及内容、普及手段等基本要素。

首先，普及科学知识是基础。

知识是人类进步的阶梯。人类的进步就是使用科学知识和手段认识世界、改造世界的过程，科学技术在不断地改变着我们周围的世界，也在不断改善着人们生活水平。在科学认知活动中，科学认识主体总是遵循简洁、实用和高效的原则，运用概念、判断、推理等手段，尽可能追求对客观对象及其规律的真实反映，以获取真理性的知识。科技发展与社会生活的关系日益紧密，对现代生活的影响越来越大。公众在生活中面临的科技疑问越来越多样。公众对科学知识的需求日益迫切。科学知识上升为经济与社会发展的首要资源。习近平总书记指出："到了知识经济时代，一个人必须学习一辈子，才能跟上时代前进的脚步。如果我们不努力提高各方面的知识素养，不自觉学习各种科学文化知识，不主动加快知识更新、优化知识结构、拓宽眼界和视野，那就难以增强本领，也就没有办法赢得主动、赢得优势、赢得未来。"

其次，弘扬科学精神是使命。

科学作为人类文化的成果，不仅包含科学知识，还应包括科学精神。科学精神是人们在长期的科学实践活动中形成的价值观念。"以实证精神、理性精神的珠联璧合为基础的科学怀疑精神和批判精神集中体现了人类求真的价值取向；科学对专制、迷信的蔑视，对自由、民主、公正的追求，突出体现了求善与求美的人类价值取向。"①科学精神从本质上是与神学和迷信根本对立的，它是从无数科学实验中抽象出来的认知成果和文明之光。作为精神文明的重要资源，科学精神能够给社会发展带来方法、力量、机遇甚至是丰硕成果。

① 李桂花 . 科技哲思———科技异化问题研究 .［M］. 长春：吉林大学出版社，2011.168.

再次，倡导科学方法是核心。

科学是一个范围宽泛、内容庞杂的系统，它包括自然科学、社会科学、人文科学、行为科学等许多方面，体现着人们在认识自然界、人类社会等方面所达到的成就，“自然科学是人类认识和改造自然的科学”。“科学素质”的提升以学科知识为基础。

二、科普的意义

科普是一项重要的社会公共事业，它与政治、经济、文化、社会、科技的发展密切相关。它的目标在于培养具有较高科学素质、对创新方法有着充分理解的公民。全民科学素质的提高是建设创新型国家的客观要求，是考察国家自主创新能力、衡量经济社会发展程度的重要指标。事实上，一个国家未来的繁荣在很大程度上依赖于她能培养多少具有科学素养的公民。一个国家的发展不仅仅需要科学家和工程师，也需要经过科学训练的管理人才，以及能够迅速适应技术快速发展的劳动人口。公众对于科技问题的了解在解决很多社会难题时往往起着至关重要的作用。

英国哲学家培根曾经说过：“一个民族是否真正热爱和理解科学决定了这个民族的竞争力和发展前景。”从这个意义上说全民素质养成和终身科学教育是一个国家的科学发展之本。“讲谈社”或“株式会社讲谈社”在20世纪60年代就提出“让每个人口袋里都有一本科普书”的口号，指出其出版“蓝背书”的最大目的就在于“培养读者按照科学思考问题的习惯，按照科学看待事物的眼光”。20世纪80年代中期，英国发布了《英国：公众理解科学》的长篇报告，指出该“‘报告的一个基本观点就是公众对科学技术更好的了解是促进国家繁荣昌盛的重要因素’，‘科学素养正在变为日常生活必不可少的一个能力’，‘对科学缺乏起码理解的人，就无法分享现代人类思想的丰富宝藏’。”1994年8月，美国科学政策报告《为了国家利益的科学》提出了发展科学的五项“国家目标”，第五项即是“提高全民科学素质”。报告认为“具备科技知识是理解和欣赏现代世界的关键”，“为了迎接21世纪的挑战，美国应成为一个科学知识普及的社会”。

国务院办公厅印发的《全民科学素质行动计划纲要实施方案（2016—2020

年)》也明确指出，到2020年将建成现代公民科学素质服务体系和实现我国公民具备科学素质比例超过10%的总目标，达到创新型国家的水平。在科技日新月异的今天，科技已经深刻地影响到社会的方方面面，公民科学素质已经成为国家综合实力的重要组成部分，成为先进生产力的核心要素之一，成为影响到生活品质、社会稳定、国计民生的直接因素。

习近平总书记曾指出，实施创新驱动发展战略，是加快转变经济发展方式、提高我国综合国力和国际竞争力的必然要求和战略举措。科普是大众创业、万众创新的基本支撑，涉及大众层面，促进我国双创发展基础条件之一是应当重视科学普及，提高全民科学素质水平。当前，一些科技先行国家长期以来在社会上形成了比较良好的科普氛围，公众养成了在节假日和休闲时间去科技馆、博物馆等科普场所进行参观主动接受和学习科技成果的习惯，因而这些国家民众主动接触科技的意识较强、科学素质较高。他们的政府、科研机构、学校等能够较为自觉地将科普视为一种社会责任并加以践行。企业更加有意识和意愿通过科普的方式和渠道来宣传自身的发展。如美国加州硅谷的多个科技集团及政府联合资助开办了科技创新博物馆（The Tech Museum of Innovation）就是个很好的科普案例。

如果说最初是科学家希望社会了解具体的科学技术知识，然后是社会从生存意义上关注科学技术的价值负荷，那么现在则是不同体制的国家都在希望通过科学的社会传播，提高本国的国际竞争力。而提高综合竞争力，不仅意味着用科学提高经济和物质方面的竞争力，更包括用科学提高文化和精神方面的竞争力，因此需要对科学的知识维度、技术维度和价值维度有整体性的认识和传播①。

中国越来越多的企业逐步意识到科学普及的重要性，并积极投身科普事业。通过开展科普活动，助力企业宣传科技创新产品，提高企业竞争力，同时也积极履行它们社会责任并为企业赢得赞誉，进而提升企业社会形象和社会影响力。此外，通过科普，也让企业员工的科技素质也得到相应提高，从而为“双创”打下人力资源的基础。创新企业通过投身科普事业进而赢得发展的核心竞争力。

① 诸大建．理解科学文化：中国新世纪科学普及的战略性课题．[J]．上海行政学院学报.2001（3）：92–97.

科普是公众了解科学技术、参与社会生活的基本需求。科学素质是决定全民的思维方式和行为方式、实现美好生活的前提，是实施创新驱动发展战略的基础。只有具备一定科学素质的公民，才能实现自我生存和社会生活的价值。提高科学素质是满足公民生活需要的基本出发点。只有掌握了与生活相关的科学技术知识和具体的生活技术技能，才能保证基本的生活质量。公民提升职业层次是提高科学素质的根本动力。目前，劳动者普遍存在提高自身职业层次的内在要求，而提高科学素质能够为职业层次转换创造有利途径。提高科学素质也是公民参与公共事务、融入社会生活的必要条件。现代民主社会要求公民不同程度地参与公共生活，科学素质的高低决定了参与程度的深浅，关系到公民生活质量和社会地位的差异。

三、我国科普概念发展

1950 年 8 月 18 日，中华全国自然科学工作者代表会议在北京清华大学礼堂召开。会议决定成立“中华全国自然科学专门学会联合会”（简称“全国科联”）和“中华全国科学技术普及协会”（简称“中国科普”）。李四光成为全国科联主席，梁希当选为全国科普主席。

1958 年 9 月 23 日，中华全国自然科学专门学会联合会和中华全国科学技术普及协会联合召开全国代表大会并作出决议，批准两个团体合并，正式成立全国科技工作者的同一组织——“中国科学技术协会”。

1994 年 12 月 5 日，中共中央、国务院发布《关于加强科学技术普及工作的若干意见》（以下简称《意见》），提出“科普工作是国家基础建设和基础教育的重要组成部分，是一项意义深远的宏大社会工程。各级党委和政府要把科普工作提到议事日程，通过政策引导、加强管理和增加投入等多种措施，切实加强和改善对科普工作的领导”。

1995 年 5 月 6 日，在《中共中央国务院关于加速科学技术进步的决定》一文中首次提出在全国实施科教兴国的战略。同年，中共十四届五中全会在《关于制定国民经济和社会发展“九五”计划和 2010 年远景目标的建议》中，把实施科教兴国战略列为今后十五年直至 21 世纪加速中国社会主义现代化建设的重要方针之一。

1999 年中国科协开展了创建全国科普教育基地的工作。全国科普示范基地由中国科协认定，指依托教学、科研、生产、传媒和服务等资源载体，面向社会和公众开放，开展科学技术教育、传播与普及功能的场馆、设施或场所。2015—2019 年度，中国科协命名《科学世界》杂志社有限公司等 649 家单位为全国科普教育基地①。

为弘扬科学精神，普及科学知识，加快提升公民科学文化素质，自 2001 年起，每年 5 月第三周被定为“科技活动周”。“科技活动周”由科技部会同中宣部、中国科协等 19 个部门和单位联合组成科技活动周组委会，同期在全国范围内开展大规模群众性科学技术活动。每一年的科技周，都为公众奉献一年一度的科技盛宴。

2002 年 6 月 29 日，为了实施科教兴国战略和可持续发展战略，加强科学技术普及工作，提高公民的科学文化素质，推动经济发展和社会进步，《中华人民共和国科学技术普及法》（以下简称《科普法》）由中华人民共和国第九届全国人民代表大会常务委员会第二十八次会议审议通过并开始实施。《科普法》明确规定“各级人民政府领导科普工作，应将科普工作纳入国民经济和社会发展计划，为开展科普工作创造良好的环境和条件”。《意见》和《科普法》是科普成为国家意志的标志性文件。

2005 年 9 月 17 日，全国范围内开展全国科普日活动。从这一年开始，每年的第三个公休日，成为全国科普日活动集中开展时间。

2006 年公布了《全民科学素质行动计划纲要》，这是同《国家中长期科学和技术发展规划纲要》同步的。

2016 年，科技部、中央宣传部中国科学技术协会组织专家研究论证，印发了以能力为导向的《中国公民科学素质基准》，我国科普事业进展迅速。

2016 年全国创新大会，习近平总书记倡导广大科技工作者以提高全民科学素质为己任，把普及科学知识、弘扬科学精神、传播科学思想、倡导科学方法作为义不容辞的责任，在全社会推动形成讲科学、爱科学、学科学、用科学的良好

---

① 中国科协办公厅关于命名 2015—2019 年全国科普教育基地的通知 .http://www.kpjd.org.cn/article/noticlearticle.aspx?AID=29349.

氛围，使蕴藏在亿万人民中间的创新智慧充分释放、创新力量充分涌流。

党的十八大以来，以习近平同志为核心的党中央坚持把创新摆在国家发展全局核心位置，提出“抓创新就是抓发展，谋创新就是谋未来”的新思想、新战略。从党的十八大提出实施创新驱动发展战略，到党的十八届五中全会提出了以“创新”为首的五大发展理念。如果说科技创新是创新发展的核心和关键、是建设世界科技强国的主力军，那么科学普及的作用就相当于创新发展的社会基础，是创新生态的重要组成部分。

四、我国的科普现状与问题

近年来，我国的科学普及事业呈现出欣欣向荣的景象，不仅颁布了《科普法》，实施了“提高全民科学素质行动计划纲要”，设立了科普日，还建立起许多科普场馆和设施，开展了一系列科普活动，涌现出一大批优秀科普作品。中国科协中国公民科学素质调查结果显示，2010 年我国具备科学素质的公民比例仅为 3.27%，随后的几年党和国家开始从政策上倡导全民阅读，2015 年我国具备科学素质的公民比例上升到了 6.20%，实现了翻一番的目标。

近年来，我国社会对于科普的需求也大大增加。中国网民科普搜索指数由 2014 年的 27.93 亿增长到 2015 年的 41.38 亿，同比增长 48.19%。从搜索终端上来看，无线端科普搜索指数（27.79 亿）是 PC 端科普搜索指数（13.59 亿）的两倍多，占据了整体科普搜索指数的 67.16%，显示出中国网民使用移动端进行科普搜索更加活跃[①]。

据 2015 年公民科学素质调查结果显示，在过去的一年中，公民参观过各类科普场馆的比例依次为：科技馆等科技类场馆（22.7%），自然博物馆（22.1%）。参观身边的科普场所的比例依次为：图书阅览室（34.3%）、科普画廊或宣传栏（20.7%）。我国公民对科普设施的利用情况与美国 2012 年比例大致相当[②]。

我国科普事业取得的成绩是有目共睹的，但问题也是客观存在的。

---

① 中国科协科普部、百度指数、中国科普研究所．中国网民科普需求搜索行为报告（2015 年度报告）［R］.2016.

② 中国科协发布第九次中国公民科学素质调查结果［EB/OL］.［2016-06-02］. http://politics.people.com.cn/n/2015/0919/c70731-27608306.html.

一是科普发展不均衡。相关资料显示，我国的全民科学素质工作发展不均衡，根据中国社会科学院发布的《中国公民科学素质调查研究报告》，东部地区公民具备科学素质的比重要高于中西部地区，而农林牧渔水利业生产人员的科学素质达标率最低。

二是科普认知有偏差。当前我国科普事业存在的问题有很多，其中之一是把过多精力放在向全民灌输科学知识，而没有切实提高公众对科学的全面理解，致使公众在科学精神、科学思想和科学方法等方面的素养较为欠缺。这种现状难以满足全面建成小康社会和建设创新型国家的需要。

三是公民科普技术素质整体偏低。据有关调查显示，我国公民科学素质水平与发达国家差距甚大，大多数公民对于基本科学知识了解程度较低，而且在科学精神、科学思想和科学方法等方面更为欠缺。公民科学素质水平低下，严重制约了我国创新型人才的培养和成长，已成为制约我国经济发展和社会进步的瓶颈之一。我国“人均接受正规教育年限低于世界平均水平；因长期受应试教育影响，学生科学素质结构存在明显缺陷；社会教育、成人教育的发展尚不全面和深入，公民缺少接受终身教育的机会”。

四是科学技术普及长效运行机制尚未形成。政策法规是公民科学素质建设长效运行机制的制度保障，科普的公益性要通过政府制定的相对完善的科普政策予以保障。中国科协现在是各层级的科普协调管理的常设机构，应致力于促进科研机构、企业、学校、科普部门之间的合作与联系，充分发挥科技场馆、高校、科研部门、企业等科研设施的科普功能，定期组织公益性科普活动。未来社会，科技、教育、科普创作、大众传媒之间的协作会越来越深入，交互性越来越强，科普产业化的趋势会越来越明显。但现阶段，我国科普设施、队伍、经费等资源不足，因而大众传媒科技传播力度不够、质量不高。

五是有些科普作品和科普设施科学性存疑。这突出表现在以下四个方面：一是缺乏科学内涵。有些作品故事精彩、文笔优美，但是缺乏科学内容，尤其体现在一些影视科普作品中。另外，在一些科普作品中，对科学思想、科学精神、科学方法、科学成果的表述太简单甚至不提及。二是缺乏科学依据。现在的很多科普作品所引用的概念、数据、理论等均无出处，甚至道听途说，哗众取宠，不仅科学性受到质疑，也容易产生知识产权问题。三是知识陈旧老化。科学技术日新月异，许多科学的原理、方法在不断地改进与提高，新的科学知识、新的技术手段层出不穷，有一些科普作品中的案例及观点不能及时跟进。四是存在伪科学现象。有人将非科学甚至反科学的东西披上科学外衣，用唯心的理念或庸俗的故事说明一些自然现象，给人们以错误的认识，蒙蔽公众，具有非常严重的欺骗性。

要解决上述问题，必须从科普创作的源头抓起，加强科普的科学性，要用科学的态度对待科普，使科普阅读推广工作得以顺利进行。

第二节　公共图书馆科普阅读推广内涵、特征及体系

图书馆之父阮冈纳赞曾说过，图书馆的目的是为社会利用，与社会同步前进。

一、科普与图书馆

开展科学普及是公共图书馆的社会职责。公共图书馆作为社会文化机构，其社会职能涵盖了科普教育的范畴。利用馆藏科技文献、文化场所等资源面向社会公众开展科普活动，满足社会公众的科普需求是公共图书馆重要的社会责任和义务。只有提高全民的科学文化素质，才能更好地促进社会的发展，而图书馆恰好可以通过科普阅读推广工作提高全民的科学文化素质。公共图书馆作为公益性的全民科学文化教育机构，应借助其馆藏、人才等资源优势，全方位、多渠道地推动现代科普工作，为国民科学素养的提高作出贡献。

《科普法》明确了公共图书馆科普服务的两个问题。第一，科普是公益事业。《科普法》第四条指出："科普是公益事业，是社会主义物质文明和精神文明的重要内容。发展科普事业是国家的长期任务。"科普事业是公益性事业，公益性事业的基本特征即不以营利为目的。发展科普事业的目的在于谋求社会公共利益，从根本上促进经济发展和社会进步，而非谋求个人或组织自身的经济利益。第二，公共图书馆有责任开展科普。《科普法》第十六条规定："新闻出版、广播影视、文化等机构和团体应当发挥各自优势做好科普宣传工作……科技馆（站）、图书

馆、博物馆、文化馆等文化场所应当发挥科普教育的作用。”公共图书馆应加强科普能力建设，设立科普工作岗位，并纳入专业技术岗位范围管理，充实科技类图书。加强科普资源共享，集成国内外现有的科普图书、期刊、挂图、音像制品、展教品、文艺作品以及相关科普信息，建立数字化科普信息资源和共享机制，为社会和公众提供资源支持和公共科普服务。《全民科学素质行动计划纲要实施方案（2016—2020 年）》（以下简称《方案》）明确提出，加强图书馆等公共文化基础设施的联动，拓展科普活动阵地。《科普法》无疑又将公共图书馆从事科普教育上升成为一种义不容辞的社会责任与担当。

在知识经济风起云涌、国际竞争日趋激烈的新形势下，国民素质对国家在国际上的地位具有极为重要的战略意义。在此形势下，公共图书馆作为政府为公民提供公共文化服务的最主要渠道之一，应秉承“面向全社会开放，传播科学文化知识和信息，促进经济发展和社会进步”的核心服务理念，顺势而为，利用其所拥有的涵盖整个人类社会实践活动智慧成果的馆藏资源，投身到全民性的现代科普工作中去，充分发挥自己的优势，与学校教育互为补充，为公民提供接受终身教育的机会，为中华民族整体科学素质的全面提高而服务。

公共图书馆应从自身功能定位和服务职能出发，把科普服务的功能定位为唤醒科学意识，普及科学知识、科学方法、科学思想、科学精神，提高处理公共事务的能力。公共图书馆是各类型图书馆中最为重要的一种类型，是民主社会保障公民平等地获取知识和信息的社会机构。公共图书馆也是科普教育的场所，其科普功能应该是传播科学文化知识和信息，促进经济发展和社会进步，培养人们的科学理念，激发好奇心，激励人们进行探索和学习，并逐渐改变观念，形成科学的世界观和价值观。公共图书馆的这种科学教育理念，与学校正规教育的科学教育理念是有明显区别的，公共图书馆对此应该有清醒的认识。只有对公共图书馆开展科普服务有了正确的认识和功能定位，才能充分发挥公共图书馆的科普功能，明确公共图书馆开展科普服务的目的，从而依据自身的特点更好地开展科普服务工作。

二、图书馆与科普阅读推广

科普阅读推广首先是阅读推广，因而其首要目标是帮助不爱阅读的人爱上阅读，帮助不会阅读的人学会阅读，帮助阅读困难的人跨越阅读障碍。但科普阅读推广区别于其他阅读推广的特征为：帮助服务对象了解必要的科学技术知识，掌握基本的科学方法，树立科学思想，崇尚科学精神，并具有一定的应用科技知识处理实际问题、参加公共事务的能力。科普阅读推广的最终目的是为了提高全民的科学文化素质。

科普阅读是全民阅读的重要组成部分。《全民阅读促进条例》第一条指出，制定此条例是为了"提高公民的思想道德素质和科学文化素质"。就提高公民的科学文化素质而言，做好科普工作是极为重要的，科普阅读作为科普工作和活动的基石，是一切科普工作的最基本的形式，也是最普遍的形式，所以科普阅读推广也是阅读推广的重要组成部分。科普阅读推广与科普工作面向的服务对象都是广大民众，科普阅读推广旨在提高服务对象对科普阅读的兴趣和能力。

科普阅读推广，即社会组织或个人为促进人们阅读科普读物而开展的相关活动。相较于其他的阅读推广，科普阅读推广强调的重点在"科学"二字。所以科普阅读推广的目标不仅仅在于使不爱阅读的人爱上阅读，使不会阅读的人学会阅读，使阅读困难的人跨越阅读障碍①，更重要的是要达到普及科学技术知识、倡导科学方法、传播科学思想、弘扬科学精神的目的。

科普阅读推广是科普工作的重要部分。《方案》明确提出，加强图书馆等公共文化基础设施的联动，拓展科普活动阵地。科普阅读推广与科普工作面向的服务对象都是广大民众，重点人群为青少年、农民、城镇劳动者、领导干部和公务员。但科普阅读推广实现科普的方式则主要在于提高服务对象科普阅读的兴趣和能力。

科普阅读推广的最终目的是为了提高全民族科学文化素质。具体而言，科普阅读推广可以让服务对象了解必要的科学技术知识，掌握基本的科学方法，树立科学思想，崇尚科学精神，并具有科技知识处理实际问题、参加公共事务的能力。这就决定了科普阅读推广活动的策划必须紧扣这一主题，通过促进科普阅读，增强公民获取和运用科技知识的能力。

图书馆的科普阅读推广在平台及资源方面具有其他机构无法比拟的优势，主

---

① 范并思．阅读推广与图书馆学：基础理论问题分析［J］．中国图书馆学报．2014（5）：4–13.

要表现在：

平台优势。图书馆能较好地连接科学家与公众。从美国等国的公民科研平台来看，这一点尤为明显。公共图书馆一方面为科学家提供服务，另一方面也联系着广大读者，具备了实施公民科研的平台优势。此外，图书馆的公益性也是作为大众参与科普教育的一大优势——图书馆的公益性使民众更加放心地参与，对于公民参与科普活动更具说服力。

资源优势。图书馆在推进公民科研发展上具有软件与硬件资源的双重优势：一是软件资源优势。图书馆拥有丰富的文献与数据库资源，是大众参与科普活动的有力支撑；同时，图书馆构建的读者服务平台也是参与科普活动人群的数量和质量的保障。二是硬件资源优势。图书馆可为志愿者培训、成果发布等提供讨论空间与场所；图书馆具备的计算机硬件资源能服务于公民科学的大量数据收集以及保存。政府通过立法手段，确立对图书馆公民科研服务的投入，图书馆在科研领域、科普领域以及公众服务领域的重要性能进一步得到体现。

专业优势。图书馆的专业优势主要体现在两个方面：首先，图书馆员有着丰富的公众培训与科普教育经验，这便于图书馆组织出高质量的科普活动。其次，图书馆员有着熟练的文献计量等专业技能，一方面可以满足读者或机构的科普咨询，另一方面也可组织出丰富而多层次的科普教育活动并形成固定项目，进而追踪科普效果。

三、科普资源

有学者把科普资源定义为应用于合作交流、为社会和公众提供公共科普服务的科普产品、科普信息和科普作品的总和；有的学者把科普资源定义为在一定的社会经济、文化条件下对科普事业发展、繁荣有着直接或间接影响的因素；科普资源本文界定为关于科普教育的知识资源的总称。

科普资源的最大特点是公共产品性。也就是说，它是一种具有非竞争性和非排他性的产品。所谓产品非竞争性使用者对公共产品的消费不排斥和妨碍他人同时享用，也不会因此减少他人消费该种公共产品的数量。产品的非排他性是指对某一公共产品的消费不能排斥他人对该产品的消费，即在技术上无法将那些不愿意为消费行为付款的人排除在某种公共产品的受益范围之外；或看在技术上虽然可以排他，但排他成本很高，以至于经济上不可行。①

科普内容、科普媒介和科普产品是科普资源的基本单元，是构成科普资源的必备要素。科普内容主要指科普信息及相应的载体，包括声音、图像、文字、展品等及其复合形态；科普媒介是指不同传播渠道中相应的媒介，它们是传播科普内容的载体，根据传播渠道的不同又可以将科普资源分为三类：媒体类、场馆类和移动设施类。媒体类科普资源是指媒体组织所使用的传播媒介资源，主要包括报纸、广播、视频、网络等。场馆类科普资源是指基于固定场馆特征的科普媒介资源，主要包括科技馆、博物馆、科普教育基地、科普馆等。移动设施类科普资源是指基层学校、社区、部队等提供流动式科普服务的公益性基础设施的总称，主要包括科普大篷车、科普放映车、科普宣传车等；科普产品是指信息资源的载体形态，包括科普图书、科普期刊、科普影视和科普展品等。

科普资源从形态上可以分为静态类、动态类和交互类三类。静态类科普资源的呈现形式主要有报纸、书籍、宣传页、挂图、海报等；动态类科普资源的呈现形式主要有动漫、电视节目等；交互类科普资源的呈现形式主要有游戏等。

四、科普对象

科学普及活动所指向的客体就是科学普及宣传的对象。在具体的科学普及宣传活动中，科学普及的主体与对象是确定的，但科学普及宣传的主体有时又是科学普及宣传的对象。正如教育活动中的教师，他们要当好老师的角色，首先要当好学生，接受文化科学知识教育和教学技能的训练。科学普及宣传对象是当今社会最庞大的无组织群体，因性别、年龄、职业、科学文化素质、兴趣爱好的差异，对科学的普及宣传抱有不同的心态和需求。

科学普及绝非通俗意义上的简单书面知识的灌输，或者简单小实验的讲解，现代化的科学普及教育，还有丰富的科幻影视内容。这些影视作品对青少年来说，对他们的想象思维是有极其有利的激发作用，以图形可视化的界面、三维立体感官，引发青少年对科学艺术欣赏的兴趣，给他们营造更好的平台，创造更好的体验。

① 尹霖，张平淡 . 科普资源的概念与内涵［J］. 科普研究 .2007（5）：34–41.

五、科普手段与方式

一是加强科普文献资源的推广。首先，开辟专门的科普文献阅览室、专藏空间、推荐空间等将科普图书，科普期刊，科普声像资料进行集中收藏，以供读者外借和阅读。其次，通过各种手段展示、揭示和推送馆藏科普文献收藏，以便读者充分了解、借阅、获得各项文献信息及资源内容。

二是举办讲座、展览、沙龙、放映及讲演结合或讲映结合的科普活动，积极推动科普工作开展。利用自己的馆藏科普文献资源，邀请当地一些有名的科技工作者或科技团体配合当前科普工作的重点和热点，有针对性地举办科普活动，提高参与读者的科学素养。

三是积极开展科技下乡、志愿帮扶，实现科普文献扶贫。一方面通过整理、加工馆藏科普文献上的一些实用知识为当地农民和企业服务，另一方面直接将原生科普图书和科普期刊送到经常联系的当地中小学和社区及乡村图书室里，让这些科普文献发挥更直接的作用。

四是运用数字化、信息化的技术手段建设网络科普平台，推动资源的利用和共享。图书馆可以对既有的科普讲座进行数字化加工，可以自建专题数据库，也可以购置专业科普数据库，实现广大读者足不出户即可便捷获取各项科普知识的效果。大型公共图书馆还可以根据自己的地域特色和功能定位开展特色数据库建设，这不仅是图书馆原创性的馆藏资源，也是很适合广大读者的科普平台。值得一提的是，依据地方特色文化而建设的各种数字化地方文献也是很好 的科普资源，如“北京记忆”网就是通过现代多媒体信息技术，将以往各期讲座的具体内容以文本、音频、视频的形式纳入“北京记忆”大型历史文化多媒体数据库，使公众可以便捷了解北京历史科普文化。

五是主动接受社会科技信息咨询和查新服务。为科研和政府机关提供参考咨询与查新服务是现代公共图书馆的重要职能之一。图书馆拥有广泛的文献资源与数字资源，且自成体系，是我国最重要的文献信息查询基地，有专职从事于文献信息咨询服务的专业馆员及合作的专业机构，强化各类科技信息的门户导航作用，努力提高全民用户信息素养，强化深层次个性化知识服务。面向普通用户推出信息素养教育培训及咨询服务，面向科研工作者和重点行业的研发人员推出个性化科技参考咨询服务或跨学科或交叉学科的参考咨询服务。科技文献与咨询服务已成为图书馆服务水平与服务能力的重要考核指标之一。

六、科普反馈

科普教育是指科学普及主体（管理部门）通过调查摸清普及宣传对象的科学素养以及对科学普及宣传信息的接受和理解情况，验证主体所发出的宣传信息的质量，进而调整自身信息输出的过程。反馈是实施控制的必要环节。普及主体只有通过反馈才能使自身发出的科学普及宣传信息越来越符合对象的需求，使宣传效果越来越显著。开展社会调查是反馈的工作重点，而调查结果能否客观反映普及宣传对象接受科普的实际情况，则是影响反馈效果的重要因素。为此，在社会调查中应确保样本抽取的科学性以及调查项目设置的合理性。如对公众实施科学素养调查，既应该了解公众对科学知识的认知水平，了解公众的科学思维能力，也应该了解公众的科学精神素养。

七、图书馆科普阅读现状

现代科普工作任重道远。我国公共图书馆现代科普服务实践良好，但仍存在一些问题。如科普力度不够、科普手段相对落后、对科学思想和科学精神的传播重视不足等。

公众服务理念有待提升。大部分图书馆还习惯于被动式地提供服务，例如，哈佛大学图书馆所作的组织变革。虽然近年来图书馆界在服务科研上进行了主动式服务变革，但是在联系公众层面，图书馆还存在不足。科普工作需要对公众进行招募、联系、组织、评价等科研模式调查，图书馆必须以一种目标导向式的主动服务才能更好地服务公民科学素质的提升。

大数据管理经验缺乏。公民科研的一大特点是其数据量巨大，而且数据分析也是公民科研所面对的一项重大挑战。传统图书馆界对于大数据的收集、管理、组织可能比较陌生。这一方面需要图书馆引入相应的人才，另一方面也需要政府对于硬件资源的投入。此外，数据分析是评价科普工作的重要条件，而图书馆馆员在这方面还缺乏足够的训练。

经费资源不足。目前，我国大部分公共图书馆还没有获得科学普及相应的财政专项、技术支持和人员支持。因此，图书馆难以为公民科研项目提供高质量的服务。

第二讲

科普阅读推广资源建设

第一节　科普文献类型与推广

开展科普工作，充足的科学知识资源是首要保障。图书馆是公共文化生活交流空间，是知识和信息的宝库。由于图书馆在文献资源和人员上的优势，已成为我国科普事业的一支重要力量。

一、图书馆藏书类型

图书馆的馆藏文献包括图书、连续出版物、古籍与地方文献、电子及数字文献等几大类。它们都对普及科学知识起到重要作用。随着文献资源类型的改变和科技的发展及读者的阅读需求，读者 / 消费者购买电子图书、期刊全文数据库的占比越来越高，图书馆从单一类型的纸本收藏，到纸本资源、数字资源同时收藏，再到网络馆际互借共建文献收藏，已经成为各馆藏资源建设的必然。这种趋势和转变，对馆藏建设、管理、利用外文文献资源不仅是一种导向，也提出了更深层次的服务要求。

公共图书馆对文献资料的收集、分类、整理和使用以知识性、普及性为主，其丰富的文献资料可以较好地满足公众的知识需求。公共图书馆有丰富的图书资料和数字资源，学科的种类齐全，知识深度深浅适宜，适合大众阅读；资源类型多种多样，有纸质的图书、报刊、杂志，也有多媒体的电子资源，可以满足大众不同的阅读爱好选择。公共图书馆都配有电子阅览室，读者不仅可以查阅本馆的电子资源，还能享受到上网服务，可供使用的资源扩展到互联网。一方面每年政府稳定投入的购书经费，使信息、知识保持完整持续、常新的状态，为科普工作的开展提供了充分的信息资源保障。另一方面公共图书馆拥有一批各专业素质高的图书馆员。他们对馆藏资料非常熟悉，网络搜寻技术娴熟，能按某一专题全面而迅速地编制出书目、信息专题，为开展各种科普活动提供内容支撑。

二、科普文献分类

科普文献尤其是科普图书有广义和狭义之分。狭义的科普文献是指自然科学知识方面的通俗读物，如天文、地理、物理、化学等方面的专业图书。广义的科普文献在此基础上，还包括各类实用技术类图书，部分社会科学和人文学科方面的文献资料，以及涉及人们日常生活的各类知识性文献资料等。无论是广义还是狭义，科普文献资源均具备两大基本特征：一是科学性，一是通俗性。

科普文献按照对象分，可以分为幼儿科普读物、青少年科普读物和成人科普读物，按照行业划分可以分为基础科学科普读物、农业科普读物、工交科普读物、国防科普读物、医药卫生科普读物等；按照创作类别可以分为科普著作、科普小品、科普诗歌、科幻小说等；按照文献的出版形态可以分为百科全书，科普人物传记、丛书、文集汇编等。

《中图法》提出了科普类目的分类方法，并重点考量了各学科科普应用文献的归类问题，基本的分类方法是“各学科科普文献归入各学科相应的科普类目”，如哲学科普文献归入哲学的相关科普类目“B– 49 哲学学习与普及”，生物学科普文献归入生物学的相关科普类目“Q– 4 生物学教育与普及”等等。为了解决涉及多学科科普文献的分类问题,《中图法》在“C 社会科学总论”下设立了“C4 社会科学教育与普及”，在“N 自然科学总论”下设立了“N4 自然科学教育与普及”，这是《中图法》分类科普文献的两个主要类目。《中图法》还在总论复分表中设立了“– 49 普及读物”，用来复分各个学科类目的科普文献。

三、科普文献的推广

首先，各个图书馆要不断完善馆藏科普资源。随着科学技术的发展、知识的更新加快，原来一些比较冷僻的科学技术开始影响人民的日常生活，如公众重点关注的环境科学、食品科学、医学航空航天技术，以及一些新兴学科、交叉学科、边缘学科等。公共图书馆应该从资源储备上予以考虑，从馆藏资源建设上进行有针对性地补充和调整。一方面要保障科普信息的完整持续和常新状态，特别是要关注和加强热点学科文献建设；另一方面还要注意科普文献的知识深度，文献要多以普及型为主，适合大众阅读，资源类型要多样化，以满足不同公众的阅读爱好。

科普文献专题推荐。大型公共图书馆阅览室收藏中文科技图书近几十万册，设立主题科普文献专藏区、专架或科普主题影视资料展播，才能使精品、特色的科普文献书从书海中脱颖而出。如可设立“科普新书速递”“获奖科普图书”“科技工具书”专架等。评选推荐科普类图书书单也是一项很有意义的工作，图书馆员可以借助各种机构评选书单，如“国际化学年‘读书知化学’重点推荐图书”“引进版科技类获奖图书”“英国皇家学会科学图书奖”“Amazon 年度科学类选书”“《物理世界》年度推荐最佳科普书”等选出的优秀科普图书，满足不同专业、不同需求、不同年龄的读者，为他们提供个性化的定向推送，实现科普图书推荐指导。科普文献的选择水准决定了文献推荐质量的高低，专架推荐的有质量有影响力的图书可作为首选。为了鼓励科普图书创作，全国设有许多科普奖项，如科技部的“国家科技进步奖”“全国优秀科普作品奖”；中国科普作家协会的“优秀科普作品奖”。图书馆设立获奖图书专架能够方便读者查阅优秀科普作品，促进获奖作品的进一步宣传和推广，激发科普作家、科学家、科技工作者、出版机构积极参与科普创作的热情，提高我国科普创作水平。

此外，有相当部分科普图书是以丛书的形式出版发行的，他们的设计风格、尺寸、规格、装潢一致，设立专架推荐，更方便读者了解该丛书涉及的学科范围及编排体系，使读者在较短时间内能阅览多学科、多领域的图书，并有助于了解这些学科领域的全貌。丛书摆放在推荐专架上，可以提升读者的阅读效率，有利于提升读者对相关主题的整体科普认知，如商务印书馆打造的《自然观察》《自然雅趣》《自然文库》《自然感悟》等系列丛书。科普阅览室中的一个重要元素是相关的科技出版社，它们以出版自然科学、工程技术、医学卫生、实用读物以及科普类等书刊为主要特色，“出版社专架”集中推荐，这些国内规模最大的综合性科技出版社极具代表性，能够展现全国最优秀的科普作品，推动科普图书的传播，提高公众的科普认知。另外还要注意对引进版科技类和科普类图书的推荐。我国自然科学方面引进版图书的比重明显偏低，在引进国外图书时，一些出版社只盯着那些畅销书，对于一些关系到国计民生的高新科技、前沿科学的普及图书却鲜有关注，甚至存在选题空白①。目前这种状况已有所改观，据国家新闻出版广电总局发布的《2015 年全国新闻出版业基本情况》显示，图书进口 1418.78 万册，其中自然科学技术类 47.47 万册，占图书进口数量的 3.35% 。对比 2011 年与 2015 年的进口图书数量，科普图书的引进出版保持平稳的增长态势，国外引进版权的科普图书已是市场上主流的科普图书，这类书基本以欧美发达国家的科学家原创作品为主，《迷人的材料》等一大批优秀的引进版科普图书获得国内的科普图书奖。

图书馆作为重要的公共文化服务平台，坐拥丰富的科普文献资源，应利用自身阅读空间的优势，为公众提供优质、丰富的科普图书，鼓励读者阅读科普作品，增长科学知识，提升文明素养。

第二节　非文献类科普资源建设

一、科普场馆与科普机构

科学技术馆（简称科技馆），是一个以展览教育为主要目的和功能的公益性科普教育机构。科技馆通过常设、短期和巡回展览的形式，以参与、体验、互动性的展品及辅助性展示等基本手段，以激发大众的科学兴趣、启迪公民的科学观念为主要目的，对公众进行科普教育。同时，科技馆还可以举办其他类似于科普

① 陈桃珍，王树槐．引进版科普图书选题和编校质量问题探析［J］．编辑之友，2011（6）：30-32.

教育、科技传播以及学术文化交流等类型的活动。2016 年全国共有科技馆和科学类技术博物馆 1393 个 [①]。

在新的时代背景下，我国科普工作需要社会各界使用“大科普”的思维，形成大联合、大协作的局面。图书馆和科技馆不仅要立足自身资源积极开展传统科普服务，还应加强团结与协作，融合科普文献和专业科普机构的双重积极优势，积极开拓科普服务创新，进一步发挥社会教育机构的作用，为建设创新型国家提供有力支撑。对图书馆来说，一方面要继续开展传统科普服务，针对不断涌现的 3D 打印、燃料电池、纳米材料等新技术和新产品为公众提供科普文献、科普讲座等；另一方面，图书馆也要积极借鉴科技馆经验及与科技公关的合作。一批创客空间在图书馆蓬勃兴起，一批原本只出现在科技馆内的科技体验项目通过双方的合作出现在图书馆。

图书馆与科技馆的实体平台合作，既可以增加受众面，拓展图书馆科普服务方式，扩大社会效益，也充实了科技馆的展示内容，同时最大限度地满足公众的科普需求，形成三方共赢的理想局面 [②]。

此外，公共场所的科普宣传设施是我国科普技术设施的重要组成部分。2016 年，城市社区科普（技）专用活动室与科普宣传专用车数量有所增加，科普画廊与农村科普（技）活动场地数量出现下降，公共场所科普宣传设施总量上出现一定程度的下降，全国共有科普画廊 21.02 万个。对于基础科普设施来说，现在出现的问题主要有：科普资源共享形式单一；现有科普资源数量少、更新周期长、流通渠道不畅、信息闭塞，没有完全真正反映群众的实际科普需要；基层科普设施薄弱，服务基层居民能力不足。当前，多数科普机构和人员热衷于开展诸如科技下乡、科技活动周、街头科普宣传咨询等大型科普活动，而忽视了针对性强的经常性的科技知识传授与普及；多数公众反映科普活动内容陈旧，科普仪器老化，甚至有公众认为科普知识是“小儿科”。而由于各种原因，现代科普手段如网上科普、远程科普教育等还没有广泛开展起来。

① 中国科普统计 2017 年版 . 中华人民共和国科学技术部著。北京：科学技术文献技术出版社，2017.12.

② 胡滨 . 面向科普服务的图书馆与科技馆合作模式初探 .［J］. 情报探索 . 2015（7）：103–106.

二、科学家、科技工作者和科研机构

科学家，作为一种社会角色在历史上出现的时间并不长。19世纪中叶以前，在英语中并没有“科学家”这个名词。1840年，西方近代科学哲学奠基人威廉姆·休厄尔（William Whewell）在其《归纳科学的哲学》一书中首次使用了“科学家”这一用语。随着科学事业的建制化发展，科学家逐渐成为一种职业并且在人类社会生活中扮演着越来越重要的角色。

我国著名科普作家高士其说过：“科学普及是科学工作者的重要任务之一。只有把科学研究和科学普及相互结合，才是一个完整的科学工作者。”科学普及与科学家的科研工作不但是紧密相联的，而且是互相辉映、融为一体的。没有布鲁诺、伽利略的宣扬、普及，哥白尼的“日心地动说”便难以掀起近代科学的革命风暴；没有赫胥黎“斗犬”般的维护和宣传，便不会有达尔文进化论的深入人心；没有相对论热，爱因斯坦及其理论也不可能家喻户晓。在科学社会高度一体化的今天，现代科学研究事业的开展和深入更需要公众理解科学。科学家也更需要将科学普及视为自己分内的一项“正业”，视为科研工作的一个组成部分。著名的美国化学会很重视科学普及教育，针对不同群体编辑出版科普读物，推动化学知识传播，如出版的《奇妙的科学》(〈Wonder Science〉) 主要是帮助小学生及其家长认知科学，出版的《社会中的化学》(〈Chemistry in the Commuinty〉) 是为高中生设计的课程，帮助他们认知化学及其在社会中的作用。

我国著名科学家钱学森也曾就此向西北工业大学提出过建议：对于学位论文，不管是硕士生还是博士生，所有的论文都要加一个副篇，这个副篇就是要对一个不在行的人讲清楚自己的题目。总之，在现代科学普及阶段，科学家提高交流的能力，加强与大众传媒的合作已成为科学普及的关键。

从长远看，科普不仅有利于促进公众科学素养的提高，推动科学文化的弘扬普及，为科研人才的培育提供必要的社会文化沃土，也有利于形成促进创新的科研文化，从而推动基础学科发展和科学共同体繁荣。

科普有利于科研人员智慧的启迪和知识的拓展，有利于研究灵感的产生和交叉学科研究的深入。卡尔·萨根在评价阿西莫夫的作品时说过，我们永远也无法知道，究竟有多少正在科学前沿研究探索的科学家是因为读了阿西莫夫的某一本书、某一篇文章或者某一个故事而得到最初的鼓舞和激励；我们也无法知道，究竟有多少普普通通的公众基于同样原因而对科学事业给予同情和支持。

科学家走出实验室参与科学传播，一方面，可以了解社会和公众所关心的科学问题，帮助科研工作者认识科研及成果转化的价值。科研人员通过科学传播活动，可以更加切身体会科研工作的意义，从而促进其积极性和研究活力。另一方面，科学普及与传播能够为科研人员及其感兴趣的科研领域吸引来自其他社会领域更多的潜在关注。

当前，学科间交叉融合的广度和深度前所未有，跨界创新、商业模式创新层出不穷，引发科研范式和创新模式的重大变化。一方面，科研和创新主体的要求不再仅仅限于创造知识和培养人才，而是需要对内拓展学术界内部对跨学科研究与合作的新认识、新理解，对外与其他社会行业领域开展协作，也就是拓展科学普及的社会延展功能，加强与经济发展、社会发展、政治决策、社会参与、媒体宣传的协同创新。另一方面，随着科技进步和社会发展，科研成果及其社会应用在现实生活中对人们的影响也越来越大。因此，科学共同体和公众之间的互动关系也对社会发展产生着日益重要的影响。一方面，科学的民主需要公众的理解和参与，只有得到公众的支持和认同，科研才能更高效和顺利地开展；另一方面，公众对于了解科研的进程和获知最新的科研成果有着迫切的需要，科学家在回应公众需求时的教育实践又推动科技进步和社会发展。

高校、科研院也是科普资源的重要载体。近年来，这些机构主动和自觉地开展丰富的科普活动。很多科研机构和大学设立了“开放日”，每年定期对公众开放。中国科协、各地科技管理部门设立了科普教育基地，将高水平的科技成果和看似“神秘奥妙”的科研过程，转化为便于传播和体验的科普资源。如中国科学院植物研究所、物理研究所、声学研究所及中国科学技术信息研究所等机构的开放日活动都是一票难求。

三、电视、网站、微博、微信等网络媒体资源

（一）电台、电视台科普（技）节目

科普节目是指电台、电视台播出的面相社会大众的以普及科学知识、倡导科

学方法、传播科学思想、弘扬科学精神为主要目的的节目。科普（技）电视节目和科普（技）广播节目具有传播范围广、传播信息及时和生动等特点，是开展科普宣传重要的传播渠道。2016 年，全国广播电台共播出科普（技）节目 12.68 万小时。电视是公众获取科技信息的重要渠道，近年来新闻出版广电部门逐步加大对科普事业的支持力度，在有条件的电视台开辟了专门的科普（技）栏目。2016 年，全国电视台共播出科普（技）节目 13.54 万小时。

（二）网络资源

伴随着信息时代的到来，网络科普成为新时代知识传播的新型产物，网络科普作为互联网技术建设出的科学知识、科学原理的传播平台，其主要目的是为了将让广大网民及时汲取科学知识，同时也是信息化建设的着力点。网络科普是指以互联网为传播平台，以专业科普网站、微博、微信、手机 App 端等为传播源，以科学知识、科学原理、科学精神为主要传播内容，以广大网民为传播对象的科学传播形态，它具有传播速度快、传播人群广、交互性强的特点。网络科普迅速崛起并成为日益重要的科普手段。

科技内容的传播形式不再局限于传统的广播、电视、报纸等媒介，更多地是通过网络媒体。信息时代的发展使得包括互联网、微博、微信及手机客户端在生活中日益普及，从而拓展和提升了科技传播通道以及传播速度和关注度。此外，科技传播中对于图片、文字、音频、视频等多媒体的融合传播，体现了科技传播群体的发展特点和趋势。

科普的活力在于与时俱进。随着科技的发展，全媒体的出现为科学文化传播提供了新的模式，并日渐成为现代科普的主力军。新媒体虚实相济的全方位网络平台，打破了传统科普的时空限制，更加生动、形象、深入地向科普受众传递科学文化信息，而且也使科普向“无纸化”方向发展。这也正契合了现代科普本身所倡导的“可持续发展”理念。

（三）网络科普平台的特点

1. 内容丰富，形式多样。互联网本身就是科普资源存储与传播的一个巨大的资源库，内容包罗万象；在其数量上，网络科普资源不断上涨；网络上，在收集分析样本的过程中每天都有不断增长的科普网页，数据库的更新也是较为迅速的。

2. 开放性强，使用方便。网络科普资源在分布上极其广泛，打破了科普资源分布的时空障碍，使得网络科普资源呈现全球化的分布结构。互联网特有的超文本链接方式，使得内容之间又有很强的关联程度。

3. 时效性强，传输速度快。网络科普资源更新及传输迅速，能够根据实际情况进行内容的快速更新，加之互联网的覆盖范围广，信息传输渠道高速，所以不仅可以及时进行科普资源的传递，还可以将科普资源应用于各个领域。

4. 交互共享程度高。在互联网技术的支持下，时间和空间的范围得到了最大程度的延伸和扩展。网络科普资源可以同时提供给多个用户使用，并且使用过程中不会因此而有数量上的损失。网页上的科普知识可以让用户不受空间和时间的限制，随时登陆访问，和传统的科普资源比较，少了时间、场所等的限制。在互联网上，交互性是网络科普传播的一大特点，信息的发布者和使用者可以自由地沟通交流，且可以转换角色，用户既是科普资源的使用者，同时也是科普资源的生产者。

（四）网络科普平台的不足

1. 整体科普网络传播平台影响力较小。2013 年 Alexa 国内排名基本保持在 1000 名以内的科普网站只有果壳网、中国数字科技馆、中国科普博览，在两万名以内的仅有科学网、科学松鼠会、科技日报等 20 家。而腾讯网（综合门户）、淘宝网（电子商务）、新华网（时政资讯）、4399（休闲游戏）等网站的 Alexa 国内排名均长期保持在前 10 名以内。在全国 648 个科普网站中，多数都是非专业网站科普频道（栏目），科普内容陈旧、缺乏原创、更新速度慢，有些甚至已处于半瘫痪状态，而专业性的科普网站仅占 27%，比例较低[①]。

2. 科普网站整体上竞争力较弱。一是内容趣味性不强，缺乏原创。大多数科普网站的内容表现形式仍以图文信息为主，主题陈旧、同质化严重，尤其是优质科普内容原创不足、内容雷同、缺乏趣味性。二是形式单一。目前在科普网站中有视频栏目的还不到 40%，有视频内容的约占 50%，其中 57% 的科普网站视频数量在 10 个以下，视频数量在 50 个以上的科普网站只占 17%。三是互动性不够。科普网站还缺乏高质量的线上线下互动内容的整合，寓科普于游戏、体验、互动

① 史枚翎 . 科普网络平台信息质量及传播力比较分析报告 .［J］. 传播力研究，2018（9）：220–225.

的平台建设也较为匮乏[①]。

（五）微博与微信与图书馆文献推荐结合起来

利用微博与微信推荐文献资源的好处是可以采集阅读量、转发量、点赞数量等数据，进而统计科普图书的推荐效果，也便于利用微博、微信联合开展线上线下联合互动，从而实现具有活动的覆盖面，又能有良好的活动体验，还能把活动体验进行二次传播和推广，从而提升科普文献的社会传播力和影响力，吸引社会公众对科普文献的关注，激发公众学科学、用科学的自觉性。特别值得提出的是，图书馆员应该为本馆微博、微信的服务对象进行分析和服务跟踪，按照他们的兴趣、年龄、需求主动定向推送，或许会收到事半功倍的效果。

第三节　科普阅读推广馆员

图书馆员是图书馆科普工作的核心，图书馆员是直接面对图书馆科普受众的科普传播者，他们自身的科技素养将直接影响到图书馆科普工作的开展，他们的工作状态将直接影响图书馆科普工作的效果。图书馆员是图书馆科普效果的首要影响因子。

一、图书馆创造条件和环境助力馆员成长

要做好图书馆科普工作，首先要有一支高科技素质的馆员队伍。科普阅读推广人与一般阅读推广人相比，增加了专业学科背景的要求，故而系统培育至关重要。图书馆应努力创造一个有利于提升馆员科技素质的工作环境，建立起灵活机动、适合人才培养的用人机制，从管理机制上促进图书馆员科技素质的提高。可定期举办科普工作培训班，加大馆员知识更新力度，使馆员及时了解国内外科普的新动态、新趋势，掌握现代科普的工作要领。图书馆应着力实施“互联网＋科普”建设，带动馆员科学素养和科普能力的提升。注意培养复合型馆员，要求每位馆员至少要了解知识信息技术、生物工程技术、新材料技术、空间技术、海

① 史枚翎．科普网络平台信息质量及传播力比较分析报告．[J]．传播力研究，2018（9）：220–225.

洋技术等其中一门高新技术，提高自身科学素养的层次，以便能够更快捷、更准确地向读者传播普及科学技术知识，胜任其所负责学科领域的科普工作。图书馆员首先应充分认识到图书馆工作和科普工作的重要性，树立全心全意为读者服务的思想。鼓励馆员在掌握图书情报知识的基础上，不断学习各种新知识和新技能，定期对馆员进行专业培训和继续教育，以此来提高馆员自身的知识储备，加快知识更新，培养综合分析能力，不断提高馆员自身的科技素养。

二、图书馆员提高科普阅读推广素质的策略

（一）提升认知，增强科学素养和专业素养

图书馆员是知识的领航员，需要满足不同读者的个性化需求，具备过硬的信息研究与咨询的本领，是图书馆员专业性的体现。为此要进一步提高馆员的科学文化素养，通过学习科普知识提升参考咨询的服务质量。要把科普教育作为提升图书馆文明程度、促进馆员终身发展的方式，作为广大馆员和读者共同关注的课题。

图书馆员不仅要具备良好的思想品德和高尚的职业道德，还要掌握各个不同层次的科普对象的阅读心理和阅读需求；不仅要熟练掌握图书文献的组织管理加工技能，而且要善于进行辅导阅读和组织各种形式的科普活动的能力、并且还要具备各种现代科学基础知识，图书馆员必须要有较高的科技文化素养才能胜任新形势下的科普工作。

（二）增强文献搜集、整理和开发能力

公共图书馆在设计科普教育展览内容的时，应加强对公共图书馆科普教育展览内容的筛选与规划。公共图书馆应立足于群众当下需要和渴望了解未来的需求，侧重于将社会中与科学技术相关的时事热点及时展览宣传，将科普展览真正地融入人民群众生活中去。公共图书馆要强化对公共科学事件的利用，依据社会中人们关注的重点事件、科学纪念日或者重大科学进展事件来筹划科普展览，提前做好各种准备，有针对性地设计专门的科普活动方案，引起人民群众的关注，调动其学习科普知识的热情。

公共图书馆拥有更为丰富的科普藏书，亦有熟悉文献信息开发和服务的专

业馆员。图书馆应充分利用这两大优势，将馆藏各类科普书刊、数据库的综合开发和分类服务有机地结合，通过二、三次文献的开发，制作成集科学性、知识性、应用性、趣味性于一体的专题电子剪报，借助微博等平台进行定期的信息推送，使读者足不出户便可得到及时、有效的科普信息，既为读者节省大量查找相关信息的时间，亦提高读者了解科普、主动接受科普教育的积极性。

科普读物的选择途径主要包括：一是有影响力的科普图书奖获奖图书。如国外有英国皇家学会科学图书奖和美国科学促进会《科学图书与电影》优秀科学图书奖等；国内有中国科普作家协会优秀科普作品奖、北京市优秀科普作品奖及吴大猷科普著作奖等。二是各大知名图书销售机构或读书网站的排名。如豆瓣网有科普博物类的年度榜单，北京市公共图书馆每年度评选的“年度请读书目”有专门的科普类图书。三是权威机构或知名专家学者的推荐。如我国科技部组织开展的 2015 全国优秀科普作品推荐活动，共评选出 50 部优秀作品。四是杂志。国内知名的科普杂志包括《环球科学》(《科学美国人》的中文版)、《Newton 科学世界》(引进日本《Newton》杂志的部分版权)、《科学画报》等。五是报纸。《科技日报》《中国科学报》及各省市的科技报等。

（三）深层次挖掘网络科普资源的能力

公共图书馆在巩固传统科普阵地的同时,应主动地进行科普资源的开发整合，积极向网络、影视、手机等新兴领域延伸，推动形成报刊、广播、影视、网络、手机等多位一体的全媒体现代科普体系。在信息与网络时代，图书馆员要深挖网络科普资源及技术服务手段，加强图书馆网站的科普版块建设，及时更新、丰富相关内容，吸引更多读者通过网络教育主动接受科学知识普及；利用新媒体极强的互动性，挖掘受众对于科普的需求或反馈意见，并以此作为图书馆科普工作的指导方向；借助全媒体海量信息储存能力，为读者带来异彩纷呈的科普盛宴，同时也帮助读者提升准确鉴别、获取有用信息的能力与解决问题的速度，提高读者科学素养。

网络展览虽然目前在公共图书馆界的应用还不够普及，但其发展势头不可小觑。随着国民信息技术素养的逐步提升以及网络服务技术的不断升级，公共图书馆的展览业务必将会迈向实体会展与网络会展联合发展的道路。公共图书馆应当充分把握这一时代契机，以网络展览为服务平台进一步推动科普教育职能的发展，从而实现科普教育与展览活动的深度融合。首先，公共图书馆要结合自身信息化的发展程度，有条件地开展网络展览专项网站建设，在设计网站模块的过程中要注重融入科普教育的内容，以知识传播、资源下载以及在线服务等作为科普教育服务的主要形式，将科普教育服务的特性贯穿于设计环节之中；其次，要注意网络展览网站的在线推广，可以采用信息共享与传播、插入超链接、在线投票、BBS论坛讨论、微信小程序等多种形式，促进网络科普教育展览在社会中的宣传与推广。

在科普推广中，优质的科普网络资源有很多，如中国科普网、中国科普博览、果壳网、腾讯科技、科学松鼠会等网站。

（四）加强社会协作意识，促进沟通能力

科普教育是全民都可以参与的社会活动。为了满足各种人群的科普需求，图书馆也应提供不同程度、不同层次的科普服务，从广泛性和科学性的角度出发，作为科普平台和纽带的图书馆需要积极与社会各种掌握科普资源的机构合作，这些机构可以是专业的行业科学技术协会、高校科研机构，也可以是企业社会团体等等。可以看出，相似的服务性质和资源优势有助于对彼此服务功能的认同，并能在一定程度上达到资源共享及合作服务的效果。比较突出的是商业、服务企业；与图书馆的合作比例很低（17.4%）①。

科学技术协会是各类科技人员的组织，联系着各式各样的科技机构。公共图书馆可以通过科学技术协会与其他机构紧密联系，联合行动，整合资源，优势互补，在更广泛的领域开展科普工作。首先，公共图书馆要凭借全面而系统的文献信息资源优势和平台优势，为各个专业科学技术协会与社会大众搭建起桥梁，加速科技成果向现实生产力转化。其次，公共图书馆要充分利用自身资源和人才优势，采用与其他科学机构联合办分馆的方式，把馆藏实体文献延伸到馆外，联合开展科普推广活动，把活动办得丰富多彩，最大程度方便大众利用图书馆。最后，公共图书馆可以利用学校科普教育的师资，科技机构的专家、设备以及图书馆的馆藏科普文献，举办科普讲座、科技咨询、科技成果展览等科普活动，以便最大

① 柯平，洪秋兰，孙情情．公共文化服务体系中的图书馆与社会合作实证研究．[J]．图书情报工作．2009（9）：8–12.

限度地调用社会上的科普资源，扩大公共图书馆阅读科普阅读推广的覆盖面和参与度。

（五）关注社会热点，掌握出版行情

社会的热点事件、焦点话题不断反映在专业出版领域，专业图书不断进入大众视野，已成为出版潮流。图书馆员应充当科普使者，充分发挥自己的科普文化专长和检索能力，利用馆所丰富的科普资料开展科普宣传，传播科学思想，推广科普阅读。许多公共图书馆的微博、微信在科普层面上，在很长一段时间内几乎不追踪社会热点，认为很多热点事件与图书馆和科普没有密切联系。公共图书馆实则应该把握热点，为广大读者提供最新动态，尽量在这些热点事件与图书馆之间建立某种联系，如对诺贝尔奖领奖、重大科普实践、科普图书颁奖等事件进行宣传，积极发挥图书馆的科普阅读推动作用。

第三讲

科普阅读推广空间设计

第一节　科普阅读推广空间设计的理论与原则

一、一般空间概念及空间设计元素

以用户 / 读者为中心的图书馆逐渐依赖于为读者提供空间的质量，图书馆一般根据不同活动类型，比如一个人、两个人、小组、大型活动提供大小不同、功能不一的空间。图书馆需要对空间进行规划，将不同区域分隔开，这样不同类型的活动才能同时进行，不同人群可以同时有效地使用图书馆。根据克里斯托弗 · 亚历山大（Christopher Alexander）《建筑模式语言》一书中的观点，天花板的高度与社交距离相关，低天花板代表私密活动空间，高天花板代表正式活动空间。建筑物内的光线也很重要，是采用自然光还是人造光源，对空间的塑造以及人的行为和舒适度都会产生影响。克里斯托弗认为，在一侧照亮的房间中，环绕人脸的眩光会阻碍人们理解彼此。因此，根据朝阳方位，了解太阳的规律和阳光最强的时间，有助于知晓如何通过窗户让阳光从什么位置进入空间。一般来说，活动区域设在图书馆的南边较为合适，而思考区域设在北边较为合适。

当基于人类行为设计空间结构的时候，有四个因素必须考虑到：空间、安全感、舒适和耐用。空间指的是人与人之间的空间，以及人们在公共空间与人相处时空间的变化。安全感指的是每个人都需要一个避风港，让自己在其中感到安全、舒服。舒适指的是人们不仅需要心理上的舒适感，也需要让身体感觉舒适，以便于集中精力，安心学习和工作。耐用则是指每个人会在意个人物品，而忽视公共物品，所以设计公共空间的时候需要耐用。其中，前两个因素和安全有关，属于心理层面；后两个因素属于功能性层面。最后，关于美学的问题。美学不是一个人的行为，而是将所有要素考虑在一起的黏合剂。真正伟大的设计会考虑功能、耐用和美学的平衡。

阅读是图书生命价值的体现，而读者则是图书馆生存价值的体现，所以图书馆内部空间设计的元功能需求就是更好地满足并提升读者的图书馆体验，以鼓励读者的阅读行为。而要实现这点，一个必要的基础就是对读者的阅读行为和图书馆业务流程深入体察，并将这些调研成果很好地运用在图书馆的空间设计当中。

二、“以读者为中心”的图书馆空间概念及设计元素

维克多 · 兹维列维奇（Victor Zverevich）先后于 2011 年和 2012 年为图书馆空间的定义做了界定，他认为：图书馆空间是所有存放传统印刷资源和图书资料的载体资料，并提供读者服务的物理空间的集合。物理的图书馆空间包括用于存储各种介质的馆藏的空间，以及各种服务区域，如办公区、流通区、书库、阅览室、走廊、服务器机房等。除了物理空间之外，还有不可见的图书馆空间，包括服务器、计算机内存及存储空间、通信频道、无线 WiFi 等等，用于支持读者访问图书馆的数字化资源，称之为“虚拟图书馆空间”。

阅读空间即在这样的图书馆空间中确定出来，指围绕某一主题而建立的室内阅读区域，将特定化的图书资源推送给读者，同时在该区域营造一种舒适、温馨的阅读氛围，以促进阅读。科普阅读推广空间的打造直接影响人们的参与意愿和推广效果，同样，读者的需求和行为也影响着科普阅读空间的形成。本书主要从图书馆角度分析科普阅读空间的设计问题。因科普活动往往基于主题特色而进行，空间设计过程中除了要遵循一定的设计原则外，还要将尽可能多的科普元素融入其中，特别需要注重细节的体现。室内设计原则一般考虑空间规划、空间环

境设计、家具的选择与陈设三大部分，科普阅读推广原则则需要考虑宣传材料与内容。因此，本书的科普阅读空间设计从空间规划、空间环境设计、家具材料选择与陈设、推广材料与内容设计四个方面进行。

（一）空间规划

空间规划是指根据不同室内空间的功能需求对空间进行的区域划分、重组和结构调整。科普阅读推广空间设计应考虑几个原则：

布局上的开放性、流畅性。科普阅读推广活动的空间分割和规划应符合图书馆作为公众阅读环境的开放属性，同时又便于图书馆功能区域的增减与更替，确保空间发展的可持续性。因科普阅读推广对象往往以青少年儿童为对象，因此开展活动时可以考虑大空间的分割，这样可以使图书馆在有限的空间中开展多种类型的服务，同时也便于图书馆资源以不同主题在相对开放空间区域呈现，既便于读者快速选择，也有利于相邻区域的互动，挖掘并激发读者的潜在需求，开放读者的阅读选择。流畅性是图书馆空间规划节奏的一种体现，指读者在馆内科普活动中可以根据标识、材料和资源以及馆员的服务进行有始有终、有起有落的感知体验。具体的服务设计主要包括：导览图设计、自助服务设计、快速选择设计、人工咨询和流通服务台设计。这些设计要体现视野的通透性、移动的连续性和功能的贯穿性。所谓贯穿性是指符合读者在馆内的预期流程，如进馆、浏览、停留、借阅或参加活动以及出馆。

塑造空间性格。空间性格是空间环境在人的生理和心理上反映的人格化。不同的空间元素排序，形成不同的空间环境；不同的空间环境，映射出不同的空间性格。科普阅读推广需要构建与图书、读者性格相协调的空间环境，以提升读者参与科普阅读的心理舒适度，也有助于增强图书或活动对读者的吸引力。

（二）空间环境设计

图书馆的空间环境设计一般既要考虑内隐的统一主题，又要有外显的情节起落。统一的主格调的清晰度与读者对图书馆和科普阅读的认知度紧密相关，主题格调越模糊、越复杂，读者对图书馆和科普活动的感知和记忆就越肤浅，但主格调越清晰并不意味着读者对图书馆和科普活动的认知度就越深入，因为有时过于突出的单一格调可能会湮没图书馆多主题的馆藏情况或科普活动的多样性，所以空间主格调的表现手法要内隐。

但统一的主格调需要具体元素来实现，空间环境由空间元素的排列构成，每种空间元素都有其独特的属性和空间构造力。一般空间环境元素包括色彩、照明设计，地面设计，标识设计和图案设计。

从用户的使用角度出发，在考虑空间利用性的基础上，无论是设计主题的选择还是色彩元素的利用，都要参考一定的设计原理，还要考虑到不同配件装饰的组合所带来的整体效果。在满足科普阅读推广的主要视觉表达目的的前提下，空间内各种物体的形状、颜色、光源等都应协调呼应，空间设计不是物件的简单堆叠，而是形成统一的整体。和谐的设计能够让用户在空间内获得视觉和听觉的享受；分清层次，使整体效果具有深度、广度；色彩从冷到暖，明度从暗到亮，纹理从简单到复杂，造型从小到大、从方到圆，构图从散到聚。但是需要注意，层次感并不意味着元素越多越好，根据科普专题进行设计，能够体现专题特色，简单大方即可。除了专架、长廊、展厅等空间设计外，海报、展板等平面设计也要选取合理的几何形状、色调等组合表达，给读者呈现相应的专题。

1. 色彩和照明设计

通过对色彩与照明的合理设计与规划，可以更好地展现图书馆空间的视觉效果，营造出特定的空间氛围来引导读者参与科普阅读活动，调节读者的情绪和氛围。科普阅读空间设计的色调选取虽不可一概而论，但依然要遵循一定的视觉原理。色彩心理学表明，人们的情绪会受到色彩的影响，内心想法也会因周围的环境色彩而改变。色彩对于营造阅读环境具有举足轻重的作用。例如，黄色会给人乐观、年轻、充满希望和活力的感觉，蓝色会给人以稳定、宁静、灵动、无穷的感觉，绿色会让人想到希望、自然、青春，紫色会让人觉得神秘梦幻等。目前，大多数面向儿童的科普活动区域会选择淡绿色或粉红色，就是通过醒目色彩吸引目标读者，同时也符合儿童的视觉心理特点，有助于松弛阅读和参与活动情绪，提升阅读和参与活动的愉悦感。

在根据主题定下主色调以及空间整体配色之后，还要设计好光源的位置和形态。光视觉刺激会直接影响观众的心理，灯光设置会直接影响色调情绪的表达。波动性是光形成的主要原因。光通过反射物体的表面特征从而进入人眼，人眼根据已知的信息进行心理反馈。受光线的影响，人们看到的颜色与物体本身的色彩是有出入的，比如，光线会让空间缩胀，不同的空间会让人对空间的大小感知产生不同的理解；光线给人动静感，拥有通透性；色温营造的冷暖也会赋予空间或静谧祥和或激情澎湃的气氛。照明科学合理地设计，不仅可以让用户产生足够好正面情感倾向，产生安全的空间感，并感到舒适和快乐，然后获得一种认同感和归属感。

2. 地面设计

地面设计主要考虑两点：一是利用地面色彩和纹理的起伏变化来分割和连接空间；二是利用地面标识来区分区域或引导读者，满足空间流畅性的要求。

3. 标识设计

在科普阅读推广中，设计清晰合理的标识非常重要。设计时要综合考虑图书馆的建筑风格、空间规模、照明设计、科普资源及标识的地理位置、目标受众、色系等因素。科普阅读活动的标识主要包括服务布局图、导向标识、区域标识、资源标识等。

4. 图案设计

科普阅读推广活动中图案设计越来越多。图案设计包括标识背景图和空间装饰图的设计。标识背景图既是对标识的一种凸显和美化，也是对空间环境的一种点缀和修饰。空间装饰图可以为读者营造虚拟的阅读环境，让读者在阅读或活动时有身临其境之感，同时也起到美化环境、标识区域的作用。

（三）家具 / 材料选择与陈设

科普阅读推广活动中家具的选择与陈设，关系到读者在图书馆阅读或参加活动的舒适性，同时也影响到图书馆空间环境的效果。图书馆的家具主要指书架和桌椅。这些家具在空间中除了有实用功能外，还充当着各种空间关系的特定构件，来调节内部空间关系，变换空间使用功能，提高空间的利用效率。从形态上看，书架有封闭式、开放式、魔方式等。从科普阅读推广面向的对象和特点来看，选择开放式和魔方式的较多。而且，一般来说，书架做成可组合方式，辅以色彩和图案装饰，在保持整体风格一致的前提下，便于不同主题和对象的活动和图书展示。

桌椅在图书馆空间中主要发挥以下作用：一是供读者歇息，所以提供足够多的桌椅可鼓励读者停留阅读；二是分割和装饰空间。桌椅的设计是镶嵌在图书中的。桌椅设计是一项人体工程学活动，要尽量确保桌椅的选材、高度、宽度、造型等既要符合读者的生理特点，又要符合读者的心理特点。例如，儿童的座椅要贴近地面、造型可爱；老年人的座椅要相对较高且有靠背；电脑椅的靠背贴合人体脊柱的内曲设计，与电脑桌的相对高度要贴合使用者视线的水平线等。

设计空间时，对不同装饰材料特质的应用会对整个空间的氛围起到非常关键的影响。材料的选择可以从主题、情绪、情感等方面进行参考，与整个空间的风格呼应。比如：木艺装饰品会给人以自然、稳重的感觉；布艺装饰材料则会让人觉得舒适，可以缓解读者压力，同时布艺、纺织品、麻绳等材料的装饰还具有吸音效果，能够营造安静的氛围；金属类的材料则会给人一种工业感、现代感；如果是室内空间，绿色景观植物的加入则会赋予整个空间一种生命力，还可以净化空气、调节湿度，间接影响人们的阅读效果。多种材料组合应用能够打造出极具艺术感的人性化文化空间。如图 3–1 所示。

图 3–1　儿童活动区域家具

（四）推广材料与内容设计

所有元素的选取和组合都是为了更好地传达科普阅读的专题内容，都是为内容服务的。除了空间风格、色彩照明、装饰搭配的整体设计之外，还需要考虑展板、海报等宣传材料与内容的设计。

海报设计作为艺术设计中的一种平面艺术设计，其主要作用是将海报中的信息和所要传达的内容完整无缺地传达给受众，让受众能够在轻松的情况下去了解海报中的信息。从平面设计的角度上来看，设计的任务是要实现设计者的意图，并非创造美。设计是有意图的规划，而海报设计是这些规划中的形式之一。在平面设计中设计者需要借助视觉符号来传播自己的设计思想，通过文字和图形等设计符号把信息传达给受众，让人们通过这些视觉元素了解设计师的思想与设计目的。而海报就是要借助视觉传达设计这一特性来达到广而告之的目的。通过海报的感观上的视觉体验设计，可以将视觉传达艺术提升到更高的艺术境界。

海报或展板按其作用可以分为三类：装饰海报展板、展示海报展板以及宣传海报展板。装饰海报展板以装饰为主，设计时主要考虑海报内容、布局与空间其他元素的搭配；展示海报展板以展示为主，张贴或摆放在相关展区附近以展示内容简介、活动介绍等说明；宣传海报展板则以宣传为主，要体现科普阅读推广空间或科普阅读推广活动的内容，包括主题、主办方、时间、地点、活动详情等。

1. 推广材料风格设计

确定好海报展板作用后，下一步需要确定海报风格。下面介绍几种常见的适用于科普阅读推广的风格[①]。

赛博朋克风格。赛博朋克（Cyberpunk，是 Cybernetics 与 Punk 的结合词），又称数字朋克、赛伯朋克、电脑朋客、网络朋客，原是科幻小说的一个分支，以计算机或信息技术为主题，现引申为一种以黑、紫、蓝为主色调的设计风格。

波普风格。波普风格是一种流行风格，诞生于 20 世纪 50 年代中期的英国，又称“新写实主义”和“新达达主义”，它反对一切虚无主义思想，通过塑造夸张的、视觉感强的、比现实生活更典型的形象来表达一种实实在在的写实主义。波普艺术最主要的表现形式就是图形。拼贴招贴艺术，夸张明亮的色彩碰撞，夸张

① 15 种常见平面设计风格总结与示例［EB/OL］.［2019–6–18］. https://www.ui.cn/detail/%20296254.html.

且超现实，视觉感强。

孟菲斯风格。“孟菲斯”的设计尽力表现各种富有个性化的文化内涵，从天真滑稽到怪诞离奇等不同情趣。在色彩上常常故意打破配色规律，喜欢用一些明快、风趣、彩度高的明亮色调，特别是粉红、粉绿等色彩，在构图上往往打破横平竖直的线条，采用波形曲线、曲面和直线、平面的组合，来取得室内意外效果。

欧普风格。采用黑白或者彩色几何形体的复杂排列、对比、交错和重叠等手法造成各种形状和色彩的浮动，有节奏的或变化不定的感觉，给人以视觉错乱的印象。

此外，还有写实风格、插画风格、立体主义风格、极简风格、极繁风格等，分别适合不同题材的宣传材料设计。

2. 推广材料要素设计

宣传材料的构成要素总体分为两部分：文字语言和非文字语言。文字语言部分又称作文案，文案的编写是宣传材料非常重要的环节，也是非常值得推敲的环节。一份好的文案不仅要包括时间、地点、主题等基本内容，还要使用合适的语言长度以及段落组织达到预期的宣传或展示作用。若要体现展示作用，文案应详尽而不冗余；如果要达到活动宣传效果，文案则应尽可能简明扼要，为海报或展板的非文字语言部分留出合适的空间。编写文案还要注意用合适的文字来体现不同的感情，比如文案词“去你的未来”，读者主观停顿的位置不同所接收的信息会有多重的含义，既可读出不怕未知的挑战，也可感受到一种通向未来的指引。非文字语言除了文字之外的背景、花纹、色块等元素，也包括文字颜色、字号、字体的选择和排布。

台湾中兴大学图书馆“兴阅坊”学习空间的宣传文案是空间环境设计中色彩、材料与图案、文字设计相结合的范例。“兴阅坊”配合中兴大学以农立校的特色，以大自然为主的设计灵感，采用白色与原木色系，搭配玻璃营造出开阔及穿透感。柱子转化为大树，树枝延伸至天花板，隔间玻璃使用薄膜透光的树影墙面，营造出科技感与书林绿意的意象。“兴阅坊”的命名，其概念则源自“崭新”“愉悦”“Fun”三种体验，并与“新悦 Fun”谐音，期许这一崭新的学习共享空间在启用之后，能为校内学子带来舒适愉悦的阅读，同时也能 HaveFun 的场所！首字采用校名“兴”字，除了兴建、兴起与中兴的含义外，更别具价值与意义。

宣传文案设计需遵循四个主要原则：亲密性、对齐、重复、对比[①]。

亲密性：如果项目彼此相关，就把它们分在一个组，建立更近的亲密性。这有助于组织信息、减少混乱、为读者提供清晰的内容结构。

对齐：宣传页面上的任何东西都不能随意安放，每个元素都应当与页面上的另一个元素有某种视觉联系。这样才能建立一种清晰、精巧而且清爽的外观。

重复：让设计中的视觉要素在整个作品中重复出现。可以重复颜色、形状、材质、空间关系、线宽、字体、大小、图片等等。这样既能增加条理性，还可以加强统一性。

图 3-2 阅读推广宣传海报

对比：要避免宣传材料页面上的元素太过相似，如果元素不相同，那就干脆让它们截然不同。对比能让页面引人注目，也更能使页面的内容和结构清晰易读。

现代图形设计的目的，在于创造出一种能够快速传递信息的、生动且易于识别的视觉形象，力求以醒目、新颖的图式，瞬间抓住人的视觉注意力，并使其感知图形所传递的信息。如图 3-2 所示，几何图形尤其在海报、展板等平面设计中兼具可读性与可视性，图形的合理组合能够迅速传递信息。仅仅点、线、面也可表达出千变万化的世界。

三、科普阅读推广空间类型

从空间范围和区域来划分的话，科普阅读推广空间主要可以分为三种类型：科普专题专架与阅览室、科普阅读推广长廊以及科普阅读推广展厅。不同呈现形式同样具有不同的参与效果，在相应的主题推广中发挥合理的作用。本章后面的内容以此为核心重点阐述。

① 写给大家看的设计书［EB/OL］.［2018-11-28］. https://www.jianshu.com/p/278a41d9909d.

案例：湖南农业大学图书馆农业文献及研究成果科普展览

湖南农业大学图书馆以每年4月23日“世界读书日”为契机，面向学校师生科普农学14个领域的学科知识，集中展示新中国成立初期稀缺的农业文献、具有百年办学历史的湖南农业大学各类涉农专家的优秀农业文献著作（含各类手稿文献）、近年来图书馆面向全省收集的经典农业文献、最新出版发行的农业类图书以及近年来学校的重大科研成果，以激发在校学生学农、爱农、创农的意识，普及农业文化科技知识。展览采用三种形式展出。

一是折叠屏风双面展板。展板内容全部是原创，用大型KT板写真制作展板。设计者依托农业文献资源及本校农业学科资源，将作物的起源与演进作为各类作物展览的主题与脉络，既有专业的深度与广度，体现我国农作、农耕历史的渊远，又为文科、非农学理科等读者提供切入点，激发广大学生的兴趣。设计者组织农学院、园艺园林学院的相关专家团队，参与撰写或审核定稿。展板内容图文并茂，集中展览了农业学科中的水稻、玉米、甘薯、油菜、苎麻、棉花、烟草、茶、花生、葡萄、柑橘、草坪草、芒草、蚕桑等十四类作物领域的基本知识和最新研究成果。

二是将富媒体应用于展览。应用富媒体将作物生长、栽培、加工成成品、进入市场流通等全产业链过程的知识通过动画、声音、视频模拟技术进行传播。如烟草，不仅配置了烟草栽培解说，还配置了全球品牌“芙蓉王”生产的全过程视频。

三是图书文献及实物展览。展览不仅展出十四类作物的最古老的文献、最具影响力的著作及经典图书，还展出该馆珍藏的新中国成立初期稀缺农业文献、农业专家教授部分专著，与此同时还展示近八十多种作物的种子标本及作物模型、苎麻和蚕桑成品样品，其中蚕桑展出的成品样品除了丝织成品还展出了彩蚕，由感兴趣的大学生自己养殖，他们用相机、手机记录彩蚕吐丝、结茧、破茧、排卵的全过程，并通过微信与同学们分享。

第二节 科普专题专架与阅览室

一、科普专题专架与阅览室的界定

（一）科普阅读专题展架 / 展板

一般而言，专题书架是根据当前社会热点、国内国际政治形势、读者普遍关注的问题、重大的突发事件等主题，将相关专题图书全部集中排放于某一书架上，供读者利用。专题书架是建立在传统的图书书架之外的特色书架，是聚合图书的多方面特征向读者传递图书的一种方法，是促进图书走近读者的重要渠道之一。而科普阅读推广的专题书架不仅仅限于以上提到的范畴，除了包含临时性的专题书架，还应该涵盖读者有长期需求的长期性专题书架，其分类也可以从多方面来进行。科普专题书架可以根据读者普遍关注的科普问题，将相关图书全部集中排放于某一书架上，供读者使用。集合科普图书的多方面特征的特色书架，是科普阅读推广的重要手段之一。

科普阅读专题书架集中展示在醒目的地方，有助于读者直观、简单地挑选图书，能够节省读者的时间和精力。由经验丰富的图书馆员从不同大类中挑选内容相似或相关的科普图书放在一起可以弥补分类法的不足。另外，科普专题书架操作简便、易于更换，不必花费大量人力物力，节省排架时间，减少“细排架”图书的工作。

广州图书馆专门开设科普主题书架，向未成年人推荐优秀科普图书的同时制作和编辑图书推荐书目宣传单、PPT，配合科普主题设置专题书架专栏，并加入创意摆设。科普图书专题推荐，每月一期，每期一主题。2017 年已推出数学、空中居民的奇闻趣事、Bigbang 宇宙、水果、建筑、历史、生物科学、STEAM 等主题。

（二）科普阅读推广专题阅览室

早期的图书馆没有单独的阅览室，通常只在书架旁或书架中间摆放几张阅览桌。1857 年英国不列颠博物院图书馆的圆形阅览室建成开放，它将阅览室同书库分开，成为当时世界上座位最多、设备最好的阅览室。近代图书馆的阅览室与书库大多有明显的界限，但随着图书馆由重收藏向重利用的转变以及开架制的实行，在书库内设阅览桌和增加阅览室内的藏书已较为普遍，阅览室的设备也趋向实用与舒适。

传统文献阅览室一般分为普通阅览室、专门阅览室和参考研究室三种类型。科普专题文献阅览室属于专门阅览室，满足读者群体对于科普知识的需求，便于读者集中借阅科普类文献资源，也便于科普阅读推广工作人员对科普文献进行研究、收藏等工作。

目前，图书阅览室已经很普遍，科学技术的发展，电子网络的出现，读者利用信息的深度和广度不断增加，传统的阅览室设置远远不能满足读者需要。传统图书馆的科普文献主要包括科普图书、期刊、声像资料等等，收藏方式以载体不同的形式分散在各个馆藏单元。受管理方式的制约，科普文献分散于各类藏书体系之中，给科普文献的利用带来了诸多不便。为此，图书馆应利用自身的专业技能，通过目录指引，款目导引等多种方式，尽可能详细地介绍收藏的科普文献，方便读者了解和借阅。从功能来看，科普专题文献阅览室不仅要有丰富的图书资源，而且还必须具备有效的科普知识传播功能，进而使科普专题阅览室成为有效实体，精准地提升科普服务效能，推进科普阅读推广工作的整体发展。近年来，许多图书馆开辟专门的科普文献收藏室，如天津图书馆的科普文献阅览室，将科普图书、科普期刊、声像资料进行集中收藏，利用馆藏科普文献资源，配合科普工作的重点和热点，有针对性地举办科普图书、科普知识展览，系统地介绍馆藏文献，对普及科学知识起到了重要作用。

随着互联网技术的发展，数字化阅览室也应该成为科普专题阅览室建设的重要内容。目前，我国公众数字化生活意识显著增强，因此为了充分提升科普资源图书阅览室的数字化环境，在阅览室内张贴阅览室相关网站的二维码标识，通过扫描二维码的网络访问方式，引导和方便公众了解最新的数字科普资讯。同时通过网站的友情链接，引导公众了解不同规模、区域和特色的科普知识，开拓公众的科普视野。借助于科普资源图书阅览室内良好的无线网络信号，还能够方便公众在阅读纸质图书时通过网络了解和拓展自身已有的知识体系。

（三）新型科普展示方式

目前，随着科普阅读推广活动愈发多元多样，对空间的运用也逐渐打破常规，衍生了很多新的空间方式，如广州图书馆的科普大篷车、3D 图书立体体验馆，浦东图书馆的数字体验馆等。上一章提到的上海浦东图书馆数字体验空间达四百余平方米，展示品以新型数字设备、数字全息图书为核心，就是新技术环境下图书馆科普空间变化和创新的典型表现。

广州图书馆与广州市科普中心联合举办了“科普大篷车青少年科普展品体验展览”。科普大篷车是装载科普展品、科普资料、科普展览、放映科普影片等活动内容的多功能流动科普宣传设施，车载展品具有很强的参与性、互动性，故被形象地称为“流动的科技馆”。长期在馆内摆设科普大篷车设备，寓教于乐，满足了未成年人边玩边学的愿望。

广州图书馆举办“3D 立体图书体验科普展览”，通过引入科普电子借阅机设备及特殊制作的 3D 科普图书展示墙，让读者可以拿手机、Pad 设备等，自行扫描观看 3D 科普图书。以新颖独特的方式，多维的感官刺激，激发未成年人的科学兴趣，让书中的角色跃然纸上，吸引他们阅读科普图书的注意力。

二、科普专题阅览展架 / 阅览室建设

（一）科普文献建设

科普专题阅览室及书架的设置应从文献内容方面考虑，而不是从文献类型考虑。同一种文献，可能归属不同的专题阅览室，像一些阅读利用率高的文献，可以考虑多购置复本，每个阅览室保证一定的数量。图书馆目前承载的收藏功能越来越弱，再多的经费也不可能购全所有的图书。而要使有限的经费尽量发挥最大作用，才是图书馆藏书建设应该遵循的原则。要做好藏书协调布局，不要造成藏书的混乱局面，使读者进馆借书感到迷惘，失去为读者服务的最终目的。

为了方便公众查找所需图书，提升公众的学习效果，对科普资源图书阅览室的图书资源进行特色归类。在图书常规分类的基础上，针对科技馆的典型展品，在图书阅览室内增设科技馆展品的论释类图书专柜，有重点地引入相关展品设计、工作原理和特点的图书资源，在公众真实观看展品的同时，及时和系统地深入了

解展品的功能。

针对不同人群科学普及特点，科普资源图书阅览室可以购买和配置相关特色图书。如引入满足青少年的科学探索和思维启发的图书资源；为满足普通农民工的需要，引入农业知识或其他实用性知识的图书资源；引入具有“大众创业、万众创新”特点的图书资源；为完善高等教育阶段的科技教育，引导大学生树立正确科学思想，引入具有弘扬科学精神的图书资源，进而提高大学生在科学研究和就业创业方面的综合能力，并赋予科普资源图书阅览室的时效性特点。

也可以社会热点、最新科普资讯作为科普图书更新目标，常态化调研、整理科普资讯，定期更新科普图书。采用制度化的方式，建立符合图书馆整体工作要求的科普资源更新机制。此外，通过引入网络媒体关注的和社会热点话题方面的最新出版图书，为公众提供最新的科普图书资源，不仅能够在一定程度上营造全民读书的氛围，而且能够形成正确的社会舆论导向，从公众兴趣的角度提升全民科学素质。热门图书与冷门图书在推荐上有所区别，冷门图书主要在于让读者了解有此类科普知识图书能够借阅，而热门图书推荐的重点在于甄选图书，为读者在知识爆炸时代取得最贴合需求的图书的愿望带来便捷，在面对科普图书推荐及选取工作时，始终应该以读者需求为主要目的，承担知识分享和传播的责任。专题图书推荐始终是需要加以重视的一个部分，应在实践中不断发现热门图书推荐的问题，并寻找解决问题的相关策略。

现代信息技术的发展，使得记载科学技术的文献数量成倍增长，出现了丰富多样的数据形式，信息传播与获取方式发生了质的改变。由于信息资源的分散、庞大、复杂、无序，使读者进入了一个茫茫无际的信息海洋。因此，必须加大建立和采购数据资源的力度，准确、迅速、高效地利用信息资源，满足读者的知识需求，进行知识导航。如由我国 40 余家省市公共图书馆合作建立的公益性文献信息咨询服务机构“联合参考咨询网”，利用 90 万种电子图书，1500 多万篇期刊论文，23 万篇硕博论文，17 万篇会议论文，500 万篇外文期刊论文，7 万件国家标准和行业标准，86 万件专利说明书的数字化资源，引导国民崇尚科学和技术，开拓了图书馆为社会服务的新领域。

（二）环境建设

科普资源图书阅览室的硬件设计要求主要包括：空间的选择、书架的设计及入口的设计等。科普资源图书阅览室需要具有开放阅读环境的特征，进而便于公众在观看展品的同时查阅资料，因此可以适当地采用透明玻璃作为空间隔断，同时可以有选择性地配置其他相关设备。科普资源图书阅览室的书架可以采用双面多层结构，提高较小空间内的图书摆放率，并且书架前面可以选择性地设计可移动的台阶，便于公众取阅感兴趣的图书。为了保障开放式科普资源图书阅览室的持续健康发展，在阅览室入口位置设置电磁波门禁装置。为了构建人性化科普资源图书阅览室的环境，需要选择科学的空间照明系统。阅览室人工照明亮度应保证图书阅览室的光线均匀充足。此外，在科普资源图书阅览室内增设足够数量的电源插口，进而满足公众对移动通讯设备或电子阅览设备电源的充电需求，提升科普资源图书阅览室的服务效果。

阅览室一般带有辅助藏书。在采用开架制时，阅览桌椅与书架的布局随阅读对象和管理方式的不同而采用不同形式。

集中式，即阅览桌椅集中设在书架的中间或一边，这样可容纳较多的读者，便于管理。

分散式，即阅览桌椅分散设置在书架之间，这样能给读者提供良好的阅览环境，多用于专门阅览室。

书库式，即在书库内书架的四周摆放一些阅览桌椅，其特点是能容纳较多的辅助藏书，适用于读者短时查阅文献。

（三）日常布置及维护

熟悉藏书是馆员做好科普阅览室书架专题工作的基础。在选定了专题之后，尽量选择有复本的书。关注社会、善于捕捉热点是做好科普阅览室书架专题工作的关键。专题书架设立的位置也很重要。一般可以选取能够吸引读者的大门口，同时也便于取阅。要想让专题书架发挥出预定的效果，还必须给每个专题制作海报，介绍一些背景资料，引导读者阅读，同时也要提前在本馆的自媒体平台，如微博、微信上及时发布。专题书架的撤换时间要把握好。有些专题是可以常设的，如农业、天文学等专题。有些则要根据时效性，在一段时间内更新，如奥运、节气专题。

科普专题书架的整理及维护。由于专题书架位于开架借阅比较醒目的区域，翻阅的人数较多，所以需要及时的整理及维护。主要工作包括：日常图书上架过程中，需要把标记的专题图书挑出归位；经常巡视专题书架，如果发现某种书特别畅销，需要及时获取复本补充；在每天上架新书的同时留意是否有符合专题书架的主题图书，如果有，应及时登记，并且标记上架，这样专题书架也可以得到扩充更新，与读者进行更好的交流。在读者挑选专题书架的时候，馆员可以与其互动交流，互相分享读书心得。与读者交流不仅可以检查本期专题书架的质量、选书是否有遗漏，还可以请读者推荐图书馆空缺的图书，交与采编参考购买。

案例：西城区青少年儿童图书馆“电子科普”阅览室

北京市西城区青少年儿童图书馆（以下简称“西少图”）作为区科普教育基地，长期以来注重开展各类科普教育活动，并建独立的科普图书馆藏体系。“西少图”电子阅览室针对 8~12 岁儿童，利用多媒体教育空间及各类电子设施打造了多维角度的科普空间。

1. 特色阅读活动

多年来，科普类图书馆“西少图”系统地对科普类图书进行收藏，使其成为该馆重要特色。所谓科普类图书，除部分科普绘本外，从图书馆分类学的角度，主要指自然科学 N 类之后到综合性图书 Z 类之前的图书。除科普类实体书，“西少图”还收藏了大量的科普类视听光盘、电子图书、文教具、模型以及大量网络数据库资源等。而这些资源为“西少图”开展科普阅读推广活动打下了坚实的基础。

在开展科普阅读推广活动中注重少年儿童视觉、听觉和触觉的体验，让儿童进入一个有趣的科普世界。例如，在低幼阅览室专门划分小舞台空间，并利用投影设备和音响设备，为孩子创造一个新奇生动而变幻无穷的视听空间。在此环境下，有专业馆员的指导，为小朋友安排科普童话表演。通过这样的活动，无论台上的表演者还是台下的小观众都会被每次表演所展现的科学现象及科学原理所吸引，而馆员又适时地推出针对每次表演的系列科普图书，达到了图书馆将科普活动与科普图书推荐融合的目的。

在综合阅览室，各类科普模型小制作如各类纸质建筑模型，无论是古代的宫殿，北方的四合院还是当代的高楼大厦都引起孩子们对建筑学的浓厚的兴趣，馆员通过此类活动向读者推荐《结构之美：中国历代建筑》《房子的秘密：房子是怎样建成的》以及《你不可不知的 50 个建筑学知识》等建筑学图书。同样，通过各种舰船飞机模型的制作，小读者对航空知识以及舰船知识产生浓厚的兴趣。面对自己亲手制作的小模型，小读者们通过感官体验，勾起更多的探索欲望。馆员相应地推出一系列相关图书，如《船舶的历史》《舰船视觉百科全书》《青少年应该知道的飞机》《人类的超级翅膀：飞机的故事》等。馆员还利用阅览室空间组织小读者种植多肉植物，并观察多肉植物的生长特性，指导孩子写观察笔记。在此过程中，馆员还推荐了《多肉萌物志》《奇趣多肉植物》《和妈妈一起种植物》《献给喜欢花花草草的孩子》等书籍。

2. 电子阅览室

相较于传统阅览室而言，电子阅览室在少儿科普中占有先天优势。从硬件而言，电子阅览室拥有计算机、数据库、电子大屏幕、投影仪和互动体感机等设备，可以展开声、光、电等多感官立体式的科普宣传。从软件而言，电子阅览室馆员往往具有计算机学科专业背景。从互联网到物联网，从 WiFi 到 LiFi，从传统机械到人工智能，计算机科学已经成为现代科技发展与进步的基石，这也意味着电子阅览室馆员更应提升专业敏感性，承担起更多的对尖端科技知识和理念的科普宣传工作。

“西少图”成立“小小创客营”，配置三台可编程开源机器人及相关配套元件，供青少年学习实践，由电子阅览室馆员作为指导老师，作为一项长期活动面向社会招收适龄会员。活动一经推出就受到了孩子和家长们的广泛关注，并积极报名参加。“小小创客营”活动每月一期，从初期的机器人组装，到后期的软件编程课，由浅至深地引导青少年进入创客的世界。与此同时，还成立了“小小创客营”微信群和 QQ 群，方便小会员们线上交流讨论。此项活动效果有三：第一，小会员可以自由拆卸机器人，更直观地了解机器人的运作原理和机械结构，将书本上的理论知识和实际观察到的现象相结合，灵活运用机械原理设计和规划出不同形态、不同功用的机器人。第二，开源机器人编程软件 mBlock 的图形化的编程界面和一步步挑战的学习方式让孩子有种玩游戏的趣味感，引导孩子从网游少年变为编程高手。第三，通过“小小创客营”宣传与机器人相关的科普图书、报纸和期刊，让孩子了解人工智能的最新动态，如中科院的美女机器人“佳佳”，软银集团的情感机器人“Pepper”，谷歌军工的黑科技“Bigdog”等，通过了解这些前沿机器人来开阔青少年的科技视野。

“西少图摄影俱乐部”是电子阅览室举办的兴趣小组之一，因其实用性和趣味性，自开办以来广受好评。“西少图摄影俱乐部”以室内讲座和外出采风相结合的活动方式，通过一次外拍一次讲座的形式不仅让孩子们学习到了摄影知识，而且让他们进入大自然这个科普大课堂，通过镜头认识一朵花，一棵树，记录它们的形态，拍摄它们的生长环境。摄影俱乐部还举办了科普摄影展，征集会员们拍摄的动植物照片，标注上名称、纲目、习性等资料，喷绘成展板分享给来馆的小读者，并推荐了《我的第一本植物知识小百科》《有趣神奇的动物世界》等科普图书供小读者借阅。外拍采风之外，摄影俱乐部还鼓励小会员拍摄科普观察日记，将蚕宝宝分发给小会员养殖，让他们有机会用相机记录蚕吐丝结茧到破茧而出的过程。最后，将这些照片配上文字说明制作成电子图书，与身边伙伴一起分享这些有趣的动植物知识。

在日常培训中普及科普故事，学技术的同时长知识。在日常培训中将最新的科普知识制作成故事讲述给小读者并引导他们阅读相关图书已成为电子阅览室科普阅读推广的新途径。随着计算机的普及应用，PPT、Photoshop、Word 等常用软件已经融入孩子们的日常学习，甚至成为很多中小学校孩子的日常作业。“西少图”电子阅览室承担起了常用软件的培训工作，如何将枯燥乏味的软件学习变得生动有趣，科普故事便成了不二之选。以 PPT 讲座为例：培训课程中电子阅览室馆员用 PPT 中的图片、文字和动画等功能为小读者制作了科普故事“丢失的行星”，讲述行星的定义和冥王星被太阳系行星除名的原由。小读者们听完精彩故事再跟随老师一起学习如何制作出精美有趣的 PPT，培训让孩子们既学习了技术又增长了知识，效果十分显著。

同样的培训还有很多，在 Photoshop 培训中，“好奇号”登陆车成了主人公。多媒体增强现实技术讲座中，《吉尼斯世界纪录》这本书瞬间呈现出了立体画面，让小读者异常震撼;《宇宙科技》的三维效果让小读者身临其境，对航天知识的认知不再抽象。

第三节 科普阅读推广展示长廊

一、展示长廊概念

在界定展示长廊之前，首先要弄明白展示空间的概念。展示空间是为充分体现展示内容而经过人为创作的空间，它包括“空间”形态和“实体”形态，即经过人们创造的各种形式围合而成的空间，可以容纳各种道具、展品、观众等，以实现参观、交流、展览的空间形态及展览目标。随着展示功能和展示观念的发展，现代展示空间构成已从过去单一的较为简单和封闭的形式，趋向多元化、多层次、开放式、个性化的构成形式。现代展示空间往往包括环境空间、展示（陈列）空间、交流空间、辅助空间等。展示空间是一个场所的概念，观众在空间内部活动，随着展示目的环境的多样化，展示空间具有更为灵活的组织方式。

长廊和展厅都是展示空间的表现形式，也是有形文化的表现形式，两者既有相同又有不同。很多展厅装修设计风格也是长廊式的，甚至展厅也起名为文化长廊、画廊等。总体来说，长廊内容与形式相对简单，组织长廊时主要考虑长廊地理位置、与周围环境的协调适应程度、科普推广内容的普适性以及更新周期等。展厅设计时主要考虑的是展厅软硬件设计与展览主题相呼应、对展品的保护、展览呈现方式、展览活动的宣传等，在室外做巡回展览时还要注意天气对展览活动效果的影响。两者的不同主要表现在，长廊形式更为多样，可以在室内，也可以在室外。室内长廊可以是在固定空间打造的主题文化长廊，也可以借助馆内实体建筑的长廊、走廊打造科普长廊，如海南省图书馆利用走廊打造的展示长廊以作为读者临时休憩通道、举办展览之处。室外长廊多是借助墙壁、展板等载体呈现所宣传的内容形成阅读长廊、阅读墙、文化阅读角等，与周围环境相适应，打造有书香韵味的场所，达到启发、引导、教育读者的目的。展厅展示一般都会有展品陈列，在展厅设计时会考虑到对展品的保护。展览活动并不拘泥于室内，很多科普巡展活动也是在室外举行的，如位于上海交通大学的钱学森图书馆举办面向青少年的“中国航天日”航天科普活动。

本书所说展示长廊，即把二者结合起来，从事科普阅读推广活动。展示长廊作为科普阅读推广活动的展示平台与传播媒介，开展内容丰富、思想性强的文化活动，结合多种形式挖掘文化内在的艺术因子，结合周围环境，规划主题、设计宣传内容与版式，为读者打造具有文化底蕴的综合性、高品位的文化活动场所。

二、科普阅读推广长廊形式与分类

当前科普阅读推广长廊有多种分类方式。根据科普阅读推广长廊组织机构类型及摆放地点不同，可以分为社区科普长廊、企事业单位科普长廊、公共图书馆科普长廊与校园科普长廊等，其中，学校图书馆又可以分为专业型高校图书馆、综合型高校图书馆等。社区科普长廊组织方多为社区与科协、公共图书馆等之间的合作，多是以社区内宣讲栏或小区内围墙作为载体，宣传普适性科学知识。企事业单位科普长廊，主要结合单位文化历史、工作特点、时下热点等打造文化长廊，如广东省中山法院文化长廊，通过 5 块浮雕、32 块展板集中展示孙中山的法治思想、中山法院历史进程、著名的法治人物和法律事件等内容。公共图书馆具有社会教育职责，是科普阅读推广的中坚力量，根据受众对象不同，其长廊内容也不尽相同。针对青少年群体，其长廊应当宣传科学思想、崇尚科学精神，培养良好的科学态度、情感与价值观；针对农村人口群体，其长廊内容主要为提升农村整体科学文化和素养接受能力，如宣传法律法规、预防疾病等文化长廊。校园文化长廊本身具有交流与学习的特点，空间展示应当分静态和动态两个区域。静态区域主要以展示文化信息及学术交流为目的，动态区域以流动性展示及文化性活动为主。校园环境与师生学习生活息息相关，也是校园历史的物质反映，因而很多高校在做科普阅读推广时也会根据学校自身发展与学校特色，融入学校发展历史与变迁，体现学校的价值取向和办学风貌，通过历届校领导及校友等人的光辉事迹对读者起到净化心灵、启发思维、陶冶情操、提升审美境界等作用。

根据科普阅读推广长廊载体的不同，可以分为线上虚拟长廊和线下实体长廊。

随着信息技术的快速发展，越来越多的图书馆意识到打造线上虚拟科普阅读推广长廊的重要性。相比线下实体长廊，线上虚拟长廊不需要物理空间，读者可以随时随地观看，通过科技手段，长廊的展示方式可以更为多样，利用 VR 等技术，给予读者更为畅快的阅读体验。而且，线上虚拟长廊成果更易保存，也更为经济，通过后台点击量、浏览时长等统计指标可以直观地看出读者阅读偏好。但是，线下长廊能够给予读者更具科普文化氛围的环境，是线上虚拟长廊所无法比拟的，而且线上虚拟长廊的宣传推广不充足也易使其虚拟长廊沦为“无人问津”的境地。

三、科普阅读推广长廊设计

科普阅读推广实体长廊设计主要有以下几项原则：

一是长廊整体设计需与周边环境相融合。长廊作为有形文化的显示平台，需考虑整体地形、地貌和周边环境植物，将环境改善与形式创新融合起来，注重空间美学，充分利用空间、科学布局，合理规划环境，强化长廊的功能性与艺术性的结合。一个完整的科普长廊，需要兼顾设计艺术性、内容完整系统性、可视性等方面，同时还需展现所处地点的文化特色。对于线上虚拟长廊的设计，这一点同样适用。线上虚拟科普长廊及网站设计风格就是长廊的“周围环境”，只有主题与风格相适应、相协调，才能起到相得益彰的效果。试想，如果以“外太空”作为科普推广的主题，其网页设计风格为中国风，就会显得格格不入。

二是内容呈现方式简洁、清晰、明了。长廊展示多以展板、宣传板等形式，图文并茂展现主题，这就意味着读者自主阅读性很强，需注重内容逻辑设计，尽量抓住读者眼球，避免出现阅读疲劳而放弃阅读的情况。长廊内容展示方式有情景对话式、分模块介绍、主题法、时间序列法等，无论采用哪种方式，整体内容的体量、连贯性、内在逻辑性都需着重把握。

三是科普阅读推广长廊需注重展板版面设计。科普知识专业性相对较强、专业名词较多、更偏重科学思想，因而，在设计展板内容时，版面设计显得尤为重要。如果一个科普阅读推广长廊中展板全是密密麻麻的文字介绍，读者很难耐心、完整地阅读完。优秀的长廊版面设计应该注重版面整体美观，版面背景设计应与主题内容相呼应，适当添加插画漫画以增加阅读乐趣，版面设计时可以融入时下流行的思维导图、视觉笔记等方法，避免多字少图、排版混乱等情况。

四、长廊日常维护与更新

一是长廊日常更新与维护在设计之初就做好。科普阅读推广长廊日常更新与维护不是在长廊做好之后才要进行的，而是在设计长廊时就应该考虑到的，比如，可以采用更换展板芯的展板，提高长廊的利用率与更新速度。

二是加强日常管理。不同位置的科普长廊可以结合实际情况加强日常管理，以高校科普长廊为例，可以由学生分组承担，加强学生实际动手能力与协作能力，同时在管理过程中逐渐引起对科普知识的重视，从被动接受到主动学习，再到可以主动提出新的科普主题，让科普长廊的效用发挥到最大。对于线上虚拟长廊，配置专门技术人员，保证网站正常访问，同时根据点击率和浏览时长等指标评估读者对长廊的关注度与对科普内容的偏好，及时加强宣传推广。

三是科普阅读推广长廊内容宣传应有计划性。科普范围涉及面很广，从天文地理到动植物、从信息科技到生命科学等等。科普长廊宣传应该提前规划，确定明确的主题范围，进而计划好如何分期、分主题进行科普宣传，使其成为连续的品牌活动。如果没有提前做好规划，一则可能会出现更新时间滞后，宣传内容没有连续性；二则可能每期长廊内容都是完全不相关的，导致推广内容不连贯，没有系统性。

案例：中国地质图书馆科普长廊

中国地质图书馆在2006年初步建成地学科普画廊，向读者展示不同主题的地学知识。在馆内二楼和三楼的走廊搭建了科普长廊，对不同地质专题以展板形式向大众宣传普及，主题涉及中国地质保护环境、节约能源、爱护地球、生命起源、图书馆馆史等，图文并茂地对科普知识分主题进行展示与总结。之后又将三楼科普长廊作为常设长廊区域，以时间序列的方式介绍图书馆历届馆长主要贡献，展现他们的科学精神和科学作风，让读者接受科学精神的洗礼。

除此之外，中国地质大学图书馆科普长廊不定期举办主题长廊，如“宇宙与生命的演化”主题长廊，以展板形式展示了细菌和藻类时代、原始动物时代、鱼类时代等七个阶段，讲述从距今 35 亿年到现代生命的演化过程[①]。

第四节　科普阅读推广展厅

一、展厅概念及图书馆展览服务

展厅是以传达信息为目的的展示空间，主要由人、展品、环境三方面要素组成。根据不同分类标准，可将展厅分为不同类别。根据展期时间长短，可分为临时展厅、长期展厅、永久展厅等。不同时长的展厅对展厅环境、使用材料、折装难易度的要求也不尽相同。根据展厅是否有固定地点，可将其分为固定展厅和流动展厅，流动展厅如巡回展厅、交流展厅等。根据数字媒体、物联网等技术的应用程度，可将展厅分为传统展厅、数字展厅及智慧展厅。传统展厅展示形式主要是实物、文字、图片等，展品放置于陈列柜或展台，部分传统展厅还会配备相应灯光、音响及视频以增强展览效果。数字展厅在展示形式和保存形式上更强调数字化，展示形式上利用影视动画、图形数字和多媒体技术带来更强烈的视觉震撼，相比传统展厅，更注重立体性、交互性、趣味性，提高观众参与度与积极性，同时，展品以数字化形式存储有利于展品信息的保存、整理及更新，避免展品损坏。智慧展厅更强调"人"的因素，注重以人为本，通过物联网、云计算、大数据等技术，实现对展品的智能识别、实时监控和跟踪、智能化管理，并从用户以往数据中分析观众偏好，优化、调整相关展览。

20 世纪初至今，我国图书馆先后历经了两次新馆建设的高潮，在新馆建设中或多或少地将展览服务作为空间建设的一部分。2011 年，《关于推进全国美术馆、公共图书馆、文化馆（站）免费开放工作的意见》[②]要求公共图书馆免费提供公益性讲座和展览等基本服务项目等。图书馆展览服务是在图书馆内的一定地域空间和网络空间通过展品陈列等方式以展示科学知识、文化艺术等为主要内容的

① 地质调查科普网 .［EB/OL］.［2019–01–22］.http：//www.china–shi.org.cn.

② 关于推进全国美术馆公共图书馆文化馆（站）免费开放工作的意见 .［EB/OL］.［2009–01–22］.http：//www.gov.cn/zwgk/2011–02/14/content_1803021.htm.

读者服务。展览已成为发掘和宣传馆藏文献、充分利用图书馆物理空间、提高公众对图书馆使用率等不可或缺的形式。

二、科普阅读推广展厅空间演变

科普展示空间的演变与科技发展密切相关。18 世纪中叶到 19 世纪早期，科学家们主要是对自然的研究与宏观进行描述，将收集来的动植物、矿物等标本放到博物馆中，并选择具有代表性的标本供人参观。此时，博物馆的职能以收藏为主，仅将一小部分标本向上流社会少部分人开放。进入 19 世纪，工业革命不断涌现新发明与新创造，不仅改变了社会发展进程，也改变了人类对世界的认知与看法。人们把机器与仪器设备的实物或模型陈列展出，促成了初期科技博物馆的雏形。

到 19 世纪中叶时，随着科学技术发展和人们对科学知识的认知变化，科技展馆的陈列品开始走向科技史展品方向，展览倾向于对展品的分解与拆装，让观众能够了解机械内部结构与原理，增加参观者手工操作的环节以增强观众对相关科学知识的理解。图 3–3 为德意志博物馆伽利略车间“航空旅行展”，观众通过实际操作与体验增加对科普知识的理解。此时，公众意识逐渐觉醒，科普发展到公众理解科学阶段，科技博物馆的职能从单纯展品陈列逐渐向大众参与科学实验阶段转变。科普展示空间以展品型展示空间为主，通过陈列展品展示基础科学原理，展品之间关联性较少，布展方式以散点式分布为主，展品与展示空间之间联系也较少，展示空间仅作为“展品容器”存在。观众观展方式也比较随意，没有固定顺序。

图 3–3　德意志博物馆伽利略车间“航空旅行展”

20 世纪中叶之后，科普发展到科学传播阶段，需要更多的机构和场馆参与科普活动来实现科普功能。一方面，科技博物馆的内容与职能不断扩充，还出现了一批“科技中心”或“科技馆”，如加拿大安大略科学中心。科普组织机构也不再局限于博物馆、科技馆等机构，图书馆、科普协会等机构也加入到科普阅读推广的大队伍中，展示内容更注重现代科学技术发展与前沿推广。展厅设计已逐渐从以展品为中心转向以人为本的设计理念[①]。尤其到信息技术时代,更多的科学技术应用到科普展厅设计中，增强观众的参观体验。通过虚拟现实技术（Virtual Reality）、增强现实技术（Augmented Reality）、红外传感声控技术、全息投影技术等，交互设计打破了原有展厅的界面限制，展览空间变得生动而富有趣味，还能够使展品与参观者发生互动，增强观众与所展内容之间的联系，展品不再是简单陈设、冷漠与距离感的存在，而是有了生命，观众能在互动中全方位地了解其品质特性与文化内涵。展示空间以主题型展示空间为主。展厅根据展览主题，以情景式体验为出发点，分为几个不同的展览内容或分主题展览，以便充分表达展览内容与思想。主题型展厅空间强调展品与展品之间、展品与展示空间之间的联系，展示空间有一定的故事情节，有一定的浏览顺序。如图 3–4 所示的上海科技馆的信息时代展厅，就是从信息构成、信息传递的发展、信息存储、信息革命、信息产业、信息时代等多个子主题来阐述新时代的主题[②]。参观受众群体范围面更广，而且细化受众，针对不同年龄段观众开展相应活动以增强观众的科学文化素养。

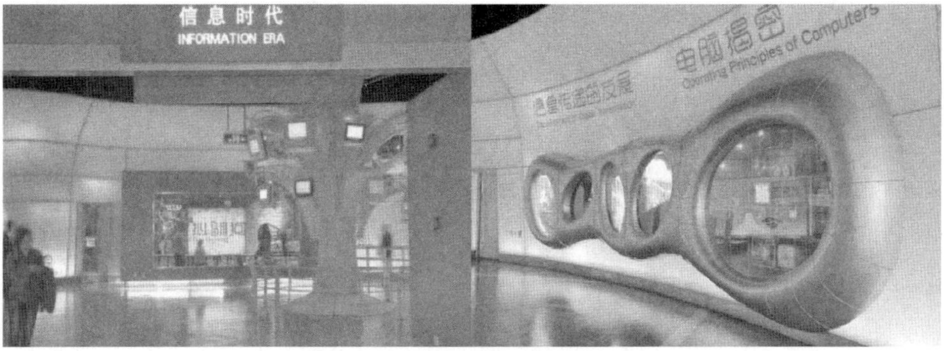

图 3–4　上海科技馆信息时代展厅

① 陈戈 . 科技馆建设理念的创新思路［J］. 海峡科学，2013，04：58–60.

② 上海科技馆 . 崭新新时代 .［EB/OL ］.［2019–03–25］.http：//blog.sina.com.cn/s/blog_45bb8ce70102dtbu.html.

综上所述，科普阅读推广的展厅场馆从博物馆、科技馆等较少主体逐渐扩展到图书馆、纪念馆等其他展馆的科普展厅。展厅职能从单纯收藏、陈列功能转向体验、教育功能。在展示空间上以展品为中心向主题型展厅空间转变，增强展览的主题性，注重观众的感受与互动。展示内容从自然科技的静态展示到科学仪器、科学技术等的动态展示，再到运用电子图像、数字媒体演示和全方位一体化满足观众视觉、听觉、触觉的互动体验。展示受众从早期面向少部分上层社会到面向全社会各阶层全体公民的大众群体开放①。

三、公共图书馆科普阅读推广展厅的功能

随着时代的发展、科技的进步以及人们需求的变化，科普阅读推广展厅作为展现人类传统文化和精神文明的重要平台，其功能不再局限于收藏、陈列的简单功能，而是不断扩大到社会教育、提高审美等功能。

收藏保存功能。收藏保存功能是科普阅读推广展厅天然的功能，在科普发展之初，科学家们就将动植物标本、矿物标本等收藏于博物馆中，以便科学研究之用。对于珍贵标本，博物馆也具备专业水平予以保护、珍藏。

陈列展示功能。顾名思义，即充分利用空间将科普读物、知识和资源展列出来。

宣传教育功能。科学普及本质上是一种社会教育。近年来，国家越来越重视科学普及，伴随着经济增长和文化的推进，市民接受科学知识重要的途径之一就是进入到博物馆、图书馆等文化场馆内。传统科普展厅以展品陈列、专业讲解方式，已不足以满足新时期的公众需求，情景式、互动式、体验式的展示方式帮助读者更好地理解科学文化知识，增强科学文化素养。目前，儿童、青少年作为科普阅读的重点推广对象，他们的智力发育、科学素质关系到国家未来发展，而科普阅读推广展厅可以弥补学校教育中的不足，已成为学校教育的互补与延伸机构，是孩子们寓教于乐的第二课堂。

四、科普阅读推广展厅空间设计

展厅设计主要可以分为展厅硬装设计、软装设计、展品陈列等，需要考虑以

① 刘家兴．主题型科普展示空间设计研究——以原子城科普展厅为例［D］．北京：清华大学，2016.

下几方面。

（一）设计理念与原则

展厅设计理念是展厅的灵魂，直接影响展厅展览效果，确定展厅设计理念时需要把握几项原则。

首先，要以读者为中心，配合活动需要。目前，图书馆服务中越来越注重展览功能，但是图书馆展览服务以及展厅设计是为了突出和强调图书馆阅读推广主题，与博物馆的展厅设计还是有所不同的。由于场地和空间限制，图书馆展览活动多是在固定展厅搭建临时展览以满足阅读推广活动需要。在展厅设计之初就要以读者为中心，体现“以人为本”的理念，结合所需要的推广阅读主题，尽可能以读者偏好的方式呈现展览，以求整个展览充满对推广主题的情感，实现“人—展览—周围环境”相融合的目标。从科普阅读推广的受众人群来看，青少年是主流人群，那么在展厅设计时应当符合他们的审美，设计风格应更加柔和，保持童趣，尽量避免太过专业的术语。从科普阅读推广主题来看，如果主题是认知自然生物的科普阅读推广，则设计理念应更多融入如草地、花朵等自然元素；如果主题是探索外太空等天文知识，则设计中应当更多体现出科技感，突出星空元素等。同时，还要尽可能地凸显本馆馆藏与特色。

其次，展厅整体设计风格与馆内整体风格保持一致。展厅多是在图书馆馆内开辟的空间，作为整体的一部分，展厅的设计风格应该与馆内整体设计风格相协调，避免设计风格上产生较大冲突。

最后，展厅设计时兼顾经济性与美感。图书馆经常需要根据不同推广主题设置展厅，需要在经济成本和装修风格美感之间掌握平衡，展厅尽量选择节能环保，可以重复利用的材料，在现有条件和允许的经费下保证装修效果最优化。

（二）展厅流程环节

首先，构思设计创意，确定设计蓝图。确定好展厅设计理念与风格之后，就要确定好展厅设计蓝图，主要包括展览区位置排布、展厅主流色彩与设计风格、导视简介板设计、灯光音响区等设备区设置、馆员职责分工等。

其次，注重软装设计，突出科普阅读推广主题。在基本硬件设备搭建完备之后，结合不同的推广主题，展厅的整体软装风格需要和主题相协调。如推广有关恐龙的内容，整体软装风格尽量还原当时自然环境，借助灯光、音响打造中生代时期的森林环境。展厅名称及字体设计也是展厅设计理念中的重要一环，为展厅设计一个朗朗上口、符合本馆特色、又贴近推广主题的名字，以便能够很好地宣传此次推广主题。

再次，合理规划空间展示。展厅布局设置也要综合考虑展品的形式与内容，不同性质的展品对展厅环境要求也不尽相同。有些展品需要很强的交互性，如机器人展，那么展厅设计时需要增加体验区；有些展品是需要近距离观察与实际操作的，如科学小实验，展厅设计时需要增加对读者安全性的考虑，不同类型的展品与展厅设计中应注意的事项见表 3–1。

表 3–1　科普阅读推广不同类型展品与展厅设计

推广主题	形式与内容	注意事项	案例
科技展，如机器人展、VR 体验、3D 打印等	机器人、VR 眼镜、3D 打印设备	高科技现代技术需要很强的交互性，展厅设计时需要考虑电与网络的易获取性、使用安全性以及与读者之间的交互体验感	金陵图书馆“人工智能机器人系列活动” 苏州工业园区独墅湖图书馆“智造梦想 3D 打印梦工厂” 太仓图书馆“‘哇哦’科学实验室” 广州图书馆“我是科普小达人”
标本展，如蝴蝶标本展、鸟类标本展、矿石展等	动植物标本或标本模型	小型的动植物标本展厅需要陈列玻璃展柜，展柜需要保持一定温湿度与密封性，保持展柜内空气干燥，防止标本受损、受潮。还需注意展厅的防火处理，标本不能用水灭火，展厅设计时需要符合标本防火的专业标准。为保证展品展示效果，展柜需要适当引入可控人工光源 对于展柜难以放置的大型动植物标本，展厅除了要注重标本防潮、防污处理，引入人工光源增强展览效果之外，还需增加软围栏，防止标本被读者损坏	吉林省长春医学高等专科学校图书馆“生命科学馆里书与标本互动” 中国地质图书馆举办的“观赏石日”系列科普活动

续表

推广主题	形式与内容	注意事项	案例
科学实验，如简单的物理、化学实验等	科学实验用品	通过实际动手观察、了解、体验实验过程，增加读者对物理、化学实验的探索乐趣。展厅设计时应当注意通风、采光、防潮，用酒精灯时需要做好防火、防毒的安全防范	乌当区图书馆“给你一个不一样的紫甘蓝”等系列活动 嘉兴图书馆“科学小实验系列活动”
手工作品或模型展，如热缩片、制作汽车模型	读者手工模型	展厅设计时需为读者手工制品预留足够空间	长安区图书馆“少儿艺术扎染活动” 太仓市图书馆“创意空间站” 上海交大钱学森图书馆“中国航天日”航天科普活动
科普阅读图书、图片展	图书或图片	图书展可以设计成海报展架，展架介绍图书基本信息以及专家推荐语，让读者充分了解该书信息；也可以直接放置组合型书架，书架以环绕阅读空间陈列，图书不再以背脊式摆放，而是直接展示图书正面，最大程度吸引读者	漳州卫生职业学院图书馆《如何挑选中药材》科普展 广东省立中山图书馆“环球奇花异草之旅”图片展

其次，人员合理分工，做好展品登记工作。展览活动中，展品是最为重要的部分，展品完好、正确地陈列是整个阅读推广活动成功举办的关键一环。展品内容与形式有所不同，可能是馆藏资源，可能是与博物馆等其他单位合作借来的展品，也有可能是读者的作品，因而，合理分工、做好展品登记以及去向工作显得尤为重要。

最后，展览活动结束，做好存档等收尾工作。推广活动结束，做好资料、展厅设计相关物料的保存工作，组织相关工作人员总结会，为下次活动的组织提供经验。

五、展品陈列设计

（一）展品选择原则

对于科普展品设计方面，总结出以下几方面原则：

展品科学性：作为科普阅读推广的展品，必须能够清晰完整地表达科学内容和科学思想。

展品艺术性：科普阅读推广越来越注重观众需求，这就要求展品具备艺术性、趣味性与美感。艺术性决定了展品与整体展厅设计空间是否协调，趣味性决定了吸引观众注意力的程度，美感则有助于提升观众审美标准。

展品体验感：科学知识专业性较强，在展厅中引入体验感强的展品有助于观众亲身感知科学原理，强烈带入感更易培养观众的科学兴趣。

（二）展品陈列方法

图书馆展厅展品陈列方法可以借鉴博物馆的展示陈列，如主题性展示、时间轴展示、空间轴展示等。

主体性展示通过展品欲传达给参观者的观念或信息为着眼点，对该观念或信息做出突出的展示，并选择、安排该观念或信息下展示陈列所需的展品及辅助展品，充分阐述该观念或信息下的展示主题。

时间轴展示是以展品出现时间为顺序来安排展品的展示空间，通过该顺序布置其他辅助展品，突出说明个体展品在整个时间进程中的位置，此展示方法在具有历史延续性的展览中常被采用。

空间轴展示也称为生息地的展示或地理区位的展示，是以展品的地理分布为框架来安排相关展品的展出，可用于同一背景下不同地理区位的展品展示。

除了展品的陈列之外，还有展示陈列的信息空间需要打造。陈列信息空间主要是向参观者传达展品有效信息的实际空间，具体可分为展示区和演示区。展示区是直接用于展品陈列的区域空间，其展示区的设计应从展厅全局出发，根据不同展品陈列方法确定展品排序，突出展品重点，结合展览流程与观展顺序，确保人流畅通、连贯不拥挤。演示区是展厅中参观者与展品的交流空间。

六、宣传推广

展厅的宣传推广主要可以从线上和线下两大途径展开。

线下宣传：展厅设计逐步完善、展品不断填充，展厅还需要多样的、内容丰富的宣传材料。具体来说可以分为宣传展架和宣传资料两种。宣传展架主要有展架、展板、易拉宝、条幅、背景墙电子投影设备等，放置在馆内显著位置或者展厅门口，并在展厅内部适当放置展品说明。宣传资料主要是对展厅整体形象设计和阅读推广主题作出的说明，比如画册、海报、折页、手册、地贴等。

线上宣传：线上宣传方式主要有“两微一端”三种方式，即微博、微信与官方网站。通过线上宣传一方面可以让更多的读者知晓馆内组织的阅读推广活动；另一方面，也可以弥补线下宣传方式的不足，通过线上宣传，可将展品及展览活动予以更为充足、详细的介绍。在微信公众号上传活动详情和语音介绍，读者扫描二维码后可以对活动有清晰的了解，还可以在官方微博上设置话题，预告近期活动，也是对往期活动的归纳总结，如金陵图书馆官方微博发布的 # 金图文创 # 话题，将近期的科普阅读活动予以预告；太仓市图书馆官方微博发布的 # 创意空间站 #，将每期科普阅读推广活动一一发布，吸引更多读者参与其中。

案例 1：中国地质图书馆科普展厅——“观赏石日”系列科普活动

中国地质图书馆在 2011 年成立的科普展厅包括“矿物大观”和“馆史展厅”两个展厅，以实物方式予以展示相关说明，其科普效果明显。“矿物大观”科普展厅是中国地质图书馆与孟涛明矿物宝石博物馆联合举办的，共陈列了来自国内外矿物实体，其中包括巴西长石茶晶、晶洞水晶花，南非的孔雀石，以及我国的黑色电气石、文石等，厅内五彩斑斓的矿物实体激发受众的兴趣，受众可以从视觉上感受矿物世界的美妙与神奇。在展厅的四壁对矿物的种类、形成、化学构成及物理性质等通过图片、文字进行简要说明，在展示五彩斑斓的矿石的基础上对其进行解释：矿物色彩是多变的，多数荧光矿物在自然界的矿物有两种以上的颜色，常见的多彩水晶实质上是不同颜色的石英。荧光矿物在紫外线的照射下，发出亮丽耀眼的光芒，球形萤石内含有机物而发出白色荧光；白色透石膏和黄褐色玉髓分别产生蓝色和乳黄色荧光；方解石球发出淡蓝色和淡紫色荧光。展览以图文形式展示了矿物的颜色之美和矿物晶体的外形之美，还对矿物的物理性质与化学元素组成进行了简要的说明。

“馆史展厅”包括实物展示和图文展示两种，图文展示包括历史追踪和跨越发展两个方面，记录了中国地质图书馆的成立与发展。实物展示主要是国内外地质书籍的珍藏本，包括李四光的《庐山地质志略》、章鸿钊的《中国温泉辑要》、英国莱伊尔的《地质学原理》等多本地学相关书籍。除了这两个常设的科普展厅外，中国地质图书馆的二楼大厅是备用的科普临时展厅，在特定时间或节日作为科普宣传的展厅，以展板的形式向前来参观的群众展现各种相关主题的基本知识，并有讲解员对展板的内容进行讲解。

科普展览涵盖地学名人、低碳生活、节约资源能源及地学知识等内容。各种专题展览用文字和图片的形式，密切联系人民生活，对地学科学家、水资源、地质资源等科学知识进行展示和普及，并取得了良好的效果。

案例 2：中国计量大学图书馆科普展厅——计量史馆

中国计量大学计量史馆于 2008 年 10 月开始筹建，全馆面积达 200 余平方米，主要以史实和史料为依据，图文并茂，运用空间造型艺术和多媒体技术，反映中国计量史，展示中国计量的发展轨迹和深刻变革①。

计量史馆以图文并茂、3D 视频和计量标准器具实物陈列等方式，展示了传统计量的形成、秦始皇统一度量衡、传统计量理论成型、传统计量的发展、传统计量走向近代计量和近现代计量等六个方面的内容，完整地反映了中国传统计量的演变和近现代计量的发展。展览内容框架由专家审阅。仿制了新莽铜嘉量、沈括浮漏、日晷、秦始皇诏铁权、商鞅方升、新莽卡尺等大小八套实物；制作新莽铜嘉量、指南车等 3D 演示视频、浮雕一幅。在计量史馆入口制作计量史馆定位点标识，其中经纬度指标精确到秒后面小数点五位，定位达到毫米级，体现计量精准的理念。同时为丰富计量史馆内容，浓厚校庆气氛，图书馆主动与山东计量科学院联系部分古代度量衡实物巡展展示了山东计量科学院提供的战国环权等古代计量标准器具珍贵实物 15 件。通过展馆展示，使参观者能深入理解“计量”

① 本刊通讯员．中国计量大学图书馆主持建设的校计量史馆被认定为全国计量测试科普教育基地．浙江高校图书情报工作，2016，01：60.

二字内涵，更真切地感受到计量与社会经济、人民生活的紧密联系。

案例 3：文山州图书馆科普展厅

2013 年 9 月，文山州图书馆被云南省人民政府认定为第九批省级科普教育基地，以此为契机，文山州图书馆将“加强科普教育基地建设，推进科普工作创新发展”作为工作重点，在文山州图书馆一楼投资 100 万元，精心打造建筑面积超过五百平方米的科普展厅。

文山州图书馆科普展厅是文山州内首家聚声、光、电、力、磁、能、水、气、新材料等九个方面的系列仪器组成的科普展厅。展厅没有“虚拟实验室、声光魔幻、电磁探秘、数学魅力、运动与韵律、安全与健康、儿童科普乐园”等主题展厅。这些仪器集科学性、知识性、趣味性、操作性于一体，将光的反射、声的传播、力的分解、电的产生、水的循环、能的转化、磁场变化等自然常识和科学原理以最直观的形式演示出来。科普展厅为大家提供了一个了解和体验的场所，是开展科普教育的重要窗口和服务平台。

科普展厅成为公众，尤其是中小学生良好的科普活动中心。比如，通过模拟器模拟体验，教会参观者如何灭火，实景体验交通安全知识，人工智能机器人跳舞、模拟打恐龙等等，每一个主题展区都让参观者体验到了科学原理和趣味科技。读者在游戏中学习、在学习中游戏。展厅不仅丰富了公众的文化生活，更引导着青少年养成科学、文明、健康的生活方式，对抵制迷信愚昧活动有着积极的引导作用①。

① 文山州图书馆科普展厅开展［EB/OL］.［2019–03–25］.http：//www.wsnews.com.cn/newsview.aspx?id=166036.

第四讲

科普阅读的分众推广

现代管理学中有分众营销或推广的概念。所谓分众营销就是通过周密的市场调研后，确定一个特定的目标消费群，然后推出此特定群体最需要的细分产品，以适应这一特定群体的特定价格，通过特定的渠道，并用特定的传播、促销方式进行产品营销的精确营销手段。此概念和相关理论方法也适用于图书馆开展科普阅读推广活动，即针对不同群体的不同需求，开展相应的科普活动，这样的行为称之为科普阅读的分众推广。在一定意义上，图书馆只有做好分众推广，科普工作才能收到实效。那么，图书馆科普阅读推广的分众是哪些人群呢？

根据 2006 年 3 月 20 日国务院办公厅印发的《全民科学素质行动计划纲要（2006—2010—2020 年）的通知》（以下简称《科学素质纲要》）[①] 的规定，提高公民科学素质的重点人群是未成年人、农民、城镇劳动人口等。我国未成年人科学素质水平在不断提高，但由于长期受应试教育影响，科学素质结构存在明显缺陷；农民具备基本科学素质的比例仅为城市居民的 1/6，农民享受科技教育、传播与普及公共服务的机会远低于城市居民；适龄劳动人口科学素质不高，难以适应现代化建设的需要。因此，图书馆科普阅读推广的分众即为未成年人、农民、视障人士、失业人员和务工人员等城镇劳动人口。

对未成年人的科普，公共图书馆应掌握未成年人的心理特点，开展具有针对性的科普阅读推广活动，激发未成年人的好奇心与求知欲，增强未成年人对科学技术的兴趣和爱好，逐步引导未成年人学习科学知识，探索科学本质，掌握科学

① 中华人民共和国国务院．全民科学素质行动计划纲要（2006–2010–2020 年）[EB/OL]．[2016–04–23] .http：//www.jskx.org.cn/art/2006/6/6/art_49_472036.html.

技术与社会的关系，培养其综合运用知识以解决实际问题的能力。对农民的科普，公共图书馆应重点关注农业实用技术的培训与农业科技知识的传播，将提高农民科学素质与提高实用技术的普及相结合，助力培养有文化、懂技术、会经营的新型农民。对视障人员、失业人员、务工人员的科普，公共图书馆要以培养学习能力、职业技能和技术创新能力为重点，提高弱势群体适应社会的能力，以便他们更好地适应经济社会和自身发展的要求；同时加强与科技馆、博物馆、学校、部队等的跨界合作，利用一切可用资源，做好科普阅读推广的延伸服务。

第一节　农村科普阅读推广

一、农村科普阅读推广的界定

农村科普阅读推广属于农村基层科普的范畴。《中华人民共和国科学技术普及法》对农村科普的定位是："国家加强农村的科普工作。农村基层组织围绕科学生产、文明生活，发挥乡镇科普组织、农村学校的作用开展科普工作。"农村科普是以农村广大农民为受众的科普，是通过一定的组织形式、传播渠道和手段，把农村建设所需要的科学文化知识介绍给广大农民，以提高广大农民的科学文化素质、科学知识水平和科技生产能力的活动[①]。发展农村科普事业是我国的一项长期任务，农村科普的目标是培养健康、科学、文明的生活方式，形成节约资源能源、增产增收增效的科学生产方法，促进"生产发展、生活宽裕、乡风文明、村容整洁、管理民主"的社会主义新农村建设。

由此，农村科普阅读推广的对象主要是农民，从事农业活动的农村居民都包括在内。公共图书馆针对农村农民开展科普阅读推广工作旨在创新服务手段，利用各种方式方法和途径，形成"纵向衔接，横向沟通"的服务运作机制，开展多种科普阅读推广活动，从不同角度、不同层次、不同主题对农民进行科普阅读宣传，构建合理有效的科普宣传框架和科普教育网络，实现城乡居民接受全方位、全覆

① 刘丁鑫．新农村道德建设研究［D］．首都师范大学，2011.

盖的科普教育和指导服务，充分发挥科普教育促进国民素质提高、提升公共文化服务的作用。

二、农村科普阅读推广模式

农村科技推广的速度和程度远远落后于城市，在一定程度这也是导致农村经济发展缓慢、农民增收困难的原因之一。公共图书馆在农村科普方面的贡献主要在其资源、工具和服务方面，可以利用丰富的馆藏资源、先进的技术设备和有效的服务方式，根据农村的实际需要，深入农村群众之中，组织开展各种实用的技术技能教育和培训。通过各种实用技术培训、专家讲座、远程教育、实地教学等手段，增强农民科学素养，提高农民专业技能，培养农民判断经济形势的能力。例如，根据农村和农民对科技知识的需求情况，图书馆可以规划购买和下载关于农业生产管理的图书期刊和视频资料，并为农村群众提供免费借阅和播放服务，也可以组织农业生产实用技术、农村产业管理技术等讲座活动等。

从阅读推广活动模式来看，农村科普阅读推广主要有四种模式，分别是教育培训模式、品牌活动模式、知识宣传模式和精准扶贫模式。但在实际推广过程中，多是不同模式进行的各种不同组合和聚合。

（一）教育培训模式

教育培训模式是指通过资源借阅、开展讲座、实地指导、远程教育等各种方式对农民所需要的实用技术、农业知识等进行科普宣传、教学指导。从实践来看，设立科普图书室进行图书期刊借阅和讲座是此类模式的主流活动方式。如山东省青州市图书馆在该市所属南寨村、侯王村、南张楼、大袁村、贯店村等二十余处设立科普图书室（如图 4–1 所示）。每个图书室拥有种植、养殖、机械等科普类书籍千余册，常年向村民免费开放，将科普知识送到村民的田间地头[①]。图书期刊借阅的关键在于对实用型农业知识的开发和挖掘。实地指导，往往需要公共图书馆与农业技术推广组织合作，共同完成。随着农村互联网的普及以及农民网络应用能力的提高，远程教育或将成为未来发展的主要形式。

① 山东青州图书馆“青松鼠科普书院案例”，2018，青州图书馆提供 .

图 4-1　山东青州南寨村科普书屋

（二）品牌活动模式

品牌活动模式是指围绕经典科普阅读推广活动打造有深度、有影响力的活动品牌，通过品牌活动的开展，有效整合图书馆和其他机构人力、物力资源，扩大活动影响范围。

从全国范围来看，大型的科普活动品牌有"科普大篷车下乡万里行""科普文化进万家""文化、卫生、科技三下乡"等活动。其中，"文化、卫生、科技三下乡"是由包括图书馆在内的多部门联合组织、共同开展的协作活动。该品牌活动由一系列的专项科普活动构成，如"大中专学生志愿者暑期'三下乡'""乡村青年文化节""送书下乡""科普之冬""科普之春""九亿农民健康教育行动"等，这些活动的开展在全国各地的农村中产生了积极影响，全方位、全覆盖地促进了科普活动在全国农村的开展。"科普大篷车下乡万里行"打破了图书馆只能辐射某一限定区域的局限性，扩大了图书馆科普辐射的地理区域，使广大农民通过直接参与的方式感受科学、理解科学。此外，各地图书馆根据当地实际情况，组织和开展了大量农村科普活动，其中一些科普活动广受好评，逐渐发展成为当地的品牌，在宣传科普知识、促进科普阅读推广的过程中发挥了积极作用。

（三）知识宣传模式

知识宣传模式指的是图书馆利用丰富的馆藏文献资源，以开展讲座、组织宣讲、现场教学等方式，有针对性地根据农民的实际情况向农村群众开展科学文化知识普及活动。

一般而言，公共图书馆可以在卫生健康知识、日常生活常识、法律知识等方面，利用丰富的图书馆资源，为农民开展专业性的科学文化知识普及活动。比如，以图书馆服务宣传周、全国科普宣传日以及文化科技卫生“三下乡”等活动为契机，宣传法律法规、常见疾病的预防、日常食品卫生和节能环保知识等等。通过科学知识的宣传普及活动，提高农民的法律意识，打破农民的各种偏见，引导农民养成良好的科学生活习惯。此外，有意识地向农民推广图书馆，培养农民的图书馆意识，让他们进入乡镇图书馆，走进农家书屋，并养成良好的阅读习惯；利用健康的书籍教育，提高农民认识自然、改造自然的能力，从而形成正确的世界观、人生观和价值观，为新农村建设贡献自己的力量。

（四）精准扶贫模式

精准扶贫模式是指公共图书馆利用馆藏资源、空间和服务手段等服务于农民脱贫脱困的科普活动方式。精准扶贫是我国现阶段扶贫攻坚工作实施的战略。公共图书馆作为公共文化服务机构，具有参与精准扶贫的职责和社会责任。公共图书馆有自身的特色资源和文化，能够在精准扶贫工作中利用自身优势，因地制宜地、创造性地为贫困人员服务，改变他们落后的生产和生活经验，并帮助他们获得生存和发展所需要的知识和技能。如新疆农业大学图书馆利用图书馆农业科技文献资源优势，采取深入新疆南疆农村推广科普并邀请农民走进图书馆的方式，以捐赠科普图书、邀请农业专家给农民面授技术、农业科技和政策宣讲、邀请农民和农村孩子走进图书馆等形式，开展农民科普阅读推广活动，帮助农民转变观念，由“要我脱贫”转变为“我要脱贫”，从而达到扶植助力南疆贫困地区脱贫的目的[①]。

① 新疆农业大学图书馆“科普阅读推广案例”2018 年 . 图书馆提供 .

目前来看，在公共图书馆科普推广活动中，往往是上述四种模式的组合，如教育培训 + 知识宣传，知识宣传 + 品牌建设以及教育培训 + 知识推广 + 品牌建设等。河北省邢台市图书馆的“科技图书、科技信息下乡活动”是典型的教育培训 + 知识宣传组合模式。

案例：邢台市图书馆“科技图书、科技信息下乡活动”

在知识宣传方面，邢台市图书馆依托图书馆图书，针对农民特点推广农业专门知识。2007 年以来，邢台市图书馆积极筹集资金，为任县西固城乡郭村、临西县尖庄镇东张堤村、临城县西竖镇西菅等村建立图书室。每个图书室约有 1000 多本以农业为基础的书籍，并进行了登记、分类和编目。针对邢台县山区以果树种植业及家畜养殖业为主的农业生产特点，图书馆充分利用文献资源和网络资源，收集、组织和编制了六个专题，多达二十页的科技信息，并印制了 5000 余份宣传页，利用山村集市的机会分发到现场。此外，图书馆还收集与农业种植育种、蔬菜种植、农业科技开发、农业市场信息等有关的农业资料，编写《农业科技信息》《致富信息》《实用技术》等，每年分 4 期向农民发放。为了使图书馆的信息服务更具针对性，要求农村工作人员了解和收集人民群众的信息需求，有针对性地准备信息内容和开展信息服务。

在教育和培训方面，为农民举办了计算机培训班。为应对广大农民文化水平偏低的现状，为方便农民在互联网上获取所需信息，图书馆共享中心举办了计算机应用培训班。培训的主要对象是邢台市城中村的农民。培训内容以计算机软硬件基本知识、邮件的收发、搜索引擎的使用等为主，尤其是搜索引擎的使用。通过培训，农民能够独立使用计算机解决生产和生活中遇到的问题。

第二节　未成年人科普阅读推广

一、公共图书馆与未成年人科普阅读推广

在我国，未成年人是指未满十八周岁的公民。公共图书馆是未成年人科普阅

读推广的重要阵地。世界各国普遍把未成年人阅读推广作为全民阅读的重点，向未成年人进行阅读推广是一个国家和民族对未来的投资。与此同时，科学普及是提升公民科学文化素养，积累和发展国家智力资本的基础工作，作为社会教育的重要组成形式，科普阅读是扩充知识结构，提高后继人才培养效率，建设国家人才梯队并使之可持续发展的重要途径。2006 年 3 月，国发〔2006〕7 号《全民科学素质行动计划纲要（2006—2010—2020 年）》，明确指出“未成年人科学素质行动”是全民科学素质行动的主要部分。青少年科普工作是我国深入实施推进全民科学素质的重中之重，开展和加强青少年科普教育活动是实施科教兴国战略、人才强国战略和可持续发展战略的有力保证①。公共图书馆被称为社会的记忆装置，包括各种科普教育资源在内的馆藏资源十分丰富，在一定程度上更能满足未成年人的阅读爱好和获取科学知识的需求。因此，公共图书馆可以立足本职，放眼社会，联合社会力量，整合优质资源，以严谨、高效、丰富、新颖为原则，通过深度挖掘科普与阅读之间的关系，将其延伸到社会各领域的生活实践中，实现在未成年人科普阅读中的社会效应。

公共图书馆的馆藏、环境、服务网络都是开展未成年人科普阅读活动的硬件条件，拥有专业的信息搜集能力和为未成年人提供信息服务能力的图书馆员则是必要的软件条件。多彩纷呈的讲座、展览和阅读推广活动则是未成年人阅读推广的灵魂。当代图书馆服务的走向应以用户和读者为中心，面向未成年人的科普阅读推广活动需要研究青少年儿童的心理特点、科学探索的兴趣点，才能有针对性地开展好服务，提供好资源，培养好科学兴趣和阅读习惯。

二、未成年人心理特点及科普阅读推广方向

“未成年人”是一个法律概念，它的界限是明确的，是由法律直接规定的，即未满 18 周岁的公民。“青少年”则是一个社会学的概念，不同的语境下对其界定是不同的，但在年龄上与未成年人的范围不同，一般认为在 6 岁到 25 岁之间。“儿童”一词在《联合国儿童权利公约》（以下简称《公约》）中是指“18 岁以下

① 中华人民共和国国务院 . 全民科学素质行动计划纲要（2006–2010–2020 年）[EB/OL] . [2016–04–23] .http：//www.jskx.org.cn/art/2006/6/6/art_49_472036.html.

的任何人，除非对其使用之法律规定成年年龄低于18岁”。《公约》中所指的儿童与我国未成年人的概念是一致的，但在我国，儿童的概念却不是在这一意义上使用的，而是一个模糊的概念。在我国“儿童”往往是指14周岁以下的人，是被认为比青少年年龄更小的一个年龄层次的群体。在阅读推广和科普的意义上，本书将不使用法律层面的“未成年人”概念，而是将其初步划分为青少年（14~25岁）、儿童（7~14岁）、幼儿（0~7岁），以此来进一步分析未成年人的心理特点和科普阅读推广适用的活动方式和趋势。

一般而言，儿童兴趣广泛，求知欲强，但自制力、独立判断力差。他们面对浩如烟海的图书经常无从选择，这就需要根据他们的阅读兴趣特点，对相关图书进行选择，并在适当位置进行展示，如设立科普图书主题专架等向他们主动推荐优秀科普读物。

低幼儿童和小学低年级学生充满好奇心和求知欲，喜好色彩，但注意力无法长时间集中，因此，针对这些特点，应采用动画课件加上讲故事、玩游戏、情景喜剧表演等方式进行科普教育，用有趣的科学故事，生动的科学卡通片，对其进行科学启蒙教育，使他们慢慢开始接触科学，渐渐产生兴趣。

小学中高年级学生的心理具有明显的目的性，注意力稳定持久，具有较强的创造力和想象力，抽象逻辑思维能力不断增强，喜欢追求新鲜事物，学习兴趣广泛，因此，可以向他们推荐侦探、科幻魔幻、校园文学类的书籍，特别是与课堂知识、生活常识有关的科普作品，使其从科技书刊中体验过去、现在和未来世界的发展变化，以激发学生对科学的兴趣。

少年读者的心理正处于世界观形成的重要阶段，这一时期他们的独立性和批判性思维逐渐形成，情感强烈，自我意识进一步发展，对别人的想法和观点一般不轻信和盲从，热衷于用自己的思想和观点思考问题，努力形成自己的见解。除了向他们推荐具有科学性、方法性和趣味性的科学作品外，更重要的是科学地培养他们优良的科学素质，也就是科学精神，即培养孩子健全的人格、坚韧的意志、科学的态度、勇于探索的精神。

作为社会教育机构，公共图书馆对未成年人进行科学教育活动是图书馆工作的一项重要职能，也是责任和义务。在这种背景下，图书馆必须依靠自己的资源优势、人员优势，开展形式多样的科普活动和社会实践活动，帮助未成年人掌握基本的科学知识和技能，体验科学探究的过程和方法，引导未成年人增强科学意识，提倡科学精神，培养良好的科学态度、情感和价值观。

三、未成年人科普阅读推广活动的形式

未成年人的科普阅读推广活动是以科学知识的传播和应用，以科学读物的阅读，以科学兴趣的形成为主要特色的活动。总体来看，通过科普活动，全面助力提升未成年人的科学素质，营造科学、文明、健康、环保的社会环境和有益于创新的文化氛围。从科普阅读活动的形式来看，可以分为展示类科普活动、宣传类科普活动、体验＋互动类科普活动、竞赛类科普活动、知识普及＋培训类科普活动、新媒体阅读推广类科普活动、数字阅读推广类科普活动等七类不同形式的科普阅读推广活动[①]。

（一）展示类科普阅读推广活动

在众多科普活动中，展示类科普活动是参与人数最多的活动形式之一。例如，未成年人来到科技馆、博物馆、动物园、自然保护区、工农业企业园区，浏览专业科技工作者精心制作的展板介绍，目睹实物或模型的风采，品味趣味实验演示，观看科技影片，都是在参与展示类科普活动。另外，在举办“科技周”或“科普日”“科学月”等活动时，未成年人也会携自制的发明作品，通过自身设计展板反映科学探究过程。诸如与研究相关的图片、论文和过程记录，自己操控的模型表演、实验演示等参展，这即是在参与展示类科普活动。

展示类科普活动的最大特点，在于未成年人的视觉效应，引导其感知、思考和领悟所展示文字、物品、图像、实验过程等传递的信息，以及上述信息背后承载的科学知识、技能、方法、思想和精神，完成向其进行科学传播的任务。广州图书馆“儿童与青少年部”的展板展示即是此类科普阅读活动的典范。

广州图书馆的科普图书专题推荐通过开设科普主题书架，向未成年人推荐优秀科普图书。每月一期，每期一主题，每一期都制作编辑图书推荐书目宣传单、PPT、配合科普主题设置专题书架专栏，并加入创意摆设。2017 年推出数学、空中居民的奇闻趣事、Bigbang 宇宙、水果、建筑、历史、生物科学、STEAM 等

① 罗晖主编，基层科普工作指南［M］，北京：科学普及出版社，2015.6.

12 个主题[①]。

（二）宣讲类科普阅读推广活动

就科普活动的形式而言，宣讲类科普活动是继承传统又不断变革的活动形式之一。所谓宣讲类科普活动，是指讲授者或表演者运用口头语言、肢体语言等，向未成年人传播科学知识和科学方法的群体性活动。实践表明，宣讲类科普活动是一种应用较广同时参与人数较多的活动形式之一。例如：科学家面向未成年人的专题讲座，科技辅导员为未成年人科技兴趣社团的授课，企业、社区或农村“科普晚会”活动中的小品、歌舞和科普剧等，都属于宣讲类科普活动。宣讲类科普活动的最大特点，在于利用未成年人的听觉和视觉效应，引导其感知、思考和领悟各种类型的宣讲形式所传递的信息，以及上述信息背后所承载的科学知识、技能、方法、思想和精神，完成向其进行科学传播的任务。湖南省长沙市图书馆的“书香长沙 · 星城科学讲堂”是此类活动的典型案例。

长沙图书馆的“星城科学讲堂”以“解读科学精神”为主线，以“当今科学热点”为话题，以“打造明星专家和系列演讲”为特色，以“媒体联动”为延伸，从国内各学科领域聘请杰出专家担任主讲嘉宾，专业涵盖生态环境、化学、能源、科技创新、食品安全、健康养生等领域，并通过走进机关、学校、社区、农村、企业，辅以科普大篷车巡回展、科普活动成果展、科普阅读马拉松等形式，进行具有公益性质和鲜明特色的全民科普活动。每次讲座后将星城科学讲堂讲座的视频上传至专题网站，并建立星城科学讲堂视频文献数据库，供全国广大读者点击观看。

目前，各级各类公共图书馆开展此类活动已形成常态，也创造出了很多精品，覆盖到的未成年人已形成相当的规模。如广州图书馆每年组织的“阅创空间 · 我是科普小达人”“阅创空间 · 小小创客”等各类科普推广活动百余场，参加人数达超十万人次，深受市民喜爱。北京通州图书馆每年举办大约 120 场特色科普阅读活动，参加人数过万人次。

（三）体验 + 互动类科普阅读推广活动

体验意味着亲身经历或通过实践来认识周围的事物。体验类科普活动，就是

① 广州图书馆“身边的科学”科普阅读推广案例，2018.

参与者尝试运用科学技术知识、技能和方法，以亲身经历或实践的方式，积极参与科学教育、传播与普及活动。

从某种意义上说，体验类科普活动是未成年人理解科学的初级阶段。它是培养未成年人对科学的兴趣和关注，提高其科学素质的重要载体与途径，也是其参与社会科技创新活动的基础。通过参与体验类科普活动，可以使未成年人亲历科学与周围自然和社会的相互作用，产生真实的感受与体验，从而积累经验和智慧，获得对科学的真正认识和理解。河北省沧州市图书馆、江苏金陵图书馆等多家公共图书馆都逐渐开展此类型科普阅读活动。

自 2014 年起，沧州市图书馆与沧州市科协联合创建科技互动体验区，重点向青少年开放，如图 4–2 所示。互动体验分为壁挂式和台式科技展览，富有极强的针对性和知识性，可使读者通过体验和感知科学世界的原理，萌发创新点，提高创新能力。青少年通过实际动手操作体验到光学、力学、电学、数学、生命科学等多门学科的科技原理，在趣味中加深对科学原理的理解，感受科学的魅力。在馆读者也可以从图书馆内大屏幕上观看循环播放的科普知识；在馆外，则通过图书馆微信平台获取相关信息，扩大了科技互动体验区的影响。一年内，体验区体验者已累计达一万余人次。

图 4–2　河北省沧州市图书馆“科技互动体验区”

（四）竞赛类科普阅读推广活动

科普知识竞赛是促进和推动科普阅读的有力手段，也是验收科普学习成果的良好载体。竞赛类科普阅读活动指利用未成年人的好奇心和好胜心，通过竞技或比赛的形式，为他们搭建展示自身学习、理解和实践数学、自然科学、社会科学、工程学等领域才能的平台，从而使其在相互交流中实现建构科学知识、掌握相关技能、应用科学方法、熟悉探究过程、树立科学精神和升华科学思想等素质目标。

竞赛类科普阅读活动的特点体现为以下几点：首先，科普知识竞赛的目标是通过竞赛的方式激发未成年人参与科学普及推广的内在热情，养成学习和积累科学知识的良好习惯，直接推动和促进科普阅读的开展，并将其转变为未成年人的能动行为、主动行为。其次，在竞赛类科普活动中，未成年人不是像在大多数科普活动中一样作为受众接受来自专家或科技辅导员的科学传播，而是自己作为科学的传播者、应用者甚至新知识的创造者，来向周围的人群进行传播、传递或辐射。最后，这些竞赛都是鼓励未成年人结合相关科学知识、方法，尝试运用科学思维和操作技能，开展实际解决相关科学问题的“比拼”，并注重通过竞赛这种特殊的形式，培养和提高公众和青少年的创新精神、合作意识、科学态度和思维品质，特别是思维的全面性、灵活性、深刻性和独创性，最终形成“智以择向”的能力。公共图书馆在此类科普活动中采取大小不一的竞赛模式，可以在现场随机进行，也可以预先准备。

2017 年起，北京市通州图书馆将其科普阅读推广项目涉及的知识点、科学理论、科研历程、科学工作者等信息有选择地整合为竞赛题库，再从中随机抽取题目作为竞赛题目，由现场观众组成参赛者阵营，展开知识竞赛，并对优胜者和参与者颁发纪念品，予以鼓励。2016 年，柳州市图书馆结合图书馆特色，开展“游运有余”智力闯关抢答赛，旨在考查、培养和提高孩子们的手脑结合能力，通过活动答题加深对科普知识的印象和理解，调动孩子们自主学习科普知识的主动性，让孩子们在活动中快乐益智、获取知识、培养能力。

（五）知识普及 + 培训类科普阅读推广活动

培训类科普活动是以科普工作者或科技专家为主导，向未成年人进行有针对性的传播科学知识、传递科学技能、传授科学方法、传承科学思想的培养训练活动。培训类科普活动的首要特点，是培训内容的新颖性和先进性，即培训内容主要包括体现与时代同步的经济、科技、教育和社会发展最新理念，以及与此相关的新知识、新方法和新技能等。这部分内容往往是未成年人急需的，但又是相对滞后的学历教育所不能提供的，只能通过培训类科普活动加以弥补。而公共图书馆在此类活动中所起的作用不可低估。图书馆具备舒适的阅读环境和开展科普知识培训的空间。良好的阅读环境和求知氛围使得未成年人自然而然地生出对知识的渴求。随着国家对公共图书馆的资金投入和政策支持，图书馆建设的步伐逐步加快，环境更为优越，服务手段更加现代化和智能化，这促使图书馆成为面向未成年人的科教基地和社会实践教育基地。

江苏省太仓市图书馆面向青少年科普持续的系列活动项目“创意空间站”，在青少年中普及新型科技知识，把科技创新教育融入图书馆的活动中，切实增强学生的创新精神和创造能力，引领孩子们向更宽、更先进的科技领域迈进。项目以“科技陪伴成长”为品牌理念，联合中国科学院上海技术物理研究所专家及研究生专注为 8–14 岁儿童提供创新实践主题活动，参加学生以体验创客造物活动、动手制作科技小玩具为主，每月一次，利用 3D 打印等现代化设计工具，使用自制电子积木，同时结合机器人及智慧生活等主题，设计系列创新实践活动，通过深层次的教育活动形式，改变学生获取信息的方式，锻炼学生动手操作能力，进而优化在生活、教育、创新意识等方面的行为模式。

（六）新媒体与数字阅读推广类科普活动

与新媒体相关的概念很多，如新媒体、第五媒体、自媒体、社交媒体等，目前尚未形成统一的严格定义。一般来说，新媒体是指相对于电视、广播、报纸、杂志等传统媒体而言，基于数字、信息技术建立的媒体形态。这是一个比较宽泛的概念，既包括互联网媒体，也包括不以互联网为平台的其他数字媒体形式，如移动电视（如公交媒体）、触摸媒体、户外 LED 等。在各种新媒体形式中，互联网新媒体的发展最引人瞩目。随着新媒体的快速发展，人们的阅读方式也呈现出更加多样化的特点：从纸质阅读发展到基于互联网的数字化阅读，从深阅读发展到浅阅读，从个体阅读发展到人与人之间的交流互动阅读，从大众阅读发展到具有明确目的性的阅读……面对人们阅读方式的改变，图书馆的阅读推广方式也相应需要做出调整，尤其是面向新技术、新知识的科普阅读推广，更应该及时做出调整。很多公共图书馆在利用新媒体进行科普方面走在了前面。如秦皇岛图书馆、上海浦东图书馆等都是成功范例。

数字化阅读时代已经开启，人们对电子书等数字资源的需求飞速增长，阅读不再受到空间、环境的限制。微信公众平台是一个进行自媒体活动的功能完备的宣传平台，具有即时通讯和信息传播的双重功能，成为手机阅读的新方式。微信的普及应用成为互联网新媒体中进行科普阅读推广最常见的方式之一。利用微信公众平台宣传自身、传播文化、引导阅读，是促进传统资源、传统服务转型的良好契机，也是新媒体时代的图书馆强化文化职能的必要条件，对推进全民阅读意义深远。为了顺应手机阅读的趋势，适应大众阅读方向，增加科普趣味性，秦皇岛图书馆微信平台推出了一系列的科普短文，非常受儿童和家长的喜爱，并取得了良好的效果，如图 4–3 所示。

蒹葭苍苍—诗经中的花草世界。 阅读量：1533 蒹葭苍苍—诗经中的花草世界 蒹葭苍苍—诗经中的花草世界 2017年10月20日  植物：芦苇、萱草、梓树、木槿、凌霄花	惟草木之零落兮，恐美人之迟暮 — 楚辞中的植物世界 阅读量：780 惟草木之零落兮，恐美人之迟暮。— 楚辞中的植物世界 2017年10月26日  植物：白芷、泽兰、九层塔、香蒲、杜衡
草木皆兵—成语中的植物世界 阅读量：750 草木皆兵—成语中的植物世界(1) 2017年11月10日 	濯清涟而不妖唐诗中的花草世界 阅读量：849 濯清涟而不妖—唐诗中的花草世界 2017年11月18日 

图 4–3　秦皇岛图书馆“微信科普”：文献中的“植物主题”

随着数字内容的产生和数字技术的发展，数字阅读已完全渗透人们的生活，众多公共图书馆均在积极探索数字阅读内容与阅读方式的推广。数字阅读即阅读的数字化，主要具有两方面含义：就阅读对象而言，即内容以数字方式呈现，如网络小说、网页等；就阅读方式而言，即阅读载体，区别于实体的纸张，如手机、电脑等。

近年来，金陵图书馆一直密切关注数字阅读的发展，推出了“I· 金图”数字阅读系统，见图 4–4，它以“I· 金图”App 移动客户端为核心，以数字云屏借阅机为实体终端，以二维码扫描技术为核心手段，以金陵图书馆藏数字资源为内容主体，利用微信、微博、金图网站门户为媒介，建立起一个立体化、跨时空的数字阅读服务平台，并且依托该平台开展了各项线下线上的活动将优秀的文化科普资源推荐给读者。

图 4–4　“I· 金图”触屏捕捉栏目

案例：上海浦东图书馆“嘉年华”数字体验中心

2016 年，浦东图书馆联合上海浦东文化传媒有限公司在馆内建设了空间面积约四百平方米的“数字体验中心”新服务空间，全年 365 天面向公众开放，每周开放 56 小时。其功能目标和定位为：引进、展示并推广符合时代发展的新型阅读技术、设备、资源与方式，打造数字阅读推广的前沿阵地和现代技术应用的体验空间，承担青少年创客空间的功能。在功能设计和服务区域上，形成“听 + 看 + 读 + 活动体验”相结合的全方位数字化阅读体验模式，如图 4–5 所示。

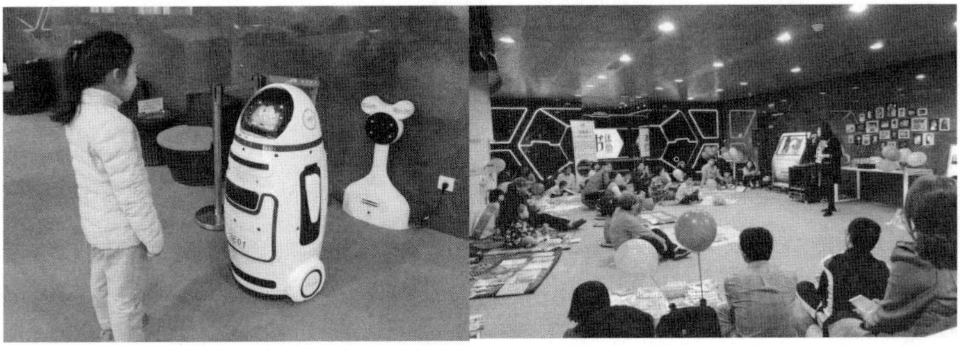

图 4–5　上海浦东图书馆科普活动体验

听：耳机森林。与喜马拉雅FM合作定期更新音频书，读者可通过蓝牙耳机、手机扫码等方式体验“听”书阅读。

看：沉浸式书体验。对读物内容提炼整合并编撰成剧本，制作出每部5分钟左右的多媒体短片。读者可在210°弧幕、立体声渲染的沉浸式空间进行观看。

读：数字阅读器。配备多台装置丰富资源的IPad和Kindle设备供读者体验“读”书阅读。同时提供各类电子书、电子报刊阅读机供读者浏览和扫码保存阅读。

“数字嘉年华”项目产生了显著的直接成效，表现为：

为广大读者提供免费开放的体验书法触屏、VR、全息立体书、交互多媒体扫描装置的机会。乐高机器人搭建、STEM科学实验、VR自然课堂以及手工DIY等课程成为青少年拓展学习的首选项目。以STEM科学实验为例，设计了跨领域的科学现象探秘课堂，把控神奇干冰、空气大力士、水滴放大镜等。VR自然课堂则以VR的方式上物理课，学习太阳系运行、宇宙大爆炸等宇宙现象及背后的知识。在1个月时间内，举办25场活动，约650人次参加；各类设备及活动项目体验近3000人次。平均每天有超过百人在数字体验中心内参与活动、体验和阅读，使之迅速成为浦东图书馆内的“热门活动空间”。

通过此次活动，数字体验中心的空间知晓度进一步提升，到访率相比以前明显提升。本次活动中的多项活动与设备均来自与合作方的短期协议。经过嘉年华的实践，图书馆正式将受到读者欢迎的部分项目和设施引入体验中心，长期向读者提供服务。面向青少年儿童的课程式学习拓展项目已成为数字体验中心的常规项目。图书馆后续接连开展了多期乐高机器人搭建课程，引入3D打印机实践课程，向小读者提供了更多科学融入和创新体验的机会。

作为终身学习场所和公共文化空间，公共图书馆有开展大众科普的使命和责任。浦东图书馆特别引入多个面向青少年儿童的活动项目，并在前期对活动内容做预设安排。将科学实验、乐高机器人这样的科学类活动形式课堂化、内容体系化，让孩子们的参与过程更像“学习”而非“简单体验”，而连续参与其中的孩子们也能感受到学习的连贯性。“课程化、体系化”的思路，不仅指导浦东馆后续科普活动的开展，也为其他图书馆开展科普推广提供发展思路和路径。

随着科技进步和数字阅读的不断发展，探索建设新技术体验、数字化应用甚至是休闲娱乐的新空间正成为公共图书馆探索转变的新趋势。“数字体验嘉年华”这样一个“新空间”的运作与空间的运营互为促进，共同生长，向人们展现了一种积极的共生关系。公共图书馆打造有生命力的服务空间，离不开持续输出与之相匹配的活动项目；而不同类型的读者活动，也应当依托于恰当的空间之中，两者互为推动。

第三节　弱势群体科普阅读推广

一、弱势群体的含义

对于弱势群体的界定，尚无定论。一般认为，弱势群体的显著特征应体现在“弱”，这种“弱”不仅仅源自于其社会地位的弱势以及低等次的经济收入，还因为其缺乏获取知识的能力[①]。我国学者按照弱势群体的性质将其分为三类，即生理性弱势群体、社会性弱势群体和自然性弱势群体。生理性弱势群体是指那些在身体以及心理情况方面存在缺陷的一部分群体，主要包括老年人、残疾人以及一些处境困难的儿童等。社会性弱势群体是指由于社会地位以及经济条件的限制而处于相对劣势地位的群体，主要包括农民工、在押服刑人员、下岗职工、贫困人口、收入水平处于最低生活保障的城市居民及未解决温饱的农村贫困人口等。自然性弱势群体主要是指居住在偏远地区的人们以及灾民等。弱势群体是一个相对性的概念，处在不同的领域，或按照不同的划分标准，弱势群体的界定也不同。对于公共图书馆服务的弱势群体来说，主要服务的是弱势群体中的“知识贫困”（Knowledge Poverty）群体，是指部分社会群体由于自身知识存量的匮乏而缺少发现知识、获取知识、交流知识、利用知识的能力。

① 李倡平，孙中民．试析弱势群体概念及相关研究的理论基础［J］．当代教育论坛，2014（5）：25–32.

这部分弱势群体主要包括未成年人、老年人、残疾人及低收入群体中的农民工、外来务工人员等。早在1931年，国际图联就成立了“图书馆为弱势群体服务部”（Section for Libraries Serving Disadvantaged Persons），为医院患者、监狱服刑人员、养老院以及其他福利机构内的老年人、行动不便无法外出人员、聋哑人和身体残疾者等用户提供专门的图书馆服务和信息服务[①]。

本节重点针对视障人员、失业人员、务工人员的科普阅读推广进行分析。公共图书馆以“普遍平等”为指导理念为大众提供服务，有责任向弱势群体提供自由、平等地获得文献信息和享用文化知识的服务，理应充分考虑弱势群体的特殊性，根据其特殊需求，提供人性化、便捷化、均等化的服务，真正实现对公共文化发展成果的共享。针对这部分群体，很多公共图书馆都在努力拓展科普阅读推广服务的深度和广度，发挥社会教育的职能，并为其提供知识援助，不仅可能提高此类群体的知识技能、信息素养和社会竞争力，还可逐步构建共同分享的社区空间。

二、面向弱势群体的科普阅读推广方式

针对不同的对象开展形式新颖、富有创意的阅读推广活动是图书馆吸引弱势群体参与科普阅读的重要手段。面向弱势群体的科普阅读推广活动形式主要有以下几种：

（一）制度建筑设计方面

在制度上，图书馆设立专门的服务部门，在经费允许的情况下为弱势群体开辟专门的相对独立的阅览空间，如购买针对不同人群的阅读图书和专用的阅览设备。开通绿色借阅通道，如开通免押金借阅、减免滞纳金、送书上门等服务。在建筑设计上彰显人文关怀，为残疾人设置合理的空间布局，打造无障碍阅读环境。如设置轮椅坡道、盲人通道、残疾人洗手间、残疾人扶手、残疾人服务台等。

① 王子舟．知识贫困及其对弱势群体的影响［J］．图书馆，2006，2006（4）：10–16.

（二）面向不同群体的特色科普阅读推广方式

1. 老年人

随着人口老龄化进程的不断加快，进入图书馆的老年读者数量日益增多。大多数老年读者去图书馆的目的是寻找生活寄托，以减轻退休后的孤独感。为此，一方面，公共图书馆要深入了解老年人的信息需求，提供有针对性的阅读服务。如健康、投资、文化休闲等方面的书籍和讲座，是老年人更为需要和适合阅读的，图书馆应该有倾向性地调配馆藏资源和空间。另一方面，组织老年读者学习沙龙，设立老年人交流平台，可以利用老年人的专业知识和特长，让其从事一定的科普阅读志愿活动，不仅可以发挥他们的余热，也为图书馆打造了不同弱势群体共享交流的新空间。

2. 视障人员

2012 年 3 月，中宣部、文化部、中国残联等 11 个部门联合出台的《关于加强残疾人文化建设的意见》，提出为残疾人提供基本的均等的文化服务和个性化服务，全面加强残疾人文化建设。此类科普阅读推广是指图书馆根据视障者的特殊性，采取有针对性的服务和活动形式，帮助他们逾越阅读障碍，满足他们对科学知识的需求。一般而言，面向视障人士的主要活动形式有：

开展盲文书刊借阅及送书上门服务。在完善视障阅览室、增加助视器等设备及增加盲文书刊入藏量的同时，积极主动地为视障读者办理免费借书证，开展盲文书刊和听书阅读器借阅与送书上门服务。赠送视频及书刊是最传统、最常见的视障科普阅读推广方式，操作方式简单，受读者欢迎。这种推广方式受众面较广，能够惠及不同层次的人群。近年来，广州图书馆不断为视障读者开拓数字信息服务方式，比如购买专门为盲人制作的各类电子读物，如一些装载各类教学、文学及医学类别的盲文文献；开放各类载体的音乐、评书等音像资料，供盲人办证借阅；设计盲人阅读的盲人网页等[①]。对视障人员来说，出门困难是他们阅读的障碍。目前，一些图书馆已经提供了上门送书服务。例如，浙江省图书馆坚持向住在杭州市区的盲人读者送书，为其他地区的盲人读者提供寄书服务。甘肃省图书馆开通了盲人读者接送服务热线，针对不方便进入图书馆的盲人读者，建立了送书到

① 谭英 . 弱势群体呼唤公共图书馆服务［J］. 图书馆建设，2004（3）：10–12.

点的图书流动站，招募盲人阅读志愿者，为盲人提供合理的阅读建议。

举办盲用电脑培训。为了让视障读者也能跟正常人一样利用互联网，能从网络上搜索资料和获取信息，享受网络带来的便利，提高他们的就业技能，公共图书馆可以举办盲用电脑培训班。让视障人员学习诸如计算机基础知识、电脑操作、读屏软件及社交软件使用等。盲用电脑培训，则为视障读者获取更多的信息和知识、加强情感交流提供新的渠道。

开展面对面朗读服务。将情感交流与阅读相结合，是面向视障人士最好的阅读服务形式。很多公共图书馆开展了不同风格的面对面朗读活动。

开展无障碍电影播放与讲解。如秦皇岛图书馆，多年来，一直培训电影讲解员，成立无障碍电影讲解服务队，在很大程度上丰富了视障读者的精神文化生活。

3. 农民工

农民工是指户籍仍在农村，进入城市务工和在当地或异地从事非农产业劳动6个月及以上的劳动者。据国家统计局发布的《农民工监测调查报告》，2016年农民工总量达到28171万人，其中本地农民工11237万人，外出农民工16934万人。农民工仍以青壮年为主，但所占比重继续下降，农民工平均年龄不断提高。从平均年龄看，2016年农民工平均年龄为39岁。①1980年及以后出生的新生代农民工已逐渐成为农民工的主体，如何面向两代农民工开展科普阅读推广是一项具有挑战性的工作。

总体而言，经济能力、消费观念以及居住环境（以城乡结合部为多）是制约农民工阅读的首要因素。农民工文化层次和技能水平普遍不高，多从事劳动时间长、劳动强度大、技术含量低的工作，工资水平普遍较低。由于受生存压力和传统消费观念影响，农民工普遍更关心基本物质需求和日用品消费，有偿阅读等文化消费被忽视。由此，这也给公共图书馆为其提供服务提供了前提和操作空间。针对农民工的特点，公共图书馆在提供科普阅读设施、阅读资源和阅读服务时要充分考虑到农民工的实际需要，科普阅读资源内容应通俗易懂、富有内涵，阅读活动形式应生动活泼、喜闻乐见，阅读服务方式应贴近生活、贴近实际，真正使农民工便于参与、易于接受。其具体形式主要有：

① 国家统计局.2016年农民工监测调查报告［N］.中国信息报，2017-02-02（001）.

提供实用性和科普性阅读读物。专业技能和实用技术的阅读能够直接满足农民工对工作的需要，增加他们的求职机会，提升他们的技术层次，从而为其在就业、择业、换岗、薪酬待遇等方面增加筹码。其他实用类阅读也很重要，如医疗保健类阅读有利于保障农民工的身心健康，从而保障他们的工作和生活；法律类阅读能增强新生代农民工的法律意识，有利于维护他们的合法权益。

提供以数字新媒体阅读为主的多样化的阅读方式。80后的新生代农民工，跟其他80后一样，手机几乎是手头必备的，他们对新事物、新信息充满好奇，并且学习能力强，因而从阅读接触的媒介来看，新媒体日益成为新生代农民工阅读的主要媒介。公共图书馆的科普阅读推广活动应抓住这一特点，开展合适的科普读物、讲座、知识培训等活动。

技能培训。信息技术的发展有效地促进了数字资源的生产和应用，改变了人们的生活方式，信息素养已经成为现代社会必不可少的素质。然而，由于各种因素条件的限制，弱势群体尤其是农民工的信息素养普遍偏低。组织计算机和网络知识培训，有利于消除数字鸿沟，解决农民工日常生活工作中的困难。

组织群体活动。开展科普阅读和弱势群体宣传活动，首先要明确受众的特殊需求，从需求出发，提供实质性的个性化服务。这些活动包括建设工地流动书店，提供各类科技图书，为农民工子女建立快乐阅读基地，建立流动儿童阅读中心，提供集体借阅服务。组织农民去图书馆、科技馆等参观。

案例1：秦皇岛图书馆视障读者服务

据秦皇岛市残疾人联合会统计，该市有近2万名视障者。该群体存在出行看书难、自主学习难、获取信息难等问题，但是渴望阅读空间和学习平台，以便提高自身劳动技能，改善经济条件。秦皇岛图书馆于2003年成立河北省首家专门的盲人图书室，积极探索适合视障读者的阅读服务方式和推广模式。主要活动有：

加强盲人文献资源建设，改进服务设施。盲人图书室使用面积为200余平方米，分为触摸阅读区、设备使用区、耳麦视听区和网上阅读区，配置盲文图书、盲文文献目录、盲人专用电脑、一键式盲人智能阅读机、盲文扩视器等阅读工具以及不锈钢盲道、低位电话、残疾人专用厕所、红外线语音提示器、木雕水杯托和盲杖等专用设施，为视障读者做到馆内无障碍服务。

坚持“一送二建三代四免”服务。“一送”即盲人读者可电话预约所借图书，由工作人员免费送书上门；“二建”即在盲人读者聚集区（如市残联、山海关特教学校等）建立流动图书室，定期了解阅读需求、更换新书；“三代”即为盲人读者代购学习和生活用具、代刻录光盘和磁带，代印盲文资料等；“四免”即免费办证、免费上网、免费借用专用设备，免费下载资源，免费培训以及免费安装调试电脑和读屏软件设备等。

定期开展适合视障读者的阅读推广活动。为帮助视障读者走出家庭，共品书香，秦皇岛图书馆定期开展多元化、人性化的科普阅读推广活动，如组织无障碍电影进社区、让关爱阅读走进特教学校、“让我为你读本书”——世界读书日视障读者阅读活动等，吸引更多的视障读者走进图书馆，利用图书馆。

深化扶盲助残服务。秦皇岛图书馆积极开展文化志愿者助盲基础培训，并成立了两个扶盲助残志愿者组织，专门建立了志愿者微信服务平台和扶盲助残志愿者 QQ 群，可以直接与盲人读者联系上门服务，使沟通更便捷，服务更高效。

案例 2：北京西城区第一图书馆“外来务工青年数字资源推广活动”

当今社会科技推动了图书馆的发展，越来越多的数字资源通过图书馆传播，在纸制图书馆向数字图书馆的转型期，只有不断增加特色服务，提高服务的能力和水平，增强对青年群体的吸引力和凝聚力，才能进一步推进图书馆事业。多年来，北京市西城区第一图书馆始终把服务青年的宗旨作为各项工作的根本出发点和落脚点，以“社区学习中心”电脑学习班为基础，通过培训、体验、讲座等多种形式为外来务工青年提供数字资源服务。经过长期探索和实践，西城区第一图书馆结合实际需求，从文化信息资源共享工程资源中精选出一批惠及广大青年、弱势群体成长成才的特色资源，以及本馆自建和购买的数字资源，编成课程，为进京务工青年培训。

为进京务工青年群体提供有效服务，提升他们服务区域经济社会协调发展的凝聚力，是西城社区学习中心的重要作用之一。图书馆同团区委在调研过程中一致认识到，努力提高进京务工青年的信息技术水平、缩小数字鸿沟，是服务进京务工青年的有效途径和重要突破口。在此基础上，2004 年 6 月，西城区第一图书馆与团区委、微软（中国）有限公司、法国沛丰协会北京代表处合作，共同创办了为进京务工青年提供免费计算机培训的西城社区学习中心。

图书馆在为外来务工青年培训计算机基础知识的同时，数字资源课程一直穿插其中。课程也随着社区学习中心和数字资源大环境的发展而完善，课程设定的群体也与社学中心一致。

在服务对象上，图书馆明确界定为 35 岁以下，来京工作 1 年以上的进京务工青年；社学的课程设计是每期培训班为 3 个月、12 课时，其中 1 课时为数字资源培训；在人员配备上，图书馆安排每 40 名学员组成一个班组，每班有 4 名志愿者辅助教学，主讲由图书馆和数字资源厂商工作人员分别承担。

实践证明，这种数字资源推广方式符合进京务工青年学习成长的需要，为丰富他们的知识结构、提高他们的社会竞争力提供了机会和条件；同时，为广大志愿者和热心公益事业的各界人士提供了服务社会、奉献爱心的平台。

第四节　科普阅读推广的延伸服务

2002 年 6 月，《中华人民共和国科学技术普及法》颁布实施。其中，第十六条第二款中明文规定："科技馆（站）、图书馆、博物馆、文化馆等文化场所应当发挥科普教育的作用[①]。"公共图书馆作为社会文化机构，其社会职能涵盖了科普教育的范畴。利用馆藏科技文献、文化场所等资源，面向社会公众开展科普活动，满足社会公众的科普需求是公共图书馆重要的社会责任和义务。同时，公共图书馆也应寻求多方合作，开展延伸服务，联合推动科普阅读推广。

一、公共图书馆延伸服务的概念

2007 年 5 月，文化部在天津举办了全国公共图书馆延伸服务经验交流会，时任周和平副部长作了《大力推进图书馆延伸服务，为构建社会主义和谐社会做贡献》的专题讲话，表示："深化图书馆服务工作，使人民群众享受优质、高效、

① 全国人民代表大会常务委员会．中华人民共和国科学技术普及法［N］．人民日报，2002–12–01.

便捷的服务，是当前图书馆业务建设的一项中心任务。”[①] 2009 年 3 月，《文化部、教育部、科技部关于进一步加强文献信息资源共建共享服务基层的意见》指出：“要充分发挥文化、教育、科技系统图书馆的积极性和各自优势，扩大文献资源的服务范围和受众面，将文献资源共建共享的成果更好地惠及基层和广大社会公众。[②]”

从服务行业来说，延伸服务是指服务部门为方便用户、旅客或顾客而扩大服务范围、开辟新的深层服务内容的做法[③]。而在图书馆领域，对于公共图书馆延伸服务的概念，学界仍有很大分歧。本书倾向于将公共图书馆延伸服务理解为：公共图书馆开展延伸服务是基于传统服务下与多机构的合作，消除传播障碍，为用户提供多元化服务。公共图书馆通过跨界合作对基础服务如借阅服务、参考咨询和文献传递等服务进行创新，主要包括三个方面：一是服务空间的延伸，用户能够泛在化地获取知识服务；二是服务内容的延伸，利用公共图书馆的馆藏资源、品牌效益、馆舍设备、地理优势，通过跨界合作达到提供增值性和个性化的延伸服务；三是服务时间的延伸，公共图书馆为用户提供具有时效性的信息服务，方便用户地获取服务，做到 24 小时不间断地知识输送。

二、公共图书馆服务延伸的类型

一般认为，公共图书馆的三大基础职能是知识存储、知识检索和知识优控。[④] 延伸服务应围绕这三点，发挥公共图书馆的馆藏优势和管理经验，为用户提供高效便利的服务。基于此，公共图书馆延伸服务的类型大致可以分为三大类：服务空间的延伸、服务内容的延伸和服务时间的延伸。

（一）服务空间的延伸

公共图书馆服务空间上的延伸是扩大公共图书馆在各地的覆盖率，能够保

① 周和平．大力推进图书馆延伸服务 为构建社会主义和谐社会做贡献［EB/OL］．［2019–01–20］．http：//www.chnlib.com/Tsgdt/3694.html.

② 转发《文化部、教育部、科技部关于进一步加强文献信息资源共建共享服务基层的意见》的通知［EB/OL］．［2011–01–20］．http：//www.jslib.org.cn/njlib_ntyxgsxx/200905/t20090506_88333.htm.

③ 曲伟，韩明安．当代汉语新词词典［M］．北京：中国大百科全书出版社，2004：983.

④ 王子舟．我国公共阅读空间的兴起与发展［J］．图书情报知识，2017（02）：4–12.

证用户及时、有效、方便地获取公共图书馆提供的服务，使公共图书馆服务方式变得灵活，扩大用户受益面。关于服务空间的延伸开展较好的案例有公共图书馆与书店合作开展新书外借服务，如安徽省铜陵市图书馆首次尝试“三馆合一”，“你读书、我买单”的借阅模式。公共图书馆在地铁口创办地铁图书馆，如京港地铁“M 地铁 · 图书馆”4 号线开展的 6 期主题活动；莫斯科地铁为乘客免费提供 100 部电子书阅览。公共图书馆与快递公司合作开展借还书服务，如安徽省合肥市图书馆“快递到家”服务，利用互联网和物联网的技术打造线上借阅平台。

（二）服务内容的延伸

公共图书馆的服务内容延伸，要求利用公共图书馆馆藏资源、科学馆员和丰富用户资源来进行内容延伸。关于服务内容的延伸开展较好的案例有与博物馆、美术馆等文化中心合作办展览，如福建厦门市图书馆和首尔中国文化中心举办“华夏霓裳千年韵”和“华夏威仪民俗展”主题展览；广州图书馆和博物馆、学术机构合作开设讲座；上海图书馆的“上图讲座”；与第三方合作开展新借阅模式，如合肥图书馆开启“信用 + 阅读”借阅模式。

（三）服务时间的延伸

公共图书馆在服务时间的延伸上不是指 24 小时开放那样简单，而是在提供基础服务时间之外，便捷地为用户提供泛在化的知识。科学技术的发展也为公共图书馆时间延伸在维度上提供了技术支持。关于服务时间的延伸开展较好的案例有：与 24 小时便利店合作开展借还书服务，如台北市推出的便利店借书服务；与文学网站共同打造移动端借阅平台，如盛大文学与上海图书馆共同打造的移动端借阅平台；与第三方支付平台合作开展新服务，如深圳图书馆运用最新的自助图书馆服务平台借书。

三、科普阅读推广的延伸服务

（一）图书馆与博物馆合作开展展示型活动

博物馆是集收藏、存储、陈列、研究为一体的文化教育机构，为公众提供知识和教育机会。每年，各类博物馆根据展览内容的不同，开展一系列的展览教育活动。

为未成年人服务也是博物馆的首要任务之一。如何对未成年人做好服务是当代图书馆博物馆共同面临的重要命题。现在中国的未成年人参观博物馆的比例并不高，即使去参观也大都是走马观花，不求甚解。这一方面是中国的应试教育体制影响的结果，另一个重要的原因是中国的教师和家长本身对参观博物馆兴趣不大，自然也不重视带小孩去参观博物馆。但家长带小孩去图书馆的确大有人在，如果图书馆和博物馆能够多一些合作，多举办适合未成年人的展览，图书馆利用资料优势多提供一些展览背景、文化资料和参观指引，或主动将生动活泼的展览宣传资料送到图书馆做宣传，这样一来，参观博物馆的未成年人数量就会增多。相反，博物馆在举办活动时，多提示未成年人去相关的图书馆寻找更丰富的资料和信息，也可以推动未成年人对图书馆相关资料的利用。

浙江省瑞安市图书馆与当地博物馆全作进行了科普展览与展示。一是利用博物馆的基本陈列进行瑞安地区历史和风俗的百科全书式的集中展示。图书馆组织夏令营，使参与者参观博物馆的基本展品。同时，根据儿童年龄和能力的差异，博物馆提供有针对性的讲解，让孩子们感知和了解地域文化和习俗。二是开展小小讲解员培训。邀请博物馆优秀导师来指导那些对博物馆讲解员职位充满热情和渴望实践的小学生。课程以博物馆的基本展览为基础，以馆藏文物、文物培训、仪式与外部形式、展厅实践为基础。有针对性地培训，不仅让小讲解员在课堂外学习了很多关于自然、历史和民间传说的知识，也为他们搭建了一个展示自己的舞台。三是在图书馆设立地方文物和民俗书架，提供一些通俗易懂、适合儿童阅读的地方文化书籍和地方知识教材。此外，图书馆还与博物馆进行交流，了解博物馆儿童活动的动态，组织儿童参与博物馆儿童活动，将枯燥的文字与生动的形象相结合，开展多样化的阅读活动。充分调动儿童读者听觉、视觉、触觉等，提高他们参与研究当地文化的热情，并提高小读者对科普阅读的兴趣，使科普阅读内容更立体，全面和综合。

（二）与专业机构、学校等社会力量合作进行知识互动交流

除了加强图书馆与博物馆的合作外，寻求科研机构、军队、学校等社会力量

的多元合作也逐渐成为图书馆开展科普阅读推广的主要模式。在这种合力下，公共图书馆的服务得到很大的延伸，民间科普阅读推广的力量也逐渐发展壮大，参与到科普阅读推广中的社会志愿服务队伍也不断完善。

案例 1：上海嘉定图书馆多元社会合作

上海市嘉定区图书馆与出版社、读书会、妇联等机构进行了广泛的合作，为阅读推广活动带来了新的思路和创新力量。

（1）专业机构——提供专业性领域内容。公共图书馆由于业务范围的局限，在很多具有专业性的选题上会受到限制，在阅读推广中采用了与专业机构的合作模式是非常适合的。如嘉定与益鸟科学艺术教育联合举办了“它们：恐龙时代——赵闯和杨杨的科学艺术展”，对科普阅读的推广起到了很好的促进效应；与坐落于嘉定的汽车博物馆联合举办汽车主题展览，大大增加了科普阅读推广的趣味性。

（2）民间阅读推广机构——多元化合作的力量补充。随着全民阅读氛围越来越浓厚，民间阅读推广组织成为公共图书馆阅读推广的重要合作力量。在读书月活动中，与上海较为活跃的读书会合作，如专注于少儿阅读推广的“魔法童书会”为图书馆带来了高品质的讲师资源；关注成年人阅读的“书虫部落”以说书、听书等多种形式为图书馆带来了新的阅读方式。这些案例对公共图书馆的科普阅读推广提供了值得借鉴的经验，同时，也是对公共图书馆阅读推广的一项补充。

（3）联合力量推广——扩大阅读推广延伸面。2016 年，嘉定区图书馆联合嘉定区中小学进行了“文教结合”活动。活动组织中小学生走进公共图书馆，了解图书馆的各项职能，并针对不同年龄段的学生设计不同的活动项目。此外，在针对幼儿阅读推广的项目“周末故事会”中，嘉定区图书馆联合嘉定各所大学的学生以及幼儿园老师，成立志愿者队伍，为幼儿讲故事。通过这样的方式，可以扩大阅读推广的延伸范围。

案例 2：天津河西区少年儿童图书馆走进消防活动

为了进一步强化少年儿童安全教育工作，提高少年儿童应对事故的应急处理能力，帮助他们树立安全意识、掌握安全知识，提高自我保护能力和自救能力，河西区少年儿童图书馆组织策划了一系列形式多样、内容丰富的科普活动，主要的社会合作组织为消防复兴门中队和枫林路中学。

走进消防中队，学习逃生技能。河西区少年儿童图书馆员工走出图书馆，连同枫林路中学师生共50人走进河西区公安消防支队复兴门中队，在聆听消防中队长现场讲解安全知识、观摩消防官兵的实地演练、参观消防工作车的基础上，亲自上阵跟消防员学习正确使用灭火器的方法，切实体会到学习逃生技能的必要性。

制作安全教育展牌，发放安全教育折页。河西区少年儿童图书馆和复兴门中队共同制作安全教育宣传展牌和宣传折页。其中展牌在学校、消防队、馆内巡回展出，供师生和读者阅读。宣传折页则免费宣传向读者发放。展牌与宣传折页以卡通漫画的形式介绍公共场所和家庭中逃生自救的各种方法。河西区公安消防支队的参与保证了宣传内容的准确性和专业性，也促进了图书馆和消防队的合作，共同传播科普知识、普及科普理念。

举办主题书展，推广科普阅读。河西区少年儿童图书馆把安全教育的图书带到消防复兴门中队，与枫林中学一起开展了“强化安全意识 提高避险能力”主题书展，使同学们有机会与消防员面对面交流安全知识、相互分享阅读心得。

利用多媒体手段，放映安全知识短片。河西区少年儿童馆科普基地在开展主题书展的同时，还通过现代化的多媒体设备传播科普知识，在综合阅览室放映安全防护知识短片。小读者通过观看视频内容，加深对火灾危害、野外危害和交通事故的认识，巩固逃生自救的方法，同时又激发他们对阅读和学习安全知识的兴趣。

此次活动由图书馆和消防队共同合作，共建的内容丰富、立意深远，一个是科普知识的讲解者，一个是科普知识的传播者，双方都致力于科普阅读的推广，通过安全知识的共享和交流，在军民之间架起了一座沟通的桥梁。

（三）与新媒体等合作开展新型数字化推广

与传统媒体相比，新媒体是继报纸、广播、电视等传统媒体之后发展起来的一种媒体形式。它利用数字技术、网络技术、移动技术，通过互联网、无线通信网络等渠道进行传播，是借助计算机、移动电话、数字电视、移动设备等终端为用户提供通信和信息娱乐服务的媒介形式。近年来，随着移动互联网和智能移动终端的迅速普及，更加便捷的移动设备已经成为人们日常生活中必不可少的新媒体终端。手机成为拉动网民规模增长的首要设备，同时，专门针对移动设备开发的移动即时通信工具，如微信、微博、手机 QQ 等用户群较多的移动终端即时通信软件，成为新媒体传播的重要形态。近年来，各级各类公共图书馆都在利用新媒体开展数字化阅读推广活动。而各种移动社交应用 App 已成为现在各公共图书馆开展新媒体数字化阅读推广的主要阵地。如上海浦东图书馆的数字阅读机、数字学习机等都是与企业合作的产物，通过社会化合作租赁等方式来进行。如图 4–6、4–7 所示。

图 4–6　上海浦东图书馆数字阅读机与数字学习机

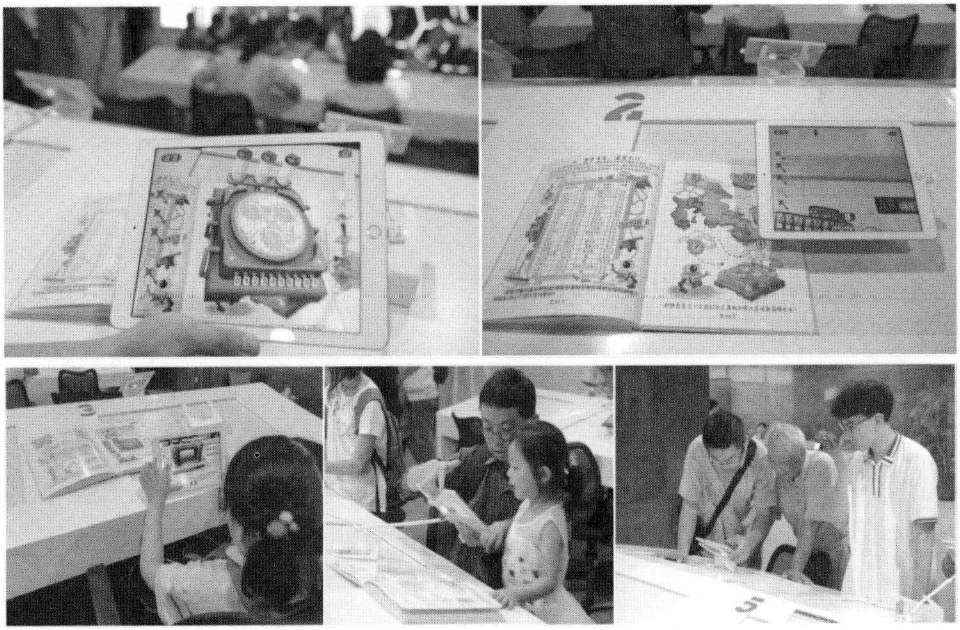

图 4–7　上海浦东图书馆电子阅读器与全息立体书

第五讲 科普阅读推广形式

借助互联网、新媒体等方便快捷的工具以及世界读书日、全国科技周等特殊时间节点，阅读推广不断创新发展，呈现出内容丰富、形式多样的特点，科普阅读推广也不例外。其中讲座、沙龙、竞赛、书目、快报、展览等也成为最常见的科普阅读推广的有效形式。

如上所述，科普阅读可根据不同的目标群体进行分众推广，尤其较之于一般的阅读推广，科普阅读推广的目标人群以及目的性更为明显，如针对农村村民、未成年人、残障人士等的科普阅读推广。同理，作为科普阅读重要形式的科普讲座、沙龙和竞赛的目标人群也较为明确。

第一节　讲座、沙龙、竞赛

一、讲座

“讲座”泛指学校、机构定期或不定期举办的专题讲学或演说。科普讲座是相关机构举办的以科学普及为主要目的的讲学或演说。图书馆是举办科普讲座的重要场所。

就科普讲座举办机构而言，可包括高等学校、中小学、研究机构、图书馆以及其他承担科学普及、社会教育等职责的专门机构。这些机构拥有举办科普讲座得天独厚的优势，比如高等学校、研究机构拥有一批专业的科学家资源和科学设施设备资源，图书馆拥有丰富的科普文献资源，高等学校、中小学及图书馆拥有相对稳定的且具有科普需求的目标受众。

就科普讲座受众而言，可面向广泛的社会公众，也可针对儿童、中小学生、农村村民、老年人等具有不同年龄层次或知识结构特点的人群。比如，未成年人处于世界观、人生观、价值观塑造的关键时期和学习科学知识、增长科学素养的关键阶段；农村村民可能需要掌握“科技兴农”相关的科学知识与种植、养殖技能来用于农业实践；老年人需要学习新的科学知识，更新原有知识储备，同时降低生活中上当受骗的可能。

（一）讲座要素及图书馆科普讲座的特点

通常而言，讲座需有主讲人、主题、场地、听众等必备要素。

1. 主讲人一般为领域内比较权威或专业的人士，在有限的时间内（2 小时左右）围绕一个主题展开讲述。

2. 讲座场地应在交通较为便利的地点，应有健全的安全设施和应急通道，防止出现安全隐患。

3. 若讲座持续时间较短，前期准备工作则相对较少，比展览、竞赛的周期更短、实施更简单、组织更灵活。

图书馆拥有社会教育的职能，是促进阅读推广和科学普及的重要机构，在科普阅读中发挥着不可或缺的作用，尤其是各级公共图书馆和科技图书馆。图书馆科普讲座在具备一般性讲座要素的基础上，还呈现出以下新的特点：

1. 主讲内容的科学、专业、准确。科普讲座尤其强调主讲人所讲内容的科学性、准确性，在无形中对主讲人提出了更高的要求，而图书馆往往倾向于邀请院士、知名科学家、专家学者及领域内知名度较高的专业人士举办科普讲座。

2. 深入浅出的技巧。科普讲座主要讲述科学技术相关内容，而且是先进的、热门的科学技术，科学技术往往“高大上”，甚至显得有些枯燥而不接地气；因此科普讲座既需要体现科学性，又需要带有趣味性，要求主讲人把握“深入浅出”的技巧，使观众听得懂、听得进并切实有所收获。

3. 讲座“周边”活动。图书馆拥有丰富的文献资源、宽敞的空间场地，在开展科普讲座活动的同时，还可配套开展科普图书借阅、展览等活动。

（二）图书馆举办科普讲座的主要流程

一般而言，图书馆举办科普讲座的主要流程大致如下：

1. 计划。图书馆根据自身的定位、使命及科学文化传播工作相关规定，确定年度或季度的阅读推广或科学普及工作计划，明确计划之内科普讲座活动的目标及大致的讲座频次与讲座主题；同时根据科技发展热点、特殊时间节点等背景，进行计划的调整与优化。

2. 邀请专家。就某一场次的科普讲座而言，首先需要确定大致的讲座主题及时间，然后联系相关领域的知名专家人士，咨询讲座意向，若专家接受邀请，确认可以开讲，则进一步确定讲座主题，同时沟通讲座时间、地点、PPT 资料等具体事宜。在讲座前 1–2 天再次联系专家，提醒和确认讲座时间与地点；如遇到专家时间冲突无法协调或直接拒绝讲座的情况，则需要逐个联系其他专家。

3. 讲座方案。确定讲座场地，准备讲座宣传文案、安全预案及预算方案等材料。此间，需不断商讨和琢磨细节，如宣传文案的字数、风格、排版、设计、海报、喷绘的尺寸等，以使方案不断优化完善。

4. 宣传。确定宣传时间与宣传渠道，如纸质媒体、新媒体（微博 / 微信等）、机构网站、海报、喷绘等方式。一般讲座前 5–7 天可以开始宣传、讲座前 1–2 天再次大力宣传以提高宣传效果，也可视需要灵活把握。宣传内容必备要素包括讲座时间、地点、主题、主讲人，可选要素包括主讲人简介、听众参与方式、机构联系方式以及交通方式等。

5. 场务。讲座开始前，主办方需委派工作人员专门负责主讲人的接待事宜；专门人员进行麦克风、音响、屏幕等设备的调试工作以确保正常运行；同时做好安保人员组织和听众引导工作，确保现场安全有序。在讲座过程中，需做好拍摄或录像工作，为讲座积累资料和成果。讲座结束后，可设置听众提问环节以增强互动性，如有条件还可设置为主讲人献花、颁发聘任证书、合影留念等环节。

6. 总结。主办方团队应及时总结讲座经验，保持优良做法，改进不足之处；同时，也可撰写新闻稿进行宣传报道。

（三）图书馆科普讲座实例

图书馆的科学及科普类讲座已经广泛开展，并且不少科普讲座已经形成持续的机制和品牌，产生了良好的反响，如中国科学院文献情报中心“科学人讲坛”、深圳图书馆“科普讲坛”等。

中国科学院北京分院和中国科学院文献情报中心共同主办的“科学人讲坛”是面向青少年、大学生、研究生和普通社会公众的科普阅读系列讲座，以“分享一本书，阅读一个人”的方式，邀请院士、老科学家及其他科研人员带领读者深入阅读科学家传记和科学类图书，深入了解科学世界、展示科学研究的魅力。“科学人讲坛”已经成功邀请到中国科学院院士潘永信、严加安等知名科学家进行开讲，自 2008 年至今已举办 200 余场，产生了较大的影响力。在“科学人讲坛”之外，中国科学院文献情报中心还配合举办过“科学人生 · 百年——院士风采展”展览、青少年科普书展、“科学人文”通识阅读书目推荐等活动。

深圳图书馆“科普讲坛”是系列阅读推广讲座的形式之一，其他品牌性讲座活动还包括人文讲坛、健康讲坛、深圳市民文化大讲堂等，“科普讲坛”由深圳图书馆与其他研究型机构不定期联合举办。

二、沙龙

“沙龙”原为客厅或接待室之意，因在法国公元十七、十八世纪时，文人学者常聚集在权贵或名媛的客厅中谈论文艺时事，故渐成文艺集会的专称；今也指设计雅致，供人饮酒谈天的场所，或指一项展览、一个展览会场，或某种技艺的工作场所，如学术沙龙、视听沙龙、科普沙龙、馆员沙龙等。

（一）科普沙龙的多种形式与特点

沙龙活动的举办流程与讲座相似，也包括拟定活动计划、活动实施方案、进行活动宣传、对活动总结反馈等步骤。但较之于讲座，沙龙的内容与形式都更为灵活。

就形式而言，可以开展讲座、演说、对话、讨论、观影等多种形式，方便交流互动；还可与书、画、展等形式结合，提升科普的审美性与趣味性；也可与企业、书店、街道、社区、家庭等单元合作，提高受众的知晓度和参与度。就规模而言，沙龙的场地、人数、规模等较小，可正式、也可随意；就主要活动者而言，讲座一般邀请领域内具有一定知名度的专业人士；沙龙既可邀请领域内具有一定知名度的专业人士，也可邀请在某些方面有特点、有兴趣或成果的人士。沙龙活动人员、活动主题的选择范围更大。

此外，单次的科普沙龙活动能起到交流互动的作用，而持续的科普沙龙活动还有利于树立品牌形象，形成品牌效应并产生持续的影响力。

（二）科普沙龙案例——小型沙龙

科普沙龙是一种非常普遍的科普活动，例如中国科学院文献情报中心“科普视听沙龙”是以观看科普电影、纪录片的形式举办的小型科普阅读活动。“科普视听沙龙”每周五连续播放纪录片，每周六播放一部科普电影，已经积累了较为稳定的观众基础。再如，深圳市福田区图书馆“大家讲坛”不定期举办儿童自然科普系列活动，其中包括以科普沙龙形式组织的科普阅读活动，如2018年6月举办“守望萤火”深圳萤火虫科普沙龙；辽宁省图书馆2018年举办“六五”世界环境日环保知识科普沙龙系列活动等。

三、竞赛

“竞赛”泛指各种竞争比赛，科普阅读类竞赛活动包括科普演讲、科普征文、科普读后感征集、科普作品设计、科普作品创作大赛、科普知识问答、科普剧、科普摄影等各种各样的形式。举办科普竞赛的机构也非常多元化，不同机构之间合作举办科普竞赛也使得科普竞赛的内容与形式更加丰富且具有新意。科普竞赛包括竞赛主题与内容、评比规则、获奖奖励等，竞赛往往以竞赛内容和奖励机制吸引参赛者。此外，对于部分要求提交原创作品的竞赛，知识产权是其中需要重点注意的问题。

（一）图书馆科普竞赛活动的要素与流程

图书馆科普竞赛活动的要素包括：

1. 科普工作计划。在年度或季度科普工作中编制科普竞赛活动计划。

2. 科普竞赛主题及活动策划。确定科普竞赛的主题内容和开展形式，在此基础上添加策划活动的细节。

3. 宣传与实施。实施规则、竞赛要求等事项越具体越易于参赛者理解，尤其是竞赛要求、规则、评选、奖励等事宜。

4. 新闻报道。既是对竞赛经验的总结，也能起到二次宣传的作用。

（二）科普竞赛活动的特点及注意事项

科普竞赛活动中，“竞赛”本身不是目的，科普才是旨归；应借助竞赛的形式，提升科普的吸引力、趣味性、参与度，从而增强科普效果。主办方举办科普竞赛的过程中有一些注意事项：

1. 确保公平公正。一项比赛自然有“输赢”之分，因此确保比赛过程和结果的公平、公正、公开是最基本的要求。

2. 倡导重在参与。尽管科普竞赛活动具有比赛的特点，但科普才是其根本意义所在，图书馆作为主办方，应着重倡导重在参与的意识，而非渲染竞赛氛围的激烈。

科普竞赛是图书馆常见的科普阅读活动。如山西省朔州市应县图书馆 2017 年科普日举办的科普知识竞赛、广西壮族自治区少年儿童图书馆 2018 年举办的“蓝松鼠科普之星”科普知识竞赛、天津河西少年儿童图书馆 2018 年开展科普教育基地摄影比赛、中国科协主办的中国摄影大赛等。

实例 1：山西省朔州市应县图书馆科普知识竞赛

2017 年 9 月 16 日，在第 15 个全国科普日到来之际，应县图书馆举办了“全国科普日现场知识竞赛抢答活动”。活动通过现场抢答的形式与读者进行互动交流，宣传“创新、协调、绿色、开放、共享”的发展理念，启迪民智，夯实民意，凝聚民心。现场共有近百名读者参与知识竞赛活动；同时图书馆为参与竞答的读者发放纪念品 200 多份。

实例 2：中国科普摄影大赛

2018 年 4 月至 7 月，由中国科协科普部、山西省科协主办，山西省科协普及部和山西省摄影家协会承办的第七届“中国科普摄影大赛”顺利举行，大赛共收到参赛作品 16032 件，得到了社会公众较为广泛关注，中国图书馆学会也对本赛事进行了大力宣传。见图 5–1。

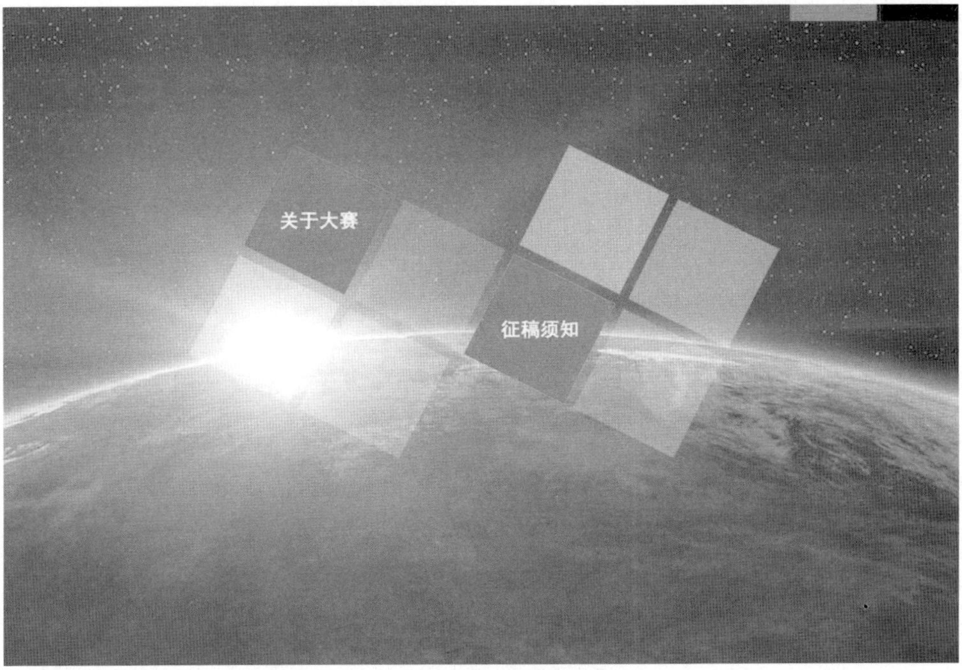

图 5–1　中国科普摄影大赛网站

下面以竞赛样本为例进行说明。

（1）大赛主题。围绕“反映科学现象、揭示科学原理、记录科学活动、传播科学知识、启迪科学思想”的主题进行创作、组稿和投稿。

（2）参赛规则。①各级学会、协会（研究会）、各级科协、各摄影团体认真组织，集体组稿、参赛，也欢迎广大摄影者以个人名义投稿。②大赛获奖作品由主办单位收藏并可用于各种非商业用途。主办方用于与科普宣传相关的展示、展览、画册、网络传播等将不再另行支付稿酬。③投稿者应保证所投送的作品拥有独立、完整、明确、无争议的著作权；还应保证作品不侵犯第三人的合法权益（包括著作权、肖像权、名誉权、隐私权等）；投稿者应承担由其稿件及投稿行为所引发的一切责任。④凡投稿参赛者视为遵守本通知各项约定，本次大赛组织委员会对大赛活动拥有最终解释权。

（3）获奖项目设置。大赛设置作品奖和优秀组织奖。①作品奖：一等奖 5 名，奖金各 5000 元；二等奖 10 名，奖金各 3000 元；三等奖 15 名，奖金各 1000 元；优秀奖 100 名，奖金各 300 元；入围奖 100 名，获奖证书与作品奖同时颁发。②

优秀组织奖：单位、团体组织奖（按照组织动员参赛人数、作品数量、作品质量等进行评选）10 个，并颁发证书。

（4）参赛作品要求。① 投稿数量：同一投稿者可投送不同类别。同一件作品不得重复投送至不同类别。每位投稿者投送的总件数不得超过 10 件(含 10 件)，单幅、组照均可（组照每组限 4 - 10 幅），每件作品附不少于 20 字文字说明，组照按 1 件计算。② 参赛作品应运用摄影技巧形象、深刻地表现科普主题。参展作品彩色、黑白均可，可以使用图片处理软件对饱和度、对比度、曝光、裁切等进行合理调整，但不得对原始图像进行合成、加减等影响真实性。③ 大赛不收任何参赛费。投稿作品一律为电子版，允许手机摄影作品投稿，作品电子版宽度像素 1200 以内，文件大小不超过 800K。④ 作品入选后，主办单位将统一调取作品原数据文件，用于展览和画册制作。作者请务必将原数字文件（用胶片拍摄的作品请扫描底片）在规定时间内向主办单位提交，逾期者视为自动放弃入展资格。照片与电子版（底片）不符的将取消参赛资格。⑤ 作品必须为参赛者本人原创，凡是出现造假抄袭作品一律取消参赛资格。⑥ 参赛信息可在中国科普摄影大赛网站上查询，相关媒体将届时公布。

（5）参赛作品评选。为保证本次大赛作品评选的公平、公正，大赛将邀请科普、摄影等方面的专家组成中国科普摄影大赛作品评审委员会，负责对参赛作品进行评选。

（6）举办获奖作品展出。中国科普摄影大赛评选结束后，活动组委会将从获奖作品中选出 100 幅优秀作品，在 9 月中旬平遥国际摄影大展期间举办的第七届中国科普摄影展和重大的科普活动中进行展出。

（7）获奖作品结集出版。大赛组委会将选取获奖的优秀作品进行结集出版。

讲座、沙龙、竞赛作为互动性较强的科普阅读推广形式，在实际的科普阅读推广中最为基础、有效。

第二节　书目、快报、展览

除传统的讲座、沙龙、竞赛外，科普阅读推广的有效形式还包括书目、快报、展览，此三种推广形式与图书馆自身业务密切相关。图书馆科普阅读书目、快报、展览的开展，对于提高图书馆口碑、完善图书馆自身的业务能力，推进社会教育发展方面有很大的辅助作用。

一、书目

书目推荐，是阅读推广的主要形式，也是开展全民阅读的重要途径。

（一）书目推荐渠道

书目推荐的途径很多，在报纸、网络媒体、出版商以及高校教学过程中，都会出现科普书目的推荐。如在阅读社交媒介“豆瓣读书”，网友根据自身经验推荐科普专题书单，辅助针对性阅读。比较受欢迎的科学主题包括：心理学、人工智能、宇宙空间、动物植物学、科学家故事、育儿等，推荐内容与阅读受众喜好密切相关。各科普机构、科普网站也会进行科普书目的推荐，围绕社会公共话题，如自然环境、养老、国家科技前沿等方面展开推荐。传统的纸质媒体，如《人民日报》《科普时报》等报刊杂志也紧密融合进阅读推广活动中，利用大众媒体优势，面向市民大众、科技爱好者等人群，有针对性地推荐科普类的书目。此外，出版社也会对其科普类专业图书进行宣传及推广，如商务印书馆、机械工业出版社等都推荐过自身出版的专题科普图书。

图书馆在做科普阅读推广书目时具有先天优势。图书馆是图书资料的收藏和保存机构，有信息收集及情报分析的资源。书目的推荐与图书馆信息资源建设、读者服务直接相关。图书馆有固定的读者群体，利用自身资源优势可以更有针对性地对读者进行推荐。科普书目的推荐，在引导阅读的同时，可以提升读者的科学兴趣以及访问图书馆的热情。

（二）书目推荐流程

1. 书目的甄选

书目推荐需要设定推荐的对象。不同读者群体在不同年龄、不同文化程度以及不同学科背景之下，他们的科普需求是不同的。在科普阅读推广中，针对特定人群及特定学科，利用科学的方法制定书目，对于引导科学兴趣以及促进深度阅读是十分有效的。

案例：北京大学图书馆举办了“教授推荐阅读——对我最有影响的几本书”的活动，活动面向广大学生群体。教授通过自身的经验，推荐给大学生们在他们成长过程中具有养分的书籍，其中很多具有科普的性质，包含进行研究的入门读物。学生通过阅读推荐书籍，不仅可以了解学科领域的基本书目，也会对自身成长有所启发，培养健全人格。如表 5–1。

表 5–1　北京大学教授推荐阅读——城市与环境学院教授蔡运龙老师书目

题名	责任者	出版信息	馆藏址	索书号
《牛虻》	［爱尔兰］艾·丽·伏尼契著　李俍民译	中国青年出版社 1953	库本阅览室 / 闭架借书处 / 文学借阅室 / 美国文献室	853.9/5048
《毛泽东选集》	毛泽东	人民出版社 1951	库本阅览室	4739.14/2135.24
《哥德尔、艾舍尔、巴赫——集异璧之大成》	［美］侯世达著 郭维德等译	商务印书馆 1997	自然科学区	TP1/5
《地理学性质的透视》	［美］R. 哈特向著 黎樵译	商务印书馆 1963	库本阅览室 / 闭架借书处	K90/17
《地理学中的解释》	［英］大卫 · 哈维，高泳源等译	商务印书馆 1996	库本阅览室	K90/12

注：表格源自北京大学图书馆网站，http：//www.lib.pku.edu.cn/portal/fw/ydtj/jiaoshoutuijian.

以上书目，为各学院教授书目中的一种，涵盖该教授知识形成的轨迹，推荐的《哥德尔、艾舍尔、巴赫集——集异壁之大成》《地理学中的解释》科技类的图书，既可作为科普读物，也可作为专业学习的入门图书，给大学生以指导。图书馆在书目中添加馆藏地与索书号，方便学生查找。北京大学图书馆利用学科资源优势，从学生自身经验的吸收及兴趣出发，进行书目推荐，是科普阅读推广中值得借鉴的案例。

2. 图书馆员的作用

在科普推广书目形成过程中，最为核心的要素是图书馆员。学校、社区及部分公共图书馆有较为固定的读者群体，图书馆可根据读者人生发展的需要推荐图书。科普阅读对读者科学兴趣的培养、知识能力的提高、阅读习惯的养成影响是潜移默化的。图书馆员作为书目推荐的联系人，也负责图书的筛选，使书目与馆藏相联系。作为科普类的阅读推广，图书馆员需要通过专家把握科学知识的准确性，同时也应考虑图书阅读的难易程度。为读者提供合适的、有意思的科普图书，才能使科普阅读被大众读者接受。科普书目推荐活动中，图书馆员对于指导读者阅读、提升读者科学素养也可发挥重要作用。

案例：北京四中高中部图书馆，在 2015 年科技节中进行科技类图书推荐活动，形成了一份 12 本书的书目，如表 5–2。

表 5–2　2015 年北京四中高中部图书馆科技节推荐书目

序号	图书	序号	图书
1	《程序员的数学》	7	《植物知道生命的答案》
2	《爱上科学：物态、能量与热量》	8	《蚂蚁之美：进化的奇景》
3	《思考的乐趣：Matrix67 数学笔记》	9	《看不见的森林——林中自然笔记》
4	《他们创造了美国：从蒸汽机发到搜索引擎——美国两个世纪以来最著名的 53 位创新者》	10	《天文望远镜四百年探索之旅》
5	《化学其实很简单》	11	《继续生存 10 万年：人类能否做到？》
6	《视觉之旅：神奇的化学元素 2》	12	《计算机与人脑》

注：表格根据北京四中科技节推荐书目制作：http：//bhsf.lezhiyun.com/cms/bjsz/dzcc/7343.jhtml.

该校图书馆的推荐结合了高中教学内容及学生的阅读兴趣。书目不仅涵盖高中生感兴趣的自然、化学主题，也有关于科研能力进阶的书籍，在引导阅读兴趣、扩充科学知识以及提升素质能力中找到了平衡。图书馆员整理提供的推荐语以及相关馆藏信息，方便学生高效地利用图书馆，快速找到所需阅读材料。

3. 制作书目信息

图书馆进行科普书目推荐时，需要图书馆员为读者制作书目信息。书目信息应当是优质而全面的，以达到推荐效果。推荐信息可包括：列举作者、翻译者、出版社、出版时间、ISBN 号等版本信息。同一种书，应当选取优秀的译者、出版社和高质量的版本，保障知识传达的完整性。如果推荐的图书馆藏有收录，则可以提供馆藏地、索书号及在架号。准确的书目信息可进一步促进图书馆各部门业务的沟通与优化，提高馆藏图书的利用率。

图书馆做推荐书目，其实是信息资源整合的一种方式。一方面通过设计推荐框架，对书目资料进行搜集和整理，针对性地提供读者使用，另一方面，制作推荐书目，也是信息的传播整理工作。高效收集书目信息，使得读者在有限时间内阅读到有价值的书，获取精神给养，体现了图书馆的社会文化功能。

4. 科普图书导读

书目的推荐形式有很多，而在科普图书的推荐中，最为重要的形式是对科普图书进行导读。导读是科普阅读推广中的有效手段，由于科普图书的特殊性，阅读推广中对导读人员和导读内容也提出了较高的要求。

在对推荐的图书进行导读时，并非简要地罗列图书内容，导读者需要高屋建瓴地对图书内容、思想内涵以及作者的知识体系进行介绍，对读者进行内容的引领，让其兴趣盎然，并且要有对图书的概括性理解。导读的文字应尽可能简洁清晰、深入浅出，科普类图书的导读书目需要对书籍有正确理解并准确传达知识。

对于专业性较强的科普书目，有条件的图书馆可以联系当地相关领域研究人员或者专家团队进行导读推荐。

案例：中国科学院文献情报中心做科技类书目推荐时，通过采编部门。联系中科院研究所专业领域科研人员，对科技图书进行荐购，并撰写图书导读。重点领域的专业研究人员撰写导读，可引导读者深入理解科技类的著作，对图书的学术价值进行把握，对阅读重点给予指导，开拓读者视野。图书馆给予科研人员一定稿酬。由专家指导的书目推荐，可对入门并有效获取专业知识提供极大的帮助。

（三）科普阅读书目推广要点

图书馆做科普阅读的推广书目，应着眼于科学类图书的普及。从推广科学普及化的层面来看，首先需要引导观众兴趣，并且扩大宣传范围，扩展科普图书的接受度，从而能给予读者以正确的科学常识，满足读者的精神需求，引导青少年的科学兴趣爱好，以培养阅读习惯，提升民众素质。

1. 扩大读者接触科普图书的可能性

科普类图书在大众的日常生活中并非占据阅读主要部分，且阅读的门槛相较其他作品更高。如在浙江大学宁波理工学院推荐的书目中，文学作品 671 种，社科作品 336 种，科技类图书 37 种[①]，科技类图书在同类型书目推荐中占比 3%。但科普类的图书在形成科学的思考方法、培养科学研究兴趣，推进社会发展方面的作用不可或缺，因而图书馆需要创造环境和机会，扩大读者与科普类图书接触的可能性。

传统的书目推荐中，图书馆可以在宣传栏张贴海报，或者印刷纸质书单，方便读者取阅；也可以配合科技周、科技日等科普节日在活动中推行。此外，有效的书目推荐形式如线上推荐，可利用微博、微信公众号进行定期或不定期推荐，扫描二维码阅读电子书等，都可以让大众接触科普阅读。在图书馆的日常运营中，建议进行周期性的推荐，将推荐书目单摆放在固定地点，如安放在咨询台、公告栏或者书目检索机旁，方便读者查找。

2. 注意运用多种方式吸引读者

读者从接触科普图书到深入阅读，乃至进一步寻找相关的阅读材料，整个过程都需要阅读推广参与者多方的配合。

科普书目的推荐可以结合大众阅读习惯及热点话题进行。许多图书馆将科普与时事热点结合，开展延展性的阅读，帮助读者建立对科学的兴趣。与热点话题结合，可以使推荐的科普图书达到较高的接受度。制作科普书目的首要目的是科普类优秀图书被读者所接纳，这样才能推进科学普及、培养读者阅读科普图书的兴趣，改变阅读习惯，实现读者自我提升。

针对不同群体的阅读习惯及感兴趣的内容，阅读推广人员研究运用计算机分

---

① 浙江大学宁波理工学院图书与科技信息中心 .［EB/OL］.［2018-9-25］.http：//lib.nit.net.cn/read book/.

析出定制化的书目推荐信息，这项技术也将普及到科普图书的推荐中。图书馆界已逐渐意识到针对性推送的重要性。在一些购书平台，已经实现根据用户行为痕迹来计算和推荐书目，也期待此项技术在图书馆的普及。在一些有学科馆员的图书馆中，可设定一定的荐书周期，对有持续热度的高质量图书制定基本推荐列表，再咨询专家对推荐表进行调整和优化①，此种方式较为有效。

3. 注重科普书目推荐的客观性与专业性

在制定和推广科普阅读书目时，需要图书的质量需要严格把关。科普图书所传达的科学知识需要准确而具有内涵，能够深入浅出地传达知识。优秀科普读者不应推荐对网络观点拼凑和对内容不加考证，且有硬伤错误、粗制滥造的读本。科普阅读书目的编写者具有较强的责任心，同时应注意工作方法，勤联系专业人员，接受指导意见。

二、快报

快报，指机关团体等自办的小型的、能及时反映情况的报纸或墙报。在现代化网络的背景下，快报更多通过互联网来发布。快报与新闻类似，具有及时性、宣传性的功能。科普阅读中的快报通常包含：新书推荐以及科普新闻通报，快报的宣传功能通常引发读者的关注。

科普阅读快报的编写方式与新闻相似，在时效性、周期性方面具有优势，且需要一定的专业性和总结性，语言平实。

三、展览

展览已经成为图书馆的基础业务之一。在 2017 年颁布的《中华人民共和国公共图书馆法》中，规定了图书馆应当免费向社会公众提供的服务，其中包括“公益性讲座、阅读推广、培训、展览”，展览也体现了图书馆的教育和宣传功能。通过展览，图书馆阅读推广人员可以将科普内容和科学思想整体传达给读者，展览的方式在科普阅读推广中应用十分普遍。

图书馆的展览通常分为两类，一类是出租场地，提供给馆外机构及个人举办

① 明均仁，周知，陈雪．阅读推广推荐书目的自动生成研究［J］. 图书馆论坛 .2017（10）: 94–99.

的展览；另一类是图书馆自身策划的展览（包含引进展览的模式），这类展览在图书馆业务中占据大多数。以下就第二类中阅读推广展览做一些讨论。

（一）科普阅读推广展览的理念

阅读推广的展览，是通过展览的形式让读者接近阅读，通过展览陈设引导读者兴趣，吸引读者深入阅读，培养阅读习惯，从而提升全民素质。科普阅读推广展览的着眼点，是让观众近距离接触科普阅读，从而爱上科学、爱上读书，在启发兴趣的同时，对原有知识结构进行补充。

图书馆展览的通常做法是展示馆藏图书，或是以图片配合文字的形式制作主题展板。但从科普阅读推广的角度来说，影响展览水平的因素是多方面的，一方面，工作人员对科普素材的搜集、整理研究水平反映展览的质量；另一方面布展人员对所有展品的理解与呈现，某种程度上也决定了展览的效果。

（二）科普阅读推广展览的流程及要点

阅读推广展览与图书馆的其他业务联系密切。如场馆结构、馆藏水平、图书馆的发展方向和社会定位、馆内能够承担展览策划并实施展览组织的人员等。从展览自身发展规律来说，科普阅读推广的展览也需要遵循一定的流程。

1. 计划

整体规划。由于展览会影响到图书馆的空间、人流量以及人员安排，所以需要制定展览规划，使展览执行更为顺利。计划里需要考虑到展览的主旨、策划展示的部门、人员和相互合作关系，还有最为基本的展览空间问题。还需要考虑展览预算、确定展览规模和展览方式。

制定工作计划可以保证展览按时按量地进行。计划内容一般包括时间进度、展览预算、负责人、材料整理及研究人员、方案撰写及校对人员、会场布置、接待宣传人员等，都需要在展览开始前进行安排。许多图书馆受条件所限疏于做计划、但从实践层面看，在准备工作上花时间和精力是十分必要的。

2. 展览执行

（1）主题

的科普阅读推广展览中要产生良好效果，首先需要确定一个醒目的主题。进行科普阅读推广是展览的目的，因而这一主旨需要在展览的各个环节中有所考虑。展出什么样科普主题、主题以何种结构呈现、所需要的展览内容，这几点是需要初步确立的。可根据主题来编写展览结构，展览的主题结构需要有一定的学术性。如图 5–2 所示。

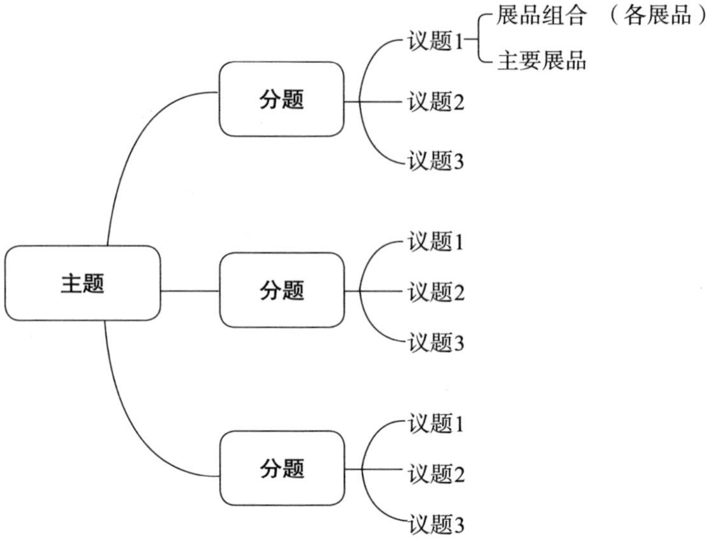

图 5–2　编写展览结构示意图

当展览涉及的条目较多时，需要编写目录提要。确立好展品的数目、来源、状态，以及每件展品的基本信息，如名称、类型、尺寸、所属主题等，诸多素材最好能形成 Excel 表格。

科普阅读推广活动的相关展览，可以根据不同地域灵活确定主题。比较有新意的是根据实际情况，如地区特色、著名科学家、名人、相关文化历史、实际产业（农业、林业、水利等）等相关方面，以及地区读者感兴趣的话题作为展览主题，有针对性地开展特色科普展览。在此过程中，图书馆可以和地区的文化单位、乡镇机构、文化组织建立联系，并征求其意见。

（2）内容

内容是展览的主体部分，是决定展览精彩与否的重要因素。图书馆的科普阅读展览，需要给观众介绍科普知识，引导观众的阅读兴趣，为此，展览的作品需要一目了然，易于接受。展览应避免平铺直叙，可以突出重点。有些分专题较为重要，需要重点研究，可以使用实物、图表等形式做一些补充，这些重点展示往往是整个展览的亮点。

科普专题的展览，传达的核心知识应当是客观准确的，为此图书馆需要一些专业的支持。可以联系省、市、区县的科研工作者、学者、工程师、农学家等。更专业的科普类展览，除图片外，还可以搜集实物，如进行一些野外的调查、拍摄、测量，图片及实物需要配合展览资料进行说明，多样的展示方式会让展览效果更好。

科普阅读推广的展览，与图书馆举办的其他展览相比，更应注重展览的逻辑结构，清晰的结构可帮助观众理解展览的主题。科普类相关展品在设计时不应当是孤立的，而应当相互联系起来，共同说明科学问题，引发观众的思考。

（3）形式

科普阅读推广展览的形式有很多种，如文字、图片、实物、多媒体等，多种形式综合应用，可以很好地表达主题内容。若举办自然类的科普展览，如介绍热带雨林，可以呈现地形、气候、水系、动植物等，将其看作有机的整体。综合性的陈列结构，会让观众更容易了解展览内容，并且沉浸其中。图书馆可以因地制宜，根据实际情况制定规模的大小。有条件的图书馆可以使用电子屏展现动态影像，也可以使用互动性设计，使读者参与到展览中，获得互动式体验。

案例：2010 年 5 月，在图书馆服务宣传周期间，上海图书馆举办“科技让阅读更精彩——阅读心体验：网络、数字、自助”互动展览，用展板、展柜和电子实物等方式，通过互动参与和体验，将上海图书馆的新技术、新服务零距离展示给读者，几天就有近 2000 人参观。①

（4）人员

执行科普阅读推广展览的人员通常为馆员、科技研究人员、展览设计人员与讲解员等。

馆员需要在专业研究人员的指导下，安排展览素材，准备展览品、组织撰写说明文字。撰写展品说明的人员需要一定的专业基础，图书馆可以请相关领域的科研人员进行把关，提升展览质量。

① 科技让阅读更精彩——上图举行“阅读心体验：网络、数字、自助”互动展览 .［EB/OL］.［2018-9-27］. http://www.library.sh.cn/news/list.asp?id=5390.

展览策划人员还需要具备一定的美术和设计知识。如合理安排展览空间——考虑展览物品的摆放与布局、拟定对展览物品陈列方式等。展览策划人还需要根据展览对象，在展览风格上进行针对性的设计。例如，面向儿童的科普阅读推广应尽量以图片、绘画为主。展览设计尽可能清晰、美观，帮助吸引各层面的观众，提升图书馆在地区中的影响力。

3. 展览布置

展览场地的准备工作包括布置墙板、陈列色彩，灯光等。由于需要通过阅读推广展览拉近科普知识与观众的距离，所以布置展览时需要考虑观众的感受。如观众与展品的距离，色彩搭配等，还需根据主题的相互关系，设定观众参观路径。展览在入口处应当有所设计，使得参观者能在进门的地方快速了解主题。

科普展览的内容不宜过密，知识量过大也会给观众带来负担。展板需要核对错别字和标点，语句要通顺。展板图表需要与说明文字进行搭配，字体和大小应当合理安排。留心细节可以给参观者良好的观展体验。

在科普阅读推广展览中，通常有图书的展示，可以邀请专家撰写书评。还可以制作系统图，来直观反映科学体系，深化展览内容。实物的展示如模型、照片、标本等，可以作为阅读内容的进一步推荐和补充。布置展览时，展品应尽量摆放整齐。

4. 展览开幕

从观众易于接受的角度出发，专业的科普阅读推广展览需要讲解员。在地区的科普推广展览中，可以请专业人员撰写讲解词，并对馆员或志愿者进行培训。科普阅读推广展览的讲解人员需要讲述的是展览的主题、展览的主要内容和特点、对展品的理解以及延展知识。

展览的展期，可根据图书馆的安排确定，并提前发布通知。展期中可以设置留言簿或在微信公众号中开通反馈功能，听取观众意见，以便改进完善，使观众获得更好的体验。图书馆可以设置定期展览，展示受观众欢迎的主题，常设展览也需要对展览内容进行调整和更新。

科普阅读推广展览并不是孤立进行的，专题展览可以配合讲座、沙龙等形式，以深化科普主题，吸引更多读者。科普阅读推广展览也可以与科技周及科学节举办的活动共同开展。区、县及社区图书馆可以利用自身优势，建立起社区的文化交流中心，进行科普展示，使科普阅读走进大众生活，推动开展全民科普阅读。

展期结束时，需要对展览进行备案，总结工作由展览负责人负责统筹。将展览文件材料以及观众反馈意见进行整理，对后续的展览有重要的参考意义。

5. 借展与巡展

图书馆一年需要筹办多场展览，因此可以借鉴同类型图书馆已经成熟的展览，进行本地化。优质的展览可以通过图书馆协会联系其他地域图书馆进行展示和推广。通过海报制作、报纸、广播等传统媒体，以及微信、微博等新媒体相结合的宣传方式，可以吸引更多的读者。

（三）科普阅读推广展览案例

本文以中国科学院文献情报中心策划的“古代数学展”为例，介绍科普阅读推广展览。

2017 年 9 月，中国科学院文献情报中心联合北京师范大学策划的“古代数学展”在香港“创科博览 2017”展出，展览从策划及制作完成历时 3 个月，参观人数超过 10 万人次。

本次展览重点以中华民族五千年数学科学的发展进程为主线，采用古代科技创造发明与现代科技创新成果进行对比、有机结合的方式，系统展示中国古代科技成果，以及相对应的当代科技创新成就。

“古代数学展”结合丰富的古籍善本和史料、多元的展览载体和大量的互动品，共展出“割圆术”“九九乘法”“勾股容圆”“十进位值制与算筹记数法”等中国古代数学成就八个系列，共计约 30 类展品，每块内容都吸引了广大香港市民尤其是中小学生的长久观看。此次科普阅读推广的展览特点有以下三个方面：

1. 深入挖掘古籍内容，展板史料翔实

本次展览依靠中国科学院文献情报中心的古籍馆藏资源，结合展览的需要，展览团队反复筛选了数学古籍中最具有代表性的内容，深入挖掘古籍中的数学资源，在专家帮助下进行分析，并制作展板。数学展的内容均来自于记载我国古代数学的书籍，如《孙子算经》《说文解字》《九章算术》《缀术》《梦溪笔谈》等。在现代数学的知识点中融合古籍资料，说明文字生动真实，引发读者对数学知识

和中国古典文化的兴趣与思考。

2. 展示载体多样，提供体验式阅读

除传统图片、文字展板的展示外，本次展览中展览团队还结合数学知识应用，开发了模拟程序和互动展教具，并制作古典数学的模型，极大地丰富了展览形式。展览中古籍书影与实物展品共同陈列，利用立体的展品将书中二维的图像和抽象的数学概念进行了具体化展示；可供动手体验的模型和游戏，使观众能够对书籍中描述的概念有更直观的感受，并激发他们继续探究的兴趣。如图 5–3、5–4 所示。

图 5–3　展厅一角

图 5–4　九连环互动体验

3. 展览互动密集，突破阅读推广的单一化形式

除了展示品，本次展览由北京师范大学数学教学专业教师开发制作了大量同比例的小型互动品，帮助观众实际操作、体验和验证数学原理。展览不局限于书本，而是在更大程度上调动观众的思考。利用听觉、触觉等实际体验，使观众感受到隐藏在书中的更多信息，使读者对科学、对阅读产生更大的兴趣。本案例也在“第二届科普阅读推广案例征集”中获奖。

第三节　新媒体

据中国互联网络信息中心（CNNIC）发布的《中国互联网络发展状况统计报告》，截至 2018 年 6 月，我国网民数量为 8.02 亿，其中使用手机上网的人群达到 98.3%。移动网络技术改变了人们获取信息及阅读的方式，用户获得知识的渠道也日趋多元化。相比较传统纸质媒介——图书、报纸、期刊和传统电波媒介——电视、广播，新媒体可全时段为受众提供信息。这也使图书馆阅读推广活动的服务对象、工作内容和服务方式面临挑战。

联合国教科文组织对“新媒体”的定义是:“以数字技术为基础，以网络为载体进行信息传播的媒介”。新媒体时代的到来，改变了传统媒体的传播格局，在机会与挑战并存的情境下，结合新媒体具备的交互性与即时性、多媒体与超文本等特性，能够在宣传活动中赋予专业性强的科学知识与科学技术以新的活力。互联网信息技术加快了媒体融合的速度，短视频、直播等新媒体技术愈加成熟。[①]新媒体作为图书馆阅读推广活动的平台，或通过科普文章的撰写、微视频等科普内容的制作，或作为科普活动宣传、组织的主体，影响读者对于科普文献的了解与认知。

通过新媒体进行的科普阅读推广活动，虽然推广模式目前尚不成熟，但从其推广效果和受欢迎程度来看，这种推广方式具有强大的生命力。[②]在科普阅读推广过程中，如何把握好当下的新机遇，并将新媒体优势最大化，图书馆界在积极地探索着新的方式。

本节旨在探讨图书馆在科普阅读推广过程中使用的较为普遍的网站、微信及微博三种方式。

一、网站

网站即建立在互联网上的、将各种信息归纳分类的、图像化的应用系统[③]，其能够提供的不仅仅是页面内容，还有相关技术服务。图书馆可利用这一开放的平台吸引不同群体的读者参与到科普知识的学习中来。科普阅读推广网站将不仅作为资源的聚集地，更会成为与读者在线交流互动的绝佳平台。

（一）科普阅读推广网站建设要点

图书馆在科普阅读推广线上平台拓展——网站建设中应考虑如下方面：

① 郑成宏，黄亚楠《中国新媒体发展报告（2018）》：新技术提速媒体融合［EB/OL］.（2018–07–03）［2018–11–01］http：//media.people.com.cn/n1/2018/07/03/c40606–30111254.html.

② 王波等 . 中外图书馆阅读推广活动研究［M］. 北京：海洋出版社，2017：190–192.

③ 许力以，周谊 . 百科知识数据辞典［M］. 青岛：青岛出版社，2008.

1. 立足自身资源优势

图书馆建设科普阅读推广相关的网站，应当注重从自身资源实际情况出发，将自身特有的文化沉淀及科普文献资源，推广到网络上，同时与线下的科普阅读活动相关联。如中国地质图书馆依托其丰富的地质文献资源，创建了山海经地学科普网，网罗了与地质相关的文献资源、资讯、活动、人员等信息，介绍了国内外科普政策资讯、地学知识、国土资源及优秀科普图书推介等，对地质学相关科普阅读起到极大推进作用。

2. 加强与科研机构的交流合作

不同类型图书馆可结合自身情况，加强与高校、科研院所、科技公司等机构的合作，将其所拥有的丰富信息资源与科学研究结合，转化为优质的科普资源，进入推广普及阶段。例如在中国航天 60 年专题活动中，中国国家图书馆为配合与中国运载火箭技术研究院“长征七号”运载火箭首飞搭载中华典籍交接仪式的举办，特别策划了航天系列的国图公开课等活动，并通过专题网站的构建为大众提供了在线文献资源、讲座视频等资源，以引导民众更多地关注我国航天事业的发展。

3. 针对受众，严审内容

在科普文献的阅读推广中，需要对宣传内容、受众等多方面因素予以考虑，如科学知识的专业性、不同层次受众群体接受能力的差异等，应当在网站的宣传中予以考虑。另外，由于网站的受众面广，在内容发布时，图书馆需要安排人员对网页发布内容进行审核。

（二）图书馆科普阅读推广网站实例

目前，图书馆通过网站进行的科普阅读推广主要分为两种形式，一是嵌入在图书馆网站的某一版块中，发布科普类相关的科普文章、科普图书推荐等内容；二是由图书馆建立科普专题网站，通过文字、图片、视频等多媒体资源的聚合进行更深层次的科普阅读推广。如中国地质图书馆建立的关于地震专题、山海经地学专题等科普网站以及中国国家图书馆创建的展览专题网站，其中包含自 2010 年以来其主办的上百个主题展览。

1. 嵌入式科普文献阅读推广版块

图书馆的网站建设已日渐成熟，科普阅读推广的线上网站建设以内容版块嵌入图书馆网站的方式较为普遍。

案例：金陵图书馆网站设有“阅读推广”版块，包括“上架新书”“推荐书目”“专题活动”等内容。“上架新书”不定期更新，“推荐书目”从时事热点等话题中选取主题，进行图书的阅读推介；“专题活动”中不乏科普教育的“身影”，志愿者通过金陵图书馆的平台，参与科普阅读工作坊、科技小讲堂的活动，线上的报道以文字与图像的形式，为网络读者提供了直观的体验。

2. 科普专题网站

科普阅读推广相关的专题网站的建立，往往是图书馆依托其自身科研机构资源实现的，如中国地质图书馆发布的地震科普知识网（见图 5–5）、地质调查科普网以及由中国科学院学部主办、中科院文献情报中心承办的院士文库数据资源库等。

图 5–5 地震科普知识网

案例 1：中国地质图书馆网站建设

中国地质图书馆（中国地质调查局地学文献中心），是国土资源部和地球物理学会科普基地，同时也承担地学科普职责。地学文献中心通过网站建设，利用新媒体对地学文化进行宣传和普及，为不同社会人群提供地质调查成果的科普宣传，提高公众对地学知识的认知度。该中心组织策划并发布了一系列科普专题网页、自媒体传播网页。[①]如地震科普知识网，该网站汇集了地震常识、地震逃生、救援、灾后防疫等专业科技文献，并囊括大量科普文章，配合图像、视频等多媒体方式，进行科普文献的推广。

科普文章和文献的发布围绕社会热点进行。例如，在九寨沟地震时，该中心及时撰写发布《地质云知多少》[②]的科普文章，对地震相关知识进行普及，获得社会大众广泛关注和转发。

案例 2：“院士文库”网站建设

由中国科学院学部主办、中科院文献情报中心承办的“院士文库”，搜集、整理院士们人生历程的丰富史料，发掘其中蕴藏的宝贵精神财富。研究提炼中科院 50 多年发展形成的科学传统、科学思想与方法[③]，旨在汇聚中科院学部史料、沉淀院士文化、传承科学精神、服务社会发展。为贯彻落实学部“十二五”工作规划纲要的要求，中国科学院学部启动该网站，访客可浏览数学物理学部、化学部、生命科学和医学学部、地学部、信息技术科学部以及技术科学部等六学部的院士名录，点击进入各位院士的个人界面，呈现有“学术成果”“学术风范”“社会活动”和“时光剪影”四个版块，将珍贵手稿、荣誉证书以及各位院士生活与工作中的照片汇集，通过丰富的资料呈现，将这些为我国科技事业做出巨大贡献的科学家拉近，塑造了一个个严谨且不失温情的院士形象。中国科学院院士文库建设是学部“科学文化建设工程”的重要组成部分，是一项有意义的基础性工作，院士文库系统、全面、完整地保存院士的重要科技和文化资料，为弘扬科学精神，传播科学思想，展示学部丰厚的历史文化，更好地发挥学部的社会职能提供支撑。

① 国土资源部．凸显服务意识 打造一流地学服务品牌［EB/OL］.（2018–01–22）［2018–11–01］https：//www.sohu.com/a/218118157_543939.

② 地质调查科普网［EB/OL］.［2018–11–01］http：//www.china–shj.org.cn/.

③ 中国科学院院士文库［EB/OL］.［2018–11–01］https：//yswk.las.ac.cn/.

二、微信

微信是腾讯公司于 2011 年 1 月 21 日推出的一个为智能终端提供即时通讯服务的免费应用程序。据“第十五次全国国民阅读调查”数据显示，2017 年我国成年国民的数字化阅读方式（网络在线阅读、手机阅读、电子阅读器阅读、Pad 阅读等）接触率在经过历年的逐步增长后，达到了 73.0%，其中人均每日微信阅读时长达到了 27.02 分钟，占到人均每天互联网接触时长近二分之一的比例。当下，微信已逐渐成为人们的一种生活方式，使用该平台进行科普阅读推广将带来更广泛和更深刻的宣传效果与影响。

（一）科普阅读推广微信平台建设要点

1. 科普内容灵活多样

图书馆利用微信公众平台进行科普阅读推广，其目的是为读者尽早接触到科普活动的开展通知、科普文献的推介等信息，以碎片化形式促进科普阅读。因此在立足于馆藏资源的同时，应加快对读者科普需求的响应，增强对科普热点的敏感度。同时，可借助文字、图片、视频、音频等多种形式，制作多感官、差异化的科普内容。[①]在保证科普宣传内容的真实性、丰富性、权威性的基础上，做到清晰、易懂。

2. 促进读者交流互动

为达到预期的科普阅读推广效果，需与读者保持良好且通畅的沟通与交流。应确保读者愿意通过微信平台提出对某一科学问题的疑惑、反馈线下活动的感受以及提出个性化的科普需求。

（二）图书馆科普阅读推广微信平台案例

微信作为即时通信工具，所具有的实时性、交互性等特性，以及公众平台、朋友圈、消息推送、小程序等功能，为图书馆利用该平台进行阅读推广提供了多样化支持。根据微信可发挥的功能作用，将其在图书馆科普阅读推广实例中所承担的角色划分为三类。

---

① 钟声贤 . 新媒体视野下科普传播模式探析——以广西科学技术情报研究所科普微信公众平台建设为例［J］. 企业科技与发展，2017（11）：32–34.

1. 科普活动宣传平台

面对庞大的用户群，图书馆开通微信公众号提供移动服务势在必行。如中科院文献情报院中心图书馆公众号可为读者提供资源使用、活动发现以及个人账户管理等服务，其中通过“爱阅读”版块可进入新书通报、推荐购买等页面获取信息并反馈需求；进入“爱分享”版块，可获取到“科学人讲坛”“科学文化阅读沙龙”等系列活动的开展情况。根据2018年上半年公众号发布文章的阅读数量统计，院中心基于该微信公众平台推送的书目荐读、优质资源、活动信息等内容中，阅读量位居首位的是名为《科学人讲坛——世界读书日特别讲座：科学与艺术的联系交融》的科普活动通知。

2. 科普原创作品发布平台

公众微信平台上的科普阅读推广原创作品主要以文本和图片结合的呈现方式为主。如中国地质图书馆微信公众号，通过汇集网络资源，针对学科内某一主题进行加工整理并加以阐述，为读者提供最新的学科动态和研究发现。如该平台在2018年7月发表的针对科技文献的推介文章中，对我国古生物学家发表的最新研究成果，配以图片进行了简要的介绍。

除原创文本作品外，短视频还被视为科普文献资源的补充解读。作为碎片化时代的科普“配餐”，短视频短小精悍的特点使得其在科普阅读推广活动中颇受青睐。一些图书品牌通过其微信公众号配合图书内容每周发布短视频，如以《太空之眼——哈勃望远镜25年太空探索全记录》一书的内容为素材，创作的约四分钟的原创短视频①，观看量达到万人以上，受到了读者的广泛好评。

通过微信平台支持的H5技术，可将线下的科普展览活动移植到线上。如在中科院文献情报中心图书馆公众号的H5场景秀中，读者可观赏在线图片展《中国古代重要科技发明创造》，该展览为中心结合自身条件和实际需要，从中国科学院自然科学史研究所的研究成果中精选出若干项古代科技发明创造成果，以图片形式通过线上线下两种途径展现在公众面前。

---

① 张文静．短视频：碎片化时代的科普“小餐”[EB/OL].（2017–01–06）[2018–11–01] http：//news.sciencenet.cn/sbhtmlnews/2017/1/319474.shtm?id=319474.

3. 科普活动沟通反馈平台

微信作为即时通信软件中的主流平台，其实时、便捷的交互功能不容忽视。近两年来，广东省科技图书馆的《让科普阅读“炫”起来》系列活动共举办了60余场次，场场爆满，经常出现“秒光”的现象，积累了大批忠实的粉丝，得到家长和孩子们的高度肯定和赞赏。此外工作人员通过建立微信家长群，实时掌握活动的前、中、后全部过程中出现的问题，在沟通过程中拉近了读者与馆员之间的距离，提升了读者的满意度，为读者后续参与活动提供了便利，无形中也为该馆的活动树立起良好的口碑，进而吸引更多读者参与其中。

三、微博

微博，即微型博客（MicroBlog），是一种通过关注机制分享简短实时信息的广播式的社交网络平台。微博是一个基于用户关系信息分享、传播以及获取的平台。鉴于该平台发布信息受到字数限制，其呈现内容无法达到全面、详细，而更注重时效性。多数图书馆的新浪官方微博能够将其在报纸、电视台、电台等传统媒体发布的内容，以链接的方式进行归纳整合，集中处理后发布，实现资源共享。以这种方式，微博与其他媒体推广方式做到了优势互补与联动，可较大程度提升推广效果。①

出于对微博平台的原创性、时效性、便捷性等特点相适应的需求，图书馆的微博认证账号多以话题形式发布图书推介、活动通知等。同时部分图书馆利用微博平台实现科普讲座的在线直播，通过线上线下两种途径面向社会开放，切实做到将大众视野拉回科学本身。

案例 1：上海图书馆“上海图书馆信使”微博栏目“上图科普”

上海图书馆对于阅读推广十分重视，积极将传统媒体与新媒体相结合，共同推动科普图书的宣传。上海图书馆的微博团队专门开设了“上图科普”栏目，从近年出版的新书中挑选质量上乘的科普书进行推荐，并保证每日一条的频率。这一微博荐书栏目的设置旨在推广一批能体现上图水平、具有一定规范性、示范性

① 刘静 . 图书馆官方微博阅读推广方式探究——“莫言作品微信息传播”带来的启示和思考［J］. 图书馆论坛，2013（5）：23–27.

的科普图书。根据微博统计数据显示，截至2018年10月，#上图科普#这一微博栏目的阅读量已超过770万，其影响范围不容小觑。

同时，上海图书馆馆员结合该栏目下每条微博的阅读数和转发数统计，选出线上热门图书，并调整其在阅览室的位置，实现线上线下阅读推广的联动。

案例2：中科院文献情报中心“中国科讯”

“中国科讯”是中科院文献情报中心精心打造的基于移动互联网的知识服务平台，被称为“科学家口袋里的科研利器”。其微博同名账号主要提供科讯直播服务，直播内容主要包括科技学术会议、科普讲座等。

第四节　科技活动周、全国科普日、其他重要科技节日

一、科技活动周

（一）背景介绍

科技活动周（Science and Technology Week/Technological Activity Week），是我国政府于2001年批准设立的大规模群众性科学技术活动。根据国务院批复，每年5月第三周为“科技活动周”，由科技部会同中宣部、中国科协等18个部门和单位组成科技活动周组委会，同期在全国范围内组织实施。①

以2018年科技活动周开展情况为例，2018年是贯彻党的十九大精神的开局之年，是改革开放40周年，是决胜全面建成小康社会的关键一年。为充分宣传改革开放40年、特别是党的十八大以来我国科技创新发展取得的重大成果和突出成就，弘扬科学精神，普及科学知识，加快提升公民科学文化素质，为新时代全面深入实施创新驱动发展战略、加快建设世界科技强国营造良好的创新文化氛围，科技部、中央宣传部、中国科协决定于2018年5月19日至26日开展主题“科技创新　强

① “科技活动周”百度百科页面［EB/OL］.（2018–05–31）［2018–11–01］https://baike.baidu.com/item/%E7%A7%91%E6%8A%80%E6%B4%BB%E5%8A%A8%E5%91%A8/5429940?fr=aladdin.

国富民”的全国科技活动周。[①]

（二）相关案例

本届全国科技活动周期间，中科院文献情报中心、重庆图书馆、广州图书馆等各省市图书馆纷纷参与其中，线下活动开展形式主要包括讲座、沙龙、展览、专题书目推荐及科技设备体验等，线上活动主要以互动有奖竞答形式展开。

案例1：“中国科学院 公众科学日”中科院文献情报中心科普阅读推广活动

“中国科学院公众科学日”是国立科技研究机构举办的大型公益性科普活动，是“全国科技活动周”的重要组成部分，是中国科学院为贯彻落实《科普法》《全民科学素质行动计划纲要》《国家中长期科学和技术发展规划纲要》《关于科研机构和大学向社会开放开展科普活动的若干意见》等政策所采取的重要举措。活动的主要形式是国家科研院所向社会公众开放，在此基础上组织包括科普展览、科普报告、国家院所重点实验室开放、研究生招生咨询等内容丰富、形式多样的科学文化传播与交流活动。

2018年5月19—20日，中国科学院“第十四届公众科学日”活动在全国各地的院属科研院所同时拉开帷幕。中国科学院文献情报中心作为立足全院、面向全国提供科技创新支撑的图书情报机构，紧扣“科普”与“阅读”使命，开展了10余场以“科学之春”为主题的科学讲座、科普书展、科技展览、互动体验等公众科学日活动，引导广大青少年、家长和社会公众思考科学、阅读经典。

“科学之春”主题活动分为“春之希望”“春之畅想”“正当春时”和“春之回望”四个部分。

1.“春之希望”

该分主题活动主要针对青少年及其家长，开展科普阅读、科学讲座活动，助力青少年在春天阅读书籍、收获知识、播种希望。通过邀请报刊主编和童书编辑，针对青少年群体关于《李小睿和水仙子南水奇游记》等科普图书和经典图书进行导读。

---

① 科技部、中央宣传部．中国科协关于举办2018年全国科技活动周的通知．[EB/OL]（2018–03–13）[2018–11–01] http：//www.most.gov.cn/mostinfo/xinxifenlei/fgzc/gfxwj/gfxwj2018/201803/t20180319_138652.htm.

2.“春之畅想”

此环节针对青少年及其他广大社会公众开展，是“连万物、接地气”的科学阅读与科学探索活动。

（1）以“一粒种子的旅程”植物系列图书《向日葵》《牵牛花》和《蒲公英》为主开展导读活动，带领青少年观察植物生长的过程，探索世间万物的奥秘。

（2）在专业人员的带领下，通过新颖的场景描绘的形式和青少年一起“书眼看世界”，带上好奇心和想象力去探索自然的环境、城市的建筑和存在于客观世界上的各种东西。

3.“正当春时”

此部分主题活动为广大青少年及社会公众提供更多与科学亲密接触、零距离交流的机会。

（1）来自中国科学院地质与地球物理所的潘院士与200余位青少年及家长一起进行了一次神奇的“地磁场之旅”，探索地磁场与生物之间的奥秘。潘院士耐心、细致地解答疑惑，引导并激发着青少年对科学探索的好奇心。

（2）在文献情报中心大楼西门二层平台搭建了科普书展。书展展示了飓风社、爱心树童书出版社、《小读者》杂志社、水利出版社等出版社出版的青少文学、科普、传统文化类图书，吸引了一大批青少年的驻足围观。

4.“春之回望”

最后一环的主题活动设计源于对“人生百年，弹指一挥间”的体验，源于对“中华上下五千年，历史不曾停下脚步”的感悟。该主题以展览的形式对公众开放。

（1）院士风采展是通过院士语录、成就概览和个人照片等资料向公众扼要展示院士的精彩人生，希望广大青少年及社会公众能够由此走近院士，了解院士，获得智慧和启迪。

（2）“古代数学展”由文献情报中心从古籍馆藏中挑选展品并制作互动教具，展品包括《周髀算经》《九章算术》等数学著作，互动教具包括古典连环、七巧板、鲁班锁等。本场展览以互动、体验环节为亮点，吸引了大量青少年和家长的热情参与。

（3）“中外重大科技创新进展2017”是中科院文献情报中心一年一度的“保留曲目”，通过援引《自然》《科学》等权威杂志对中外重大科技创新进展的年终盘点，回顾过去一年世界主要的科技进展，引导公众感知世界科学技术的突破。

案例2：重庆图书馆科技活动周系列活动

5月19日，2018年重庆市科技活动周正式启动。重庆图书馆在重庆市科委的领导安排下，围绕“科技创新·强国富民”的主题，结合自身特色，充分挖掘馆藏资源，在园博园“未来生活体验展”、重庆图书馆两个场地，开展了科技设备体验、科普图书展阅、科普讲座等形式多样、内容丰富、贴近民生的科普活动，献礼重庆科技活动周，向市民传递“科技改变阅读，阅读推动科普”的理念，积极履行科普基地职责。[①]

该馆从科技、阅读、教育三方面设计活动，且面向各年龄段读者开展有针对性科普活动。

1. 科技设备体验＋富媒体资源

5月19日—20日，重庆图书馆在园博园“未来生活体验展”主会场，展出了3D知识模型互动体验机、中文在线数字借阅机，让市民体验智慧阅读；在重图南门大厅“双创·数字体验区”开展了AR多媒体互动系统体验、3D打印体验、中国抗战大后方3D数字图书馆体验（需戴VR眼镜），让孩子们感受技术带来的乐趣。在读者体验期间，通过动画、仿真模型、互动游戏、在线问答等形式，讲解了历史、化学、生物、地理、技术、数字、物理、视觉艺术等学科领域的知识。

2. 科普图书线上推荐＋线下展览

为了营造科技活动周氛围，大力宣传阅读对科普的重要性，5月14日，重庆图书馆在官网首页专设“科普图书推荐”栏目，推出30本知识性和趣味性都比较强的科普读物，包括《人工智能时代》《癌症·真相·医生也在读》《航天科普大讲堂》《消防安全知识漫画绘本》等。截至5月20日，点击量高达13000余次，借阅量也随之上升。

5月20日，在重庆图书馆南门大厅，开展了线下展阅活动。活动展出3D科

① 重庆图书馆．重庆图书馆开展多项活动，献礼重庆科技活动周．[EB/OL]（2018-05-21）[2018-11-01]http://www.cqlib.cn/?q=node/51595.

普绘本100册，成人科普图书60册，涵盖医疗保健、人工智能、航天宇宙、公共安全等内容。同时，工作人员还向读者们普及了一些选择科普图书的小方法，包括查询图书馆、权威媒体、权威出版社的推荐书目，搜索书评文章等。

3. 讲座＋培训

5月20日下午，重庆图书馆与报社合作，邀请重庆市肿瘤专家到馆开设讲座，以“如何保护美丽而娇弱的蝴蝶——甲状腺”为主题为市民科普健康知识。

此外，重庆图书馆为帮助老年人使用互联网获得更优质的生活，还举办了“常青e路 幸福夕阳”老年人数字阅读系列培训，向老人科普数字技术、智能手机使用方法（包括数字阅读、移动支付、手机导航）等。

二、全国科普日

（一）背景介绍

全国科普日是由中国科协发起、全国各级科协组织和系统为纪念《中华人民共和国科学技术普及法》的颁布和实施而举办的，从2005年起，定在每年九月的第三个公休日。2018年6月，中国科协联合中央宣传部、教育部、科技部、工业和信息化部和中科院等有关单位，以“创新引领时代，智慧点亮生活”为主题开展2018年全国科普日活动。[①]

（二）相关案例

第14个全国科普日活动在全国同步开启，为期一周的时间里，各地先后组织开展一系列具有主题性、全民性、群众性的系列科普活动。

案例1：南京图书馆学会线上线下两手抓

南京图书馆紧抓时代脉络，准确把握此次全国科普日的主题精神，推出了线上线下共三场活动，深受读者好评。

“2018年江苏省南京市全国科普日活动——南京图书馆学会科普电影展播”活动预告期间即受到了读者的广泛关注，电影展播当天，数十位读者前来金陵图

① 中国科协、中央宣传部、教育部、科技部、工业和信息化部中科院关于举办2018年全国科普日活动的通知。[EB/OL]（2018-06-15）[2018-11-01]http://kepuri.org/news/newsdetail.aspx?aid=224171.

书馆视听室观看了科普记录片《创新中国》。观影结束后的交流会上，读者朋友一起交流了《创新中国》的观影感受。

除线下科普纪录片展播之外，南京图书馆学会还在网站及微信公众号上同步推出了科普绘本推荐以及科普文献知识大调查活动。

案例 2：江西省图书馆学会“软”“硬”兼施

江西省图书馆学会 2018 年“全国科普日”的活动设计主要围绕着传播新时代新发展理念、弘扬科学思想和科学精神、普及科技助力美好生活、倡导服务乡村振兴战略四个方面展开。活动中，承办单位鄱阳县图书馆将图书服务流动车开进乡村，为当地的学生们赠送科普知识书籍；现场摆放科普展览“神奇的昆虫世界”图片展；图书馆志愿者们向当地群众发放“科普日活动”的宣传材料和科普类书籍，并邀请心脑血管专家为村民免费量血压，普及相关科学知识[①]。

在此一系列充满科普意义和人文情怀活动的开展下，江西省图书馆荣获了“2018 年江西省全国科普日活动优秀组织单位”称号。

三、其他重要科技节日

(一) 4·15 全民国家安全教育日

1. 背景介绍

全民国家安全教育日定于每年 4 月 15 日，自 2016 年开始实施。根据 2015 年 7 月 1 日起实施的《中华人民共和国国家安全法》，国家安全是指国家政权、主权、统一和领土完整、人民福祉、经济社会可持续发展和国家其他重大利益相对处于没有危险和不受内外威胁的状态，以及保障持续安全状态的能力。且法案规定，国家加强国家安全新闻宣传和舆论引导，通过多种形式开展国家安全宣传教育活动，将国家安全教育纳入国民教育体系和公务员教育培训体系，增强全民国家安全意识。

2. 相关案例

在教育日当天，广西壮族自治区及厦门同安区等图书馆针对与国家安全相关

① 2018 年江西省图书馆学会“全国科普日”主场活动在鄱阳县启动 .［EB/OL］［2018-11-01］http://www.jxlib.gov.cn/news_display.aspx?id=3800.

法律条例、全民国家安全教育日的创立过程开展线上学习，并通过网站和微信两个平台发布学习手册等。

（二）世界环境日

1. 背景介绍

1972 年 10 月，第 27 届联合国大会通过了联合国人类环境会议的建议，规定每年的 6 月 5 日为“世界环境日”，它反映了世界各国人民对环境问题的认识和态度，表达了人类对美好环境的向往和追求。它也是联合国促进全球环境意识、提高政府对环境问题的注意并采取行动的主要媒介之一。

2. 相关案例

湖北图书馆为增强青少年环保意识，深化绿色家园理念，在世界环境日到来之际，少儿书刊部的工作人员在科普教室开展了一场“绿色生活——身边的废物再利用”的趣味科普活动，60 余名小读者和家长参加了此次活动。①

活动中，老师与小读者们一起观看视频，并讲解了垃圾分类的方法，发放“垃圾”卡片指导大家进行垃圾分类实践训练。在废物利用体验环节，小读者们齐心协力将废旧报纸制作成环保桥梁并通过了现场重量测试。此次活动通过动手与动脑结合的方式，将“从我做起，从小做起”的环保意识印入青少年心中，作为其逐步理解绿色家园的含义，了解世界环境日的意义的起步。

（三）全国科技工作者日

1. 背景介绍

全国科技工作者日定于每年 5 月 30 日，自 2017 年开始实施。在全社会引起强烈反响且树立了我国科技发展史上一座新的里程碑的“科技三会”（全国科技创新大会、两院院士大会、中国科协第九次全国代表大会）即在 2016 年 5 月 30 日隆重召开。习近平总书记发表重要讲话，发出向世界科技强国进军的号召。2016 年底国务院批复，以此为标志设立“全国科技工作者日”，旨在鼓励广大科技工作者牢记使命责任，切实担负起支撑发展的第一资源作用，紧紧围绕党和国

---

① 湖北省图书馆 . 废物利用巧手拼绿色生活环保行［EB/OL］.（2018–06–27）［2018–11–01］http://www.chnlib.com/News/2018–06/668275.html.

家的中心任务，瞄准建设世界科技强国的宏伟目标，创新报国，引领发展。

2. 相关案例

2017 年 5 月 27 日至 31 日，厦门市图书馆与市科协、市科技局、厦门日报社联合举办厦门市“全国科技工作者日”摄影图片展。[①] 展览由“科技工作者风采”“引智创新”和“科学普及”三个部分组成，着重展现厦门市广大科技工作者在推动厦门经济社会发展和科技创新中所发挥的作用及风采。

① 厦门市图书馆 . 厦门市“全国科技工作者日”摄影图片展在我馆举办 [EB/OL] .(2017–06–03) [2018–11–01] http：//www.chnlib.com/News/2017–06/259275.html.

第六讲

国外科普阅读推广调研

为借鉴世界各国在阅读推广方面的经验，本文开展了对国外科普阅读推广的调研工作。对美国、英国、日本等国阅读推广活动中的相关要素进行分析比较，深入研究发展情况，希望能够对我国科普阅读推广活动的开展提供参考。

第一节　美国科普阅读推广

美国在科学技术上取得的重要成果，与其科技教学的理念和科学素养能力的推广密不可分。自 20 世纪 60 年开始，美国先后在国内进行了两次科学改革，掀起了世界科学教育改革的浪潮。[①]其中，20 世纪 80 年代推出的“2061 计划”是世界科学普及推广的范本。

“2061 计划”由美国促进科学协会在 1985 年发起，通过科学读本的推行，推动科学教育。“2061 计划”系列丛书包括《面向全体美国人的科学》《科学素养的基准》《科学教育改革的蓝本》《科学素养的导航图》《科学素养的设计》等。科学读本的推行，对民众树立科学的世界观、形成科学的思维习惯、具备基础科学技能有奠基作用。且面向从幼儿园到高中毕业的教育阶段，推进科学、数学、技术、物理、生态环境、人体机能、科学史观等知识的掌握和教育改革。

美国在以教育读本推进科学普及的同时，也推动全民的科普阅读。现阶段进

① 许彤.《普及科学——美国 2061 计划》中的科学教育思想研究[D]. 沈阳：沈阳师范大学 .2013：1.

行的科普阅读推广中，科学图书推广以及互联网网站科普阅读推广是主要方式。在美国，有许多从事科普推广的网站，包括政府科技部门、科研机构、高校、高科技企业等均有设立。[①]如美国国家航天局（NASA）设立了专门的网站，针对不同年龄的公众设置阅读内容，并配合图片、视频等形式，配合公众对于科技知识的吸收；麻省理工学院（MIT）也在网页中设置公共服务版块，提供科普阅读资源，促进公众对于科学知识的理解。

此外，科普阅读推广也包含在美国国家层面的阅读推广活动中，图书馆作为科普阅读推广的重要机构，其中最活跃、最主要的是美国国会图书馆，其下属的图书中心策划和组织了许多全国性的阅读推广活动，如“国家图书节”“一城一书”“文学通信年度比赛”“词汇之河”环保国际诗歌和艺术比赛等，每个推广活动都各自拥有丰富多样的活动内容和形式。同时，学校等教育机构以及专业学会、民间社团等也都针对不同对象组织和开展了各种形式的科普阅读推广活动。

一、美国图书馆科普阅读推广概述

（一）美国科普阅读推广对象

全民阅读推广活动的服务对象应当涵盖社会的各个层面，无论性别，年龄，民族，受教育程度等方面是否相同，都是阅读推广活动的服务对象。

美国的阅读推广活动受众几乎覆盖社会各个层面，满足各个年龄段群体的阅读需求始终是美国阅读推广活动纳入考虑的重要因素，尤其重视对特殊人群的活动开展，包括对于婴幼儿、偏远地区民众以及阅读障碍症群体的阅读推广。

（二）美国图书馆科普阅读推广保障

针对阅读推广活动，美国出台了许多相关的政策法规作为法律保障；资金保障方面，美国建立了专门的阅读推广专项国家基金，同时还积极吸收社会资源并投入到全民阅读推广活动中，形成了多元完善的资金来源。美国在政策与资金两方面为科普阅读推广活动的有效开展建立了良好的基础。

美国政府部门不直接领导阅读推广活动，因此不以直接拨款的形式对阅读推

① 美国的“互联网＋科普”［EB/OL］.［2019-03-01］.http：//www.nsfc.gov.cn/csc_phone/kqkd29/kjyq1/20901/index.html.

广活动进行资金支持，而是通过设立专门的全民阅读推广基金来资助阅读推广活动。美国国家艺术基金会设立于 1965 年，是独立的联邦机构，它是美国阅读推广活动最大的公共资金来源。但该基金会对阅读推广活动的经费支持通常不会超过活动总预算的 50%，另外一半还需要活动机构通过募捐等形式自行筹集。由此可以看出，来自企业、社会组织和个人捐款在美国阅读推广活动资金来源体系中占非常重要的比重；美国国会图书馆开展阅读推广活动的经费就全部来自企业和其他部门的捐款和赞助，只有专职人员的薪水由国会图书馆拨款。[①]

总的来说，美国等西方发达国家开展阅读推广活动较早，美国更是在 19 世纪就开始尝试推广阅读活动，已积累了上百年的经验；从整体上看，美国的阅读推广活动处于世界领先地位，无论从法律制定、项目实施还是公众参与、多方合作等方面，均有一套成熟的推进体系。在规划阅读推广活动时，坚持以“读者发展”“提升素质”为宗旨和出发点，围绕“以受众为中心”来开展阅读推广活动，以便更好地服务受众。目前我国还没有建立一套统一适用的阅读推广理念，很多阅读推广机构开展阅读推广活动只是为了完成上级部门交代的工作任务，并没有充分认识到阅读推广对于提升国民素质、提高读者生活与生存能力方面的作用和意义；在设计和规划阅读推广活动时，没有考虑“以受众为中心”，而是以推广者为中心去制定方案，使得设计出的阅读推广活动无法真正满足读者阅读需求，从而影响推广效果。

美国的阅读推广的领导体制与我国不同。美国的政府部门不直接领导阅读推广活动，本身也没有主管文化和新闻出版的部门，全民阅读推广活动的领导权掌握在国会图书馆、国家教育协会等事业单位或社会组织手中，政府只是给予宣传支持、形象支持。

二、美国图书馆科普阅读推广形式

通过对美国公共馆进行网站调研，以及对调研文献，从宏观和微观角度对科普阅读推广形式进行划分，将科普阅读推广活动形式分为国家阅读节、全国性推广活动和区域品牌推广活动。

美国的阅读推广活动形成了比较完整的层次体系，并且经过长时间的摸索与实

① 郭效．中美阅读推广活动比较研究［D］．东北师范大学，2018.

践，对阅读推广活动的策划执行形成了统一规范的指南和指导，为阅读推广活动的大规模推广和扩散提供了便利条件。美国全国性的阅读推广活动有“读遍美国”“国家图书节”“大阅读”项目等，同时，各州各地区还结合本地区的具体情况，开展了各种形式的地区性的阅读推广活动，活动形式新颖，内容丰富，基本能够做到对不同层次、不同范围、不同对象的全面覆盖，往往能够达到比较好的推广效果。

（一）国家性阅读推广活动

1. 一城一书

“一城一书”（One city，One book）活动的通用解释是指同一本书作为社区阅读计划而被推广，一个城市或社区试图让这个地区的每个人都参与到阅读和讨论中。

1998 年，西雅图公共图书馆华盛顿图书中心主任南希皮尔女士发起了一个“一城一书”（One city，One book）活动。这一活动倡导城市的全体市民共同阅读同一本书，通过导读、讨论，引导市民对图书内容进行深度欣赏。自 1998 年以来，这一读书活动已经成为西雅图图书馆的品牌，并且得到了莉拉 · 华莱士读者基金会和西雅图赞助商的大力支持。活动的目的在于通过市民阅读同一本书来引起市民的共鸣，在大家具有共同探讨话题的基础上，促进市民、社区之间的交流，并提高市民的阅读积极性，培养市民的阅读兴趣。①

2. 大阅读计划

“大阅读计划”（Big Read）活动是由美国国家艺术基金会（The National Endowment for the Arts）联合中西部艺术基金会（Arts Midwest）在 2006 年为了振兴文学在美国文化中的作用和将文学的创造力注入到市民的生活中而举办的。②“大阅读计划”活动支持全国各地的图书馆、阅读机构开展社区阅读活动，并鼓励各年龄段的市民参与到阅读中来，每个社区的阅读活动持续一个月左右的时间，并且会有一个隆重的启动仪式。其主要的活动内容是对一本书进行共同探

① 贺新乾，王颖纯，刘燕权 . 美国公共图书馆阅读推广活动的发展现状与特点分析［J］. 图书与情报，2017（05）：97–103.

② Yahoo! .Web Search APIs from Yahoo!［EB/OL］.［2016–10–18］.https：//developer.yahoo.com/search/web/webSearch.html.

讨，分享各自的想法，而在不同的地区以及面对不同类型的读者时，所选择的书籍也不相同。“大阅读计划”活动不仅也加强了市民对生活、社区关系的理解，而且在分享的过程中使之感受到了阅读的乐趣。

“大阅读计划”活动主要由公共图书馆、政府机构、社会服务机构及公益组织和高校及其图书馆申请并举办。其中，公共图书馆的活动数量每年均高于其他三类机构，是申请并举办“大阅读计划”活动最多的机构。

（二）区域性阅读推广活动

公共图书馆的区域性阅读推广活动主要有读书活动、阅读延伸活动、影音教育活动和图书馆——社区、馆员——读者互动活动等形式，且内容丰富。

1. 读书活动

暑期阅读项目（Summer Reading）针对各个年龄段的读书爱好者，在暑假期间，参加者如果能坚持阅读书籍、杂志、报纸，并将自己的阅读情况定期报告给图书馆，就有可能获得一份奖励。如卡尔斯巴德公共图书馆（Carlsbad City Library）在 2016 年 6 月 27 日—8 月 12 日举办了 2016 年度的暑期阅读项目，活动分为四组，分别面向婴幼儿组（3 岁及以下）、儿童组（4 岁 ~12 岁）、青少年组（13 岁 ~17 岁）和成人组（18 岁及以上）。其中，婴幼儿组旨在对婴幼儿进行正确引导，使其开始接触阅读，且参加者均会得到一份特别的礼物；儿童组和青少年组的活动方式相同，参加者可以阅读任何自己喜欢的书籍、杂志或报纸，然后向图书馆工作人员报告自己的收获或读书感悟，获得活动抽奖券；成人组的活动方式为阅读一本书并填写读书报告，参加者可获得活动抽奖券。活动的奖品均由当地的博物馆、动物协会和商家提供。①

2. 阅读延伸活动

作文、诗歌大赛主要面向青少年开展，派克斯峰图书馆（Pikes Peak Library）在 2016 年举办了两次作文、诗歌大赛，旨在鼓励青少年探索他们居住地的自然和文化历史，并通过诗歌或其他艺术形式描述自己的感悟。

作者会谈则主要是作者亲临图书馆与读者直接进行交流，分享自己的心路历

① 贺新乾，王颖纯，刘燕权 . 美国公共图书馆阅读推广活动发展现状与特点分析［J］.2017（5）：100.

程，并进行签名等活动，读者也可以就自己关于本书的疑惑进行提问。①

3. 影音教育活动

故事会（Story Time）主要面向对象为婴幼儿，且根据年龄段对婴幼儿进行再分组。对婴幼儿进行年龄段的划分可见美国图书馆在制定活动的严谨和细致，对年龄段进行科学划分，不仅能够使得阅读推广活动取得良好的效果，还有利于婴幼儿教育的健康成长。

观影活动（Movie Time）也是一项重要的阅读推广活动，观影活动不仅能充分调动读者的兴趣，还可以将知识以一种更加形象生动、有趣的方式呈现给读者，激发读者的阅读积极性。②

4. 展示和开设阅览区

展示和开设阅览区可以说是最为普遍的推广方式。同时，不同高校选择展示的图书和类型也是不同的，东伊利诺伊大学图书馆选择的图书是比较流行的类目，如浪漫文学、科学小说、幻想小说等；休斯顿大学（University of Houston）图书馆则依据“员工最喜爱”的标准遴选图书并进行展示；格威内德默西学院（Gwynedd–Mercy College）开展了“高校学生读些什么”的持续展示活动；密歇根大学图书馆开设了新书区，也受到了广大师生的欢迎。③

5. 提供书单

这是一种经济可行的推广方式。通过文献调研可知，约有 40% 的图书馆使用此方式促进学生阅读。密歇根大学图书馆从 1983 年起每年都会提供书单，书目包罗万象。而且随着科技的发展，一些高校的图书馆已经开始通过网络媒介，比如在博客、微博上发布书单，如联合大学（Union University）图书馆，这种形式的确有效提升了馆内休闲图书的流通数量。④

6. 设置科普图书奖项

在美国，有许多针对科普图书设置的奖项，鼓励科普图书出版，提升科普阅

① 贺新乾，王颖纯，刘燕权 . 美国公共图书馆阅读推广活动发展现状与特点分析［J］. 2017（5）：101.
② 同上。
③ 游祎 . 美国高校阅读推广活动发展情况探析［J］. 图书馆理论与实践 .2014（9）：90.
④ 同上。

读推广的影响力。多家机构与协会针对英语科普作品的图书、报纸和杂志进行评奖，鼓励优秀的科普阅读作品出版。如美国科学促进会《科学图书与电影》“优秀科学图书奖”、美国科学教师协会“优秀科普图书奖”、美国大学优等生联谊会“科学图书奖”和“美国国家研究院传播奖”。

三、美国图书馆科普阅读推广案例分析

（一）科普阅读推广与展览

2018 年 11 月 13 日，在哈佛大学霍顿图书馆[①]举行了阅读推广的展览活动，该活动的主题为“一个美丽富饶的国家：美国如何规划它的饮食”。在这里，你可以看到哈佛地图系列的最新展览，并有专门的人员进行讲解。

哈佛大学图书馆还举办有丰富的展览活动。如《踏上边界》，讲述的是美国表演艺术的丰富性和活力大部分来自于地方的创造性才能。此次展览探讨了连续的移民潮如何改变了美国舞台，突出了殖民时代至今的各种演员、艺术家的精湛技艺和复原力。其二《女摄影师的中世纪的朝圣之路》，这个展览突出了 20 世纪艺术史上最有影响力的女摄影师之一——露西 · 华莱士 · 波特（Lucy Wallace Porter）（1876–1962）的作品，她是哈佛中世纪主义者亚瑟 · 金斯利 · 波特（1883–1933）的妻子。1949 年，露西 · 波特（Lucy Porter）将她和丈夫在欧洲旅行期间拍摄的照片赠送给哈佛大学福格艺术博物馆（Fogg Art Museum）。

棕榈滩县图书馆[②]的展览《风暴潮：飓风桑迪，我们不断变化的气候，以及过去和未来的极端天气》向人们科普研究飓风桑迪的毁灭性和前所未有的事件，用它来解释地球变化的气候以及如何保护城市和沿海地区免受巨大风暴的影响。

派克斯峰图书馆[③]的《镜像发现立方体》适合儿童进行自然科学现象的了解，使用图书馆新的镜像发现立方体（Mirror Discovery Cubes）创建无数镜像迷宫，非常适合 3 岁及以上儿童的反射和角度的科学探索。

---

① 哈佛大学图书馆：https://library.harvard.edu/［2018.11.11］.

② Palm Beach County Library［EB/OL］.［2018–11–12］.http://www.pbclibrary.org/.

③ Pikes Peak Library［EB/OL］.［2016–12–29］.http://ppld.org/.

（二）阅读推广与影音

2018年10月24日，哈佛大学霍顿图书馆举行了观影活动以及影评活动，主题为“哈佛大学：重建边界”。该活动有三位主要的评论家出席；普林斯顿大学刘易斯艺术中心剧院副教授布莱恩·尤金尼奥·埃雷拉（Brian Eugenio Herrera），他的作品研究了美国流行表演中的性别、性和种族历史；第二位评论家是哈佛大学的英语教授金菊渊（Ju Yon Kim），她的研究和教学兴趣包括亚裔美国文学、当代戏剧、跨种族和跨文化表演；第三位评论家是来自于《纽约时报》的评论家韦斯利·莫里斯（Wesley Morris），他曾是《波士顿环球报》的电影评论家，并于2012年获得普利策批评奖。

（三）阅读推广与书目

在进行阅读推广过程中，美国为公众提供科普阅读书目的传统由来已久。1921年，应美国哥伦比亚地区公共图书馆一位馆员的要求，华盛顿科学院拟出一份推荐给公众的科学书籍阅读清单，在确保权威性和前沿性的同时，以能够引发普通读者的阅读兴趣为出发点。这份书单影响颇大，1929年经过修订并以《百本科学普及书籍》为名发表在《华盛顿科学院院刊》上。芝加哥美国图书馆协会则将每本书的简介附上，印成《科学普及著作》（Popular Books in Science）手册，这本手册一直不断得到重印，在美国一直都很容易得到。①

不仅如此，美国图书馆在进行阅读推广的活动中，也会制作科普专题的书单，提供给公众。美国西雅图公共馆面向儿童、青少年、成年读者提供主题书单，由图书馆员基于读者特性确定书单主题，挑选推荐书目，并定期丰富、更新书单内容。书单主题涵盖社会生活、科普读物、文学经典等多种类型，如“美国经典读物”“五十岁后的生活”“科幻小说”等。

① 莫丽芸.从百年“百本科普佳作”入选书单 看美国科普作品观的变迁［EB/OL］.［2016-12-29］. http://www.crsp.org.cn/a/kepuchuangzuo/chuangzuolilun/022G94H017.html.

第二节　英国科普阅读推广

一、政策概况

英国的阅读推广最早起源于1995年开卷公司的蕾切尔·冯·里尔提出的“读者发展”，它被定义为一种主动介入的实践活动，以增强自信和阅读享受，扩展阅读选择，提供分享阅读经验的机会，并将阅读提升为一种创造性活动。2003年英国政府报告《未来的框架》中明确提出“阅读是所有文化和社会活动的首要任务”，现代图书馆的任务重心应为：一是促进阅读和非正式学习；二是获得数字化技能和服务；三是应对社会包容，构建社区认同，发展公民意识。[①]

18世纪，伴随着英国科技发展而涌来的环境污染、生态破坏及人类健康等问题，民众开始对科学提出疑问，在公众眼中科学不再具有主导地位，民众对科学的反对舆论开始影响国家在科技方面的政治决策。科普工作与国家的科技发展密切相关。在此背景下，英国政府开始重视科普，一系列相关政策报告开始发布。在英国，科普被称为科学传播（Science Communication）或公众理解科学（Public Understanding Science，简称PUS），强调双向交流、公众参与，而不是科学家单方面地对民众做普及[②]。科普阅读是阅读推广中的重要主题，也是一切科普工作的最基本、最普遍的形式，在提高公民的科学文化素养、构建科学发展意识方面意义重大。

科普阅读推广作为科普工作的重要组成部分，历届政府都非常重视，并将其纳入职责范围，且在政策和措施上给予支持。促进科普阅读推广的良好发展，可以让民众通过阅读的方式理解先进技术社会的本性，理解科学和社会之间的相互作用，理解科学对文化遗产所做出贡献及未来可能做出的贡献。英国作为世界上图书馆事业最发达的国家之一，在科普阅读推广的大潮中，图书馆因为其文化基础设施体系成熟、布点广泛、资源富集，专业化程度高等优点，在进行正式及非正式科普阅读推广中发挥着重要的作用。

下面主要从英国图书馆在英国科普推广体系中的工作现状、目前科普阅读推广

① 曹磊.英国公共图书馆法律规范体系［J］.中国图书馆学报，2011，37（2）：90–96.

② Science communication in the United Kingdom［EB/OL］.［2018–10–28］.https：//en.wikiversity.org/wiki/Science_communication_in_the_United_Kingdom.

的工作内容和主要参与的科普推广活动三个方面展开介绍。

二、英国图书馆科普阅读推广现状

（一）英国的科普推广体系

英国绝大多数公立和私立机构都参与了科学文化的传播工作，据统计，英国大约有 60 家机构参与了科学文化的传播工作，大体包括相关政府部门、研究学术会、研究理事会、慈善协会、支持基金会、教育机构及展览场馆等，详情见图 6–1。各机构全职或兼职参与了科学文化的传播工作，机构间并不是孤立无援的，而是互相支持协作形成科普传播网，共同导引科学传播的整体发展。

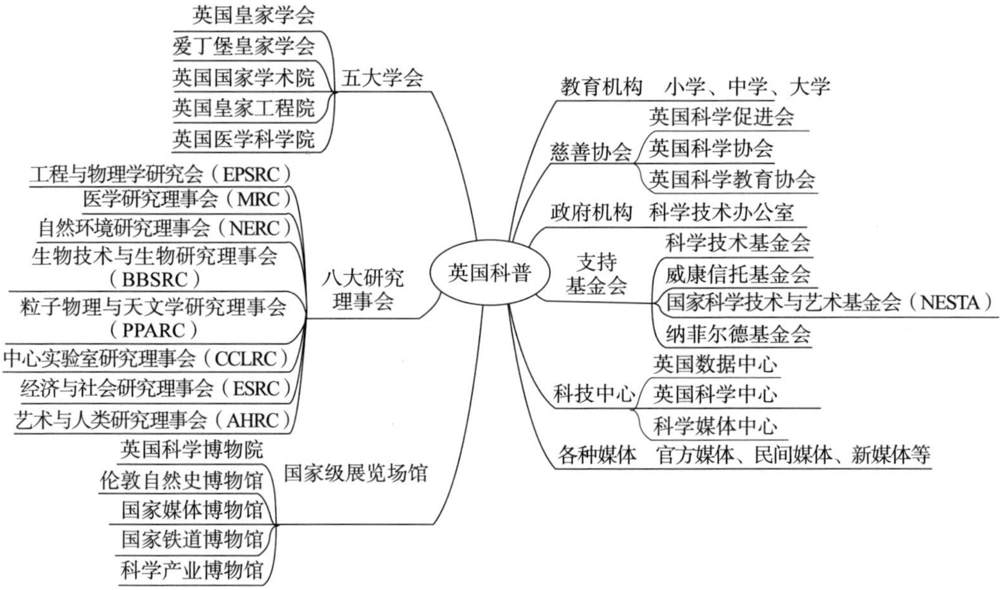

图 6–1　英国科普工作相关的机构

1. 政府主导，机构间相互合作、协调发展

英国上议院在 PEST 的调研报告中提出，公众与政府、学界之间必须直接对话，科技决策需要征求公民意见，科学界应将科普行动纳入常规事务中。各学术基金会应同时奖励科学研究与科学传播研究。同时政府的相关部门也应参与到科普工作中，科学界应认可并接受媒体的生态与运作规范，双方要互相尊重，摆脱

"科学指导媒体"的模式。[①]

2. 媒体成为科学传播的重要推手

英国政府特别重视媒体在科普推广中的作用，鼓励科学资源与技术对外交流，扩大科学传播的范围。英国大部分公立或私立机构都建立了自己的科学技术宣传网站，如门户类网站的雅虎知道、雅虎新闻；媒体类网站如英国广播公司（BBC）的纪录片系列；科研机构类网站，如英国研究理事专门的公众参与版块，重点介绍公众参与科学研究的主要策略、倾听公众的声音、在研究中纳入公众参与、学校教育和青少年的参与等方面的内容；科学共同体网站，如英国皇家学会的网页设置了科学博客，主要发布皇家学会在科普方面的信息和新闻，以便公众及时了解；高校网站中，以剑桥大学网站为例，主要发布其开展的相关科学研究，涉及的主要内容包括新闻、特写、研讨、音视频和焦点话题等，这些内容中绝大部分都是与科学研究相关的，同时也发挥了科普方面的作用，为对这些领域和话题感兴趣的公众提供了获取信息和最新研究进展的途径和渠道。[②]

（二）英国图书馆的科普阅读推广

英国图书馆阅读推广工作是建立在图书馆开放、中立和自助的文化基础之上。图书馆不应该重复其他公共机构和私人部门所做的事情，而应通过伙伴关系来补充自己。[③]因此，在英国科普体系非常完善的背景下，图书馆在科普阅读推广方面，通过积极寻求与相关机构合作，扩大活动规模和影响，有效地推动科普阅读活动的开展。如英国皇家学会、皇家学院与英国科学促进会三个学术机构以推动科学传播为目标互相结合，形成名为 COPUS（科学普及委员会）的行动网络；英国科学博物馆和科学中心联络成立欧洲科学、工业、技术展览会合作机构，该机构联结着 80 多个不同的研究院和科学中心，并支持图书馆、博物馆和科学中心的发展。英国数据中心是 2003 年底由科学促进会、伦敦科学博物馆、欧洲大脑数据中心合作建立，并面向公众的创新基地。

① 朱晓庆 . 公众理解科学与公众理解研究［J］. 科学技术哲学研究，2005，22（05）：103–106.

② 英国网络科普现状［EB/OL］.［2018–10–28］.http：//www.crsp.org.cn/xueshuzhuanti/yanjiudongtai/112111L2014.html.

③ 王波等．中外图书馆阅读推广活动研究［M］．北京：海洋出版社，2017：131.

三、英国图书馆科普阅读活动推广实施

在英国科普体系非常完善的背景下，图书馆在科普阅读推广方面重点挖掘自身布点广泛、资源丰富及场地的优势，主要从以下四个方面展开。

（一）对科普读物进行分类组织

英国的科普类图书十分丰富，有适合不同年龄段的系列丛书，也有印刷精美的科普画册和百科全书。每一届获得英国皇家学会科普书籍奖的图书都是全世界范围内最畅销的科普读物。英国皇家学会会长马丁里斯说："一本好的科学作品，应当是能给我们生活带来新思想，能有助于我们对已有知识的理解的。科普书籍激发了人们从事科学工作的热情，同时也给其他领域的人带来快乐和灵感。"①在英国，各类图书馆尤其是公共图书馆都会将相关的科普读物根据年龄段的不同进行分类组织，以便儿童、青少年及成年人快速发现适合自己的科普读物。

（二）基于科普资源，举办科普阅读活动

推广形式除传统的设置专门的科普阅览室或图书专架、定期或不定期发布推荐书目、建立书评体系、组织书展外，还采用了讲座、征文、竞赛、游戏。如在高校征集科普原创作品的活动也非常适合科普阅读推广。通过对科普原创作品的征集，可以激发师生对于科普阅读推广的兴趣，从而让更多人参与科普阅读推广活动中。

（三）参与英国重大的科学节日

英国作为最早提出"公众理解科学"的国家，拥有丰厚的科学资源和文化历史，每年都有形式各样的大型科学活动，其中比较著名的有四项：一是英国科学促进协会英国科学节；二是由政府科技办公室科普计划项目资助，由英国科学促进协会组织协调的科学节；三是由爱丁堡市议会和苏格兰行政院发起的英国爱丁堡国际科技节；四是英国剑桥科学节。②英国的高校图书馆及公共图书馆积极参与以上重大节日，通过举办免费的演讲、讲座、展示和实验活动，更好地展开图书馆的科普阅读推广工作。

---

① 你最喜欢什么样的科普图书？英国科普书籍奖综述［EB/OL］.［2018–11–2］http：//wap.sciencenet.cn//mobile.php?type=detail&id=180345&mobile=1&id=180345.

② 梁玉兰，邱举良 . 英国科学文化传播体系及其措施［J］. 科学新闻，2007：5–7.

（四）积极与其他机构合作，协助开展科普工作

英国的研究学术会、研究理事会等学术机构推出各种奖学金计划鼓励和帮助研究人员参加科普工作。以研究理事会为例，其目的是鼓励和帮助受资助的研究人员进行科普，促进大型科学基础设施在社会中的广泛应用，鼓励公众对相关技术研究的潜在影响和应用展开讨论，促进公众和青年人对科学的理解和关注，保持科学家与普通民众的密切联系。图书馆则与相关机构一起合作，邀请具有不同专业背景的科研人员开展不同主题的科普讲座。通过讲座激发民众对馆藏相关科普读物的兴趣。

四、活动案例

英国的科学普及与分布在各地的科技博物馆、图书馆和科技中心密切相关，作为科普活动的重要场地，对进行非正式科学教育起着非常重要的作用。科技博物馆的职能主要是收藏、展示各个历史时期对人类社会产生重要作用的科技文物。图书馆收藏着大量科学主题的图书和杂志，也为公众理解科学做出了重要的贡献。下面分别以剑桥大学图书馆、大英图书馆的科普活动为例来展示相关活动的细节。

（一）高校图书馆——以剑桥大学图书馆为例[①]

剑桥大学图书馆是世界上最大的图书馆之一，也是英国的中央研究图书馆，拥有藏书 1500 万册，包括各个国家的各类版刻书籍、各种抄本、绘画、拓本以及其他文物，其中颇多珍品。该馆一般通过主题展览的方式做科普推广，如“庆祝皇家英联邦学会 150 周年（1868—2018 年）”的主题展览，剑桥大学图书馆与学会合作展出了皇家英联邦协会收藏的许多与英国前殖民地相关的艺术品、照片、地图、手工艺品，插图手稿、印刷品等历史文物的数字化档案，这些档案详细记载了英国殖民时期历史上的重要事件、自然环境与城市景观的变迁、建筑或工程方面的重大成就。这些记录共同构成了宝贵的遗产。[②]

① Cambridge University Library［EB/OL］.［2018–10–28］http：//www.lib.cam.ac.uk/.

② Celebrating 150 years of the Royal Commonwealth Society（1868–2018）［EB/OL］.［2018–10–29］. https：//cudl.lib.cam.ac.uk/collections/rcs150.

（二）公共图书馆——大英图书馆为例①

大英图书馆作为世界上最大的学术图书馆之一，拥有超过一亿五千万件馆藏。大英图书馆的馆藏包括几乎世上所有文学作品；不仅包括书籍，还有其他印刷品和数码内容，包括手稿、期刊、报纸、杂志、剧本、专利、数据库、地图、邮票、图画、乐谱、录影和录音。

大英图书馆的科普活动大部分与相关慈善协会、研究理事会等机构合作开展。如 2018 年 11 月，大英图书馆展开“探索英国进化论生物学家约翰 · 梅纳德 · 史密斯对科学、宗教及其相互关系的看法”的主题讲座，该讲座由艺术和人文研究理事会资助，海伦 · 皮尔博士主讲，主要探索了约翰 · 梅纳德 · 史密斯的档案，内容涉及科学传播和二十世纪进化生物学的历史②。大英图书馆的保护和数字化项目——《莲华经》手稿是在中国西北敦煌绿洲镇附近的莫高窟图书馆洞穴（17 洞）发现的，近 800 份《莲华经》手稿的数字化保证了重要佛教物品的长期保存。该项目由北山堂基金会赞助，隶属于国际敦煌项目（IDP）。③

（三）儿童图书馆

英国是世界上较早提出图书馆要为少儿用户服务理会的国家，1862 年，曼彻斯特的一家图书馆就开始提供专门的少儿服务。1992 年“阅读起跑线计划”最核心的工作内容由公共图书馆、教育和健康等多家机构联手为每个婴幼儿发放一个免费阅读包。阅读包分为婴儿包（适用于 0~12 个月的婴儿）、高级包（适用于学步儿童）、百宝箱（适用于 3~4 岁学前儿童）、发光包（适用于 0~4 岁聋儿）、触摸包（适用于 0~4 岁盲儿）和双语资料包（适用于母语非英语儿童）。鼓励家长和儿童一起分享阅读的乐趣。该计划是世界上第一个在国家层面的专为婴幼儿提供阅读指导服务的阅读推广计划。英国创作了大量了儿童科普读物，如《十万个为什么》《我，造就我自己》《极为恐怖的实验》等世界畅销图书，图书的排列按内容和书的种类逐渐向大龄儿童过渡，国家儿童图书馆或者公共图书馆儿童分

① The British Library［EB/OL］.［2018–10–28］https：//www.bl.uk/.

② The British Library.Evolutionist Maynard Smith on Science and Religion［EB/OL］.［2018–11–2］.https：//www.bl.uk/events/evolutionist–maynard–smith–on–science–and–religion

③ The British Library.Secrets of the Lotus Sutra［EB/OL］［2018–11–3］.https：//www.bl.uk/events/secrets–of–the–lotus–sutra.

部通过举办亲子活动、少儿游戏、影视动画等方式来推动少儿科普阅读推广。

五、小结

在英国非常完善的科普体系及特殊政策的背景下，图书馆在科普阅读推广方面的工作形式及内容非常有限，但还是利用自身的布点广泛、资源丰富及场地开阔的优势，通过积极寻求与相关机构的合作，扩大科普阅读活动的规模和影响。英国图书馆一般从科普读物进行分类组织，建立科普主题阅读专区；基于科普资源，举办科普阅读活动；参与英国重大的科学节；积极与其他机构合作四个方面实施科普阅读推广活动，有效地推动英国图书馆科普阅读的发展。

第三节　日本科普阅读推广

日本的科学普及工作推行的时间较早，在明治维新时期就有诸多翻译、普及西方科学的图书，涵盖多种领域。20 世纪 80 年代初，日本提出了“技术立国”的新口号[①]。重视科学技术、普及科学成为推进日本社会发展的重要方面。许多机构、社区参与科普活动，极大地促进了社会的发展。日本的科普推广在多年的不断尝试中，内容不断充实，组织机构不断完善，推广设计也更为精巧，“让科学技术更加有魅力”，是科普活动的重要目标。

日本政府、产业界、学术界和社会成员都非常重视科普的推广，在资金、组织运行方面给予大力支持。参与科普推广的人员有老师、研究人员、专家、教育家、科技相关工作、学生、媒体及机构负责人等，日本在科普方面的推广是全社会的合作、交流。

一、日本图书馆的科普阅读推广

图书馆是日本进行科普阅读推广的重要场所，与科技馆、博物馆、青少年教育设施等共同推进日本的科普活动。图书馆的作用主要体现在推广科普图书及举

① 冯昭奎 . 日本的“技术立国”［J］. 日本问题，1988（1）：1.

办科普活动等方面，此外也派遣图书馆员参与科普推广活动。

（一）读书指导活动

阅读推广在日本图书馆界最直接的形式就是开展读书指导活动。

读书指导活动始于二战之前。1931 年，中田邦造在石川县开始了以读书班级和青少年文库为主要内容的读书指导活动。将农村地区 20~30 岁的青年人骨干组织起来，通过读书的方式，培养他们自我学习的能力。[①]中田事先选择好图书，并对这些图书进行解读。学员依次阅读这些图书，在例会上进行问答，发表读后感，交换意见。[②]

另一种读书指导活动针对未成年人。做法是制定书单，指定参加的成员需要阅读的图书，并撰写读书日记，其间由参与过读书班级活动的人来指导参加文库的成员。中田还通过成立图书馆协会、学校图书室联盟等方式，完善了读书指导的环境。二战期间，读书指导活动由石川县推广到全国，可惜被日本军国主义所利用，成为统治国民思想的武器。

1924 年，日本图书馆协会启动"读书周"活动，在 11 月 17 日—23 日读书、普及读书文化和推荐优秀图书，出版界也广泛参与其中。

二战以后，日本开始重新思考图书馆的定位，并着力维护图书馆在政治及思想精神上的自由，图书馆本身的功能更加凸显。1950 年，日本《图书馆法》出台，界定了"图书馆是收集、整理、保存图书、记录及其他必要资料，为一般公众利用，以满足提高其文化修养、完成调查研究等需求的设施。"图书馆的根本任务是提供服务，要求图书馆的运作必须符合当地实际情况和民众要求，并注意协助开展学校教育。[③]

1950 年后，日本图书馆法经过几次修改，始终贯彻终身学习的理念。文部科学大臣就修订意图表示，图书馆不仅仅具有书籍保存、提供借阅以帮助人们获取知识的功能，还应是广泛传播信息的场所，可以成为地区学习的据点。要让居民大量利用图书馆，并在需要的时候接受图书馆专家的指导。[④]

《图书馆法》的颁布，以及公众对信息需求的增强，图书馆在日本的分布非

① 裏田武夫，小川剛．図書館法成立史資料［M］．東京：日本図書館協会，1968：30.
② 曹磊．二战前后日本图书馆阅读推广活动［J］．图书情报研究，2013，2（6）：49.
③ 沈丽云．日本图书馆概论［M］．上海：上海科学技术文献出版社，2010：166.
④ 沈丽云．日本图书馆概论［M］．上海：上海科学技术文献出版社，2010：192.

常广泛，公共图书馆和大学图书馆散落在大众身边。如埼玉市人口 125 万，[①] 在市中心、社区、街道、地铁站分布着包括大小 23 个公共图书馆，还有流动的汽车图书馆，贴近大众生活。见表 6–1。

表 6–1　2017 年度日本公共图书馆统计

项目		督道府县立	市区立	町村立	私立	总计	上一年度
人口（千人）		128066	116822	11245	—	—	—
图书馆	图书馆总数	58	2598	617	19	3292	3280
	汽车图书馆数	2	420	119	—	541	546
职员数	专任职员	1512	7951	740	48	10251	10443
	短时劳动职员	681	8279	862	20	9841	9513
	临时职员	242	5579	1484	15	7320	7200
	非正式工	291	11576	620	35	12523	11747
藏书（千册）		48317	344164	48514	1827	442822	436961
入藏资料	图书（千册）	1029	13649	1670	12	16361	16467
	报纸（种）	5	28	4	—	38	37
	杂志（种）	88	249	35	2	374	376

注：统计数据来源于日本图书馆协会。[②]

在公共图书馆外，集中于高等教育的大学图书馆也是日本重要的图书资料保存及阅读推广服务阵地。见表 6–2。

表 6–2　2017 年度日本大学图书馆统计

项目	国立	公立	私立	大学计	短期大学	高专
图书馆数	287	129	1008	1424	184	61
服务对象（总数）	843687	202758	2579638	3626083	84643	65136

① さいたま市図書館要覧 .［EB/OL］.［2018–10–15］.http：//dl.ndl.go.jp/view/download/digidep o_1099 2600_po_youranH21.pdf?contentNo=1&alternativeNo=.

② 公共図書館集計［EB/OL］.［2018–10–26］.http：//www.jla.or.jp/Portals/0/data/iinkai/%E5%9B%B3%E6%9B%B8%E9%A4%A8%E8%AA%BF%E6%9F%BB%E4%BA%8B%E6%A5%AD%E5%A7%94%E5%93%A1%E4%BC%9A/toukei/%E5%85%AC%E5%85%B1%E9%9B%86%E8%A8%88%202017.pdf.

续表

项目		国立	公立	私立	大学计	短期大学	高专
职员数	专门职员数	1530	238	2543	4311	176	62
	短时劳动职员	1307	337	1105	2749	90	79
	临时职员	253	98	11083	1434	62	67
	非正式工	192	194	3527	3913	80	20
藏书	藏书（千册）	100198	22966	200431	323595	10686	5106
	藏杂志（种）	1853	316	2167	4336	51	28
入藏资料	图书	1054	358	3205	4617	165	63
	杂志（种）	253	69	531	853	16	7
入馆人数		36821581	8638771	81760039	12722091	2257883	2348579
出借数量		7575035	2066178	19518861	29106074	812584	445604
决算（万元）	图书馆费	2593312	567109	6792276	9952697	105302	38537
	资料费总额	1901288	361733	4241047	6504068	66943	19354

注：数据来源日本图书馆协会网站。①

大学图书馆配合教学活动，协助日本的读书指导计划。图书馆是日本读书指导计划的重要配合单位。目前的读书指导开展的活动非常丰富：主要是配备相应的读书教材，以专家指导读书；此外，还有介绍读书达人会选择的图书，推荐给大众；图书馆也配合举办读书会和研究会，对图书进行深入解读；针对特殊的地区和人群，还提供读书支援，如对残障人士进行朗读和制定盲文图书。阅读推广并不限于图书，还提供信息支持，使得图书能与大众实际接触并为其所用。

（二）儿童读书活动推进计划

日本科普阅读推广中最为卓著有效的是进行“儿童读书推进”计划。2001 年 12

① 大学図書館集計［EB/OL］.［2018-10-26］http://www.jla.or.jp/Portals/0/data/iinkai/%E5%9B%B3%E6%9B%B8%E9%A4%A8%E8%AA%BF%E6%9F%BB%E4%BA%8B%E6%A5%AD%E5%A7%94%E5%93%A1%E4%BC%9A/toukei/2017%E5%A4%A7%E5%AD%A6%20%E9%9B%86%E8%A8%88%20HP%E7%94%A8.pdf.

月,《少年儿童读书活动推进法》在日本国会通过，从中央到地方的图书馆，根据本地实际情况进行调研，针对调研结果制定本地的儿童读书的推进计划，并根据实施的情况不断做出调整和修改。到 2018 年，已经制定了第四次儿童读书活动推进计划。[①]日本在国家层面推行儿童读书活动，已经深入到了地区图书馆中。

案例：名古屋市儿童读书推进活动

从 2007 年开始，名古屋市进行儿童读书推进活动[②]。活动由名古屋市政府发起，并联合市内的图书馆、学校、社区、家庭，共同推进。经过多次的实践，政府也对原读书计划进行了修改，每期实施时间是 5 年。

图书馆是推动儿童读书活动的重要机构。名古屋在鹤舞中央图书馆设立“学校图书馆关联窗口”，以便学校与图书馆的直接沟通。图书馆为学校提供支持学习的图书服务以及辅助教育的相关材料出借业务。学校则派出维护图书馆运行的志愿者等，实现图书馆与学校的联手，共同促进阅读推广的发展。

科普阅读推广包含在儿童阅读推广活动中，儿童阅读推广的展开，应使社会各方面力量都相互配合，共同推动少儿阅读活动。

1. 家庭对孩童读书活动的推进

家庭在孩童读书习惯形成中担任主要作用，营造家庭环境，保持孩童的读书兴趣。图书馆在以下方面进行协助：对孩子们想读的书、能找到的书制定列表，如展开以“有爱的家庭”为主题的亲子读书活动，还有“小朋友读书月”的阅读普及活动等启发性活动。在此过程中，不仅有图书馆，还有市内的读书指导室，以及生涯学习课一并推进家庭的阅读活动。

2. 地域间读书活动的推行

主要在地区内开展科普阅读推广。如在幼儿园、生涯学习中心等地，让阅读陪伴孩子们的成长过程，并利用各自特色，推进孩童读书活动的开展。在地区各种各样的场合中，提供给孩子们读书的机会，图书馆也起到重要的支撑作用，如举办“第一次和书相遇的故事”。图书馆帮助地区开展讲座，协助“星期六学习”

---

① 2018 年第四次子供の読書活動の推進に関する基本的な計画 . [EB/OL] . [2018-9-25] http: //www.mext.go.jp/b_menu/houdou/30/04/__icsFiles/afieldfile/2018/04/20/1403863_002_1.pdf.

② 子ども読書活動推進計画 [EB/OL] . [2018-9-25] http: //www.city.nagoya.jp/kyoiku/page/0000051117.html.

读书活动的开展，在夜校等机构提供读书的机会。

3. 学校开展读书活动

强调在儿童学习的不同阶段，学校在协助养成儿童阅读习惯中发挥不同的作用。在实际工作中，对于孩子的阅读兴趣和阅读能力，在阅读推广的阶段进行了划分，主要分为托儿所 / 幼儿园、小学、中学和特殊学校。①

（1）托儿所 / 幼儿园

一是托儿所、幼儿园的保育员和志愿者们读书给孩子们听。通过聆听，增加孩子们品味故事的快乐。

二是让监护人意识到读书的重要性。托儿所、幼儿园鼓励家长参与到阅读体验中，与孩子共同感受故事中的乐趣；对于处在不同发育阶段的孩子应该选择什么样的书，幼儿园可为家长提供咨询，定期推荐适龄且应景的图书，并且教给家长们讲故事的技巧；托儿所、幼儿园提供所藏的图书目录信息，部分图书提供出借。

三是充实绘本，营造良好的读书环境。政府鼓励充实图画书的馆藏，增加孩子们的选择范围，引起好奇心；鼓励在图书馆中设立“绘本角”专区，营造孩子们拿起绘本就能看的阅读氛围。

（2）小学

一是指导读书活动。旨在唤起儿童读书的意愿，推行“早读”与听的能力，在听的同时感受到兴趣。举办“带书大赛”，做能让更多儿童对读书感兴趣的图书募集活动，活动扩大到民间企业、社会团体中，各方共同协作，努力提高孩子们的读书热情。获奖的图书作品在市立图书馆巡回展示。活用外部人才与资源；学校与地区的志愿者合作，制作阅读手册。根据学校的要求，学生还需要到图书馆进修。

二是编排“小朋友读书笔记”见图 6–2。为唤起孩子们的表现欲，制作“孩子们的读书笔记本”，图书馆申请的书在“笔记本”上进行登记，率先完成“读书笔记本”的孩子可以优先体验图书馆的工作，并获得表扬和奖励，以此唤起孩子们的热情。此项活动也提高了图书馆的图书利用率。

---

① 第 3 次名古屋市子ども読書活動推進計画 – 読書を通して、夢に向かって人生をきり拓くなごやっ子の育成 .［EB/OL］.［2018–10–15］http：//www.city.nagoya.jp/kyoiku/cmsfiles/contents/0 000051/51117/daisannjikodomodokusyokeikaku.pdf.

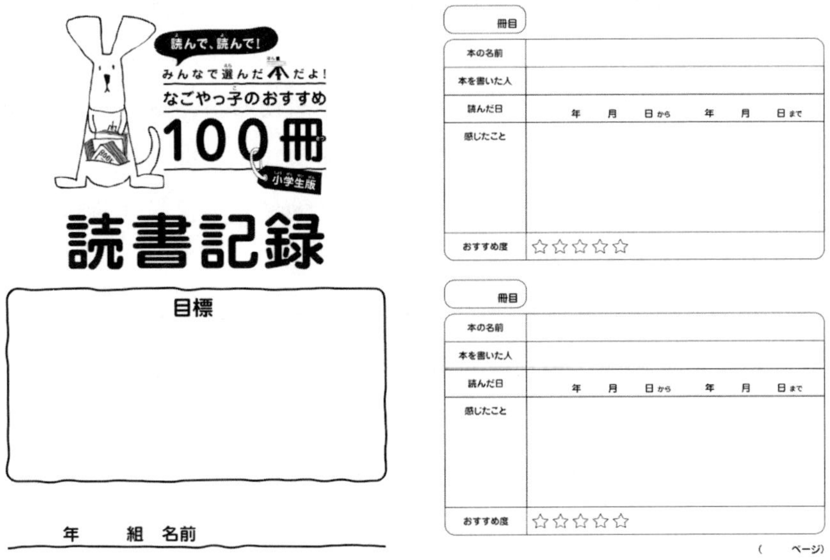

图 6–2　名古屋市第三期儿童读书推进计划读书记录（小学生版）①

三是充实校园图书馆。在学校建立“读书中心”“学习、信息中心”，让孩子们自由阅读、自主学习。扩大学校图书馆的馆藏，将学校的藏书数据库化，以便更好检索利用，并且与志愿者合作。根据学校要求，还需要有老师到图书馆进修。

四是配置学校图书馆职员。在学校配置专业图书馆职员，进行读书及相关活动的开展，进行支持学科的指导。

（3）中学

根据先期的统计调查，“喜欢”读书的学生超过七成，但是由于社团活动和学习生活的十分忙碌，网络和手机的使用也占用了很多读书的时间。因此，对中学生实施阅读推广方面也做了很多工作。推广措施与小学的方案基本相同，在推进的难易程度方面有所把握，并且增加了大部头与专题性图书，增加对学生阅读能力的挑战。

（4）特殊学校

根据不同孩子的不同发展阶段进行指导阅读，为需要帮助的孩子开展丰富的读书活动。同时也与社会机构合作，根据学生的个体状况推进读书活动。

① 子ども読書活動推進計画［EB/OL］.［2018–10–18］http：//www.city.nagoya.jp/kyoiku/cmsfiles/contents/0000051/51117/note_without_title_grade1–2_out.pdf.

在以名古屋市为案例的日本阅读推广中，图书馆在推进孩子阅读中的作用也是巨大的。

图书馆从丰富的藏书中选取孩子们想要自由阅读的书，通过出借，承担推动地域读书活动的核心工作。图书馆是孩子们查询信息、获得知识的场所，也是监护人和孩子们沟通讨论的地点。图书馆为市民提供安心享受阅读的环境，也在推进阅读计划中也发挥着重要的作用：

一是提供读书信息，充实孩子们的行动。开展趣味读书咨询会，让他们利用图书馆获取更多读书机会；制作新到书刊的指南；基于不同年龄和不同对象，制作不同的图书宣传列表，分发给相关的学校、机构和个人；有针对性地预告新书，让孩子们拥有更全面的信息，更愿意去图书馆。

二是完善读书环境。补充儿童书，创造便利的阅读环境。

三是举办面向婴幼儿保护人的讲座。介绍以婴幼儿为阅读对象的画册，举办读书讲座，给他们提供亲子接触的机会，体会读绘本的快乐。

四是举办面向中学生的读书推进活动。与学校合作，图书馆努力成为对中学生有吸引力的图书馆。另外，图书馆也制作面向中学生的宣传杂志，提升图书馆的魅力。

五是完善面向残疾人的服务。通过收集盲文图书、录音资料等，照顾残障人士，使得读书服务更加充实。

六是促进形成多文化共生。图书馆收集在日本生活中使用较少的外语绘本，帮助日本的孩子形成多元文化的理解。创建“温柔的日语”，指导外国孩子和监护人能够正确使用日语。与志愿者合作，促进外语对话，在外国孩子能够获取有趣味的图书的同时，也帮助日本孩子形成对多元文化的理解。

七是学校图书馆员充电。图书馆充实面向儿童的服务，如针对读书方法以及如何正确提供资料的问题提供咨询服务并给出建议。

八是在图书馆主页发表图书情况速递。

九是扩大推广读书活动的人员数量。

十是“欢迎在图书馆做作业”。举办“图书馆自由”的讲座，帮助孩子们学会使用调查和学习的工具。读书推进读的不是狭义的书，而是孩子自主性学习的能力。

十一是分发“读书存折”。从幼儿到成年时期读的书用“读书存折”这种简单的形式记录。与读书笔记的形式不同，“读书存折”的制作和分发，会让读者更加喜爱读书。

通过社会各界坚持不懈的推广活动，在前10年的推广中，孩童的阅读比例有稳定提高。见表6–3。

表6–3　名古屋市图书馆2016年少儿阅读推进计划调查

项目	人群	2006年	2011年	2016年	
				目标	实际情况
喜欢读书的比例	小学生	81.0%	82.5%	增	79.8%
	中学生	72.7%	75.7%		74.2%
	高中生	68.8%	67.7%		72.9%
1月1册书不读的比例	小学生	3.7%	12.2%	1.9%	9.1%
	中学生	23.3%	19.4%	18.3%	24.5%
	高中生	64.9%	65.9%	59.9%	58.4%

注：表格出自名古屋市图书馆少儿阅读推进计划。[①]

名古屋市在制定推广计划时，首先对于孩子们感兴趣的事情进行调查[②]，然后选出与受欢迎的主题相关的图书，制成介绍手册，其中科普的图书占据重要地位。一期孩子们最喜爱的70种图书中，自然类占据16种，此外还有科学的生活常识方面的书，都非常受孩子们欢迎。如图6–3所示。对于不擅长读书的孩子，通过朗读的方式，把图书推荐给他，让他们听听看，看是否能够接受，并且让孩子们聊聊感想，享受读书的乐趣。这次的主题是“通过读书，向着梦想开拓自己的人生”，通过阅读培养正确的人生信念，同样受到家庭的欢迎。

① 第3次名古屋市子ども読書活動推進計画.［EB/OL］.［2018–10–15］http：//www.city.nagoya.jp/kyoiku/cmsfiles/contents/0000051/51117/daisannjikodomodokusyokeikaku.pdf.

② 调查是以随机抽样的形式进行，2016年的调查中，分为读书实态调查与市政问卷调查。读书实态调查选取市立小学4–6年级学学生1547人，中学1–3年级学生1517人，高中2年级学生1123人；市政问卷调查选取一般市民905人，进行问卷调查，获得调查数据，并根据实际情况，制定推进方案。

★ 低学年向き
★★ ～
★★★ 高学年向き

楽しいことがいっぱい！
★こねこのチョコレート……6
★たんけんクラブシークレット・スリー…6
★バナナのはなし……7
★ハンダのびっくりプレゼント……7
★ひみつのカレーライス……8
★みかんのひみつ……8
★ルルとララのカップケーキ……9
★れいぞうこのなつやすみ……9
★★ことばあそびえほん…… 10
★★てじなでだましっこ…… 10
★★なんでももってる（？）男の子… 11
★★ペットのきんぎょがおならをしたら……？11
★★ボクがつくった世界のおやつどうぞ！ 12
★★★ガチャガチャ☆GOTCHA！ 12
★★★くりぃむパン…… 13

自然大好き！生きもの大好き！
★おかしなゆき ふしぎなこおり …… 14
★ダンゴムシみつけたよ…… 14
★てのひらかいじゅう…… 15
★どうぶつのあしがたずかん…… 15
★どこにいるかな？うみのさかなたち 16
★もってみよう…… 16
★ゆらゆらチンアナゴ…… 17
★★昆虫って、どんなの？…… 17
★★さかなのかお…… 18
★★チリメンモンスターをさがせ！… 18
★★ホネホネどうぶつえん…… 19
★★やさいの花…… 19
★★★恐竜は今も生きている…… 20
★★★月のかがく…… 20
★★★ノラネコの研究…… 21
★★★目でみる1mmの図鑑…… 21

スポーツって楽しいな！
★しゅくだいさかあがり…… 22
★ちびっこ大せんしゅ…… 22
★ボールのまじゅつしウィリー…… 23
★★耳の聞こえないメジャーリーガー ウィリアム・ホイ…… 23
★★★チームふたり…… 24
★★★ネバーギブアップ！…… 24

やってみたいな！こんな仕事
★いちばんでんしゃのうんてんし…… 25
★おしろのばん人とガレスピー…… 25
★ぴっかぴかすいぞくかん…… 26
★路線バスしゅっぱつ！…… 26
★★しごとば…… 27
★★ネコのタクシー…… 27
★★野球場の一日…… 28
★★★かき氷…… 28
★★★ぼくは「つばめ」のデザイナー 29
★★★メアリー・スミス…… 29

ふしぎ×フシギ？？
★一日だけうさぎ…… 30
★きえた犬のえ…… 30
★コッケモーモー！…… 31
★ひらがなだいぼうけん…… 31
★へんてこもりにいこうよ…… 32
★よかったねネッドくん…… 32
★★視覚ミステリーえほん…… 33
★★じっぽ…… 33
★★紳士とオバケ氏…… 34
★★はれときどきぶた…… 34
★★ぺちゃんこスタンレー…… 35
★★めいちゃんの500円玉…… 35
★★メリーさんの電話…… 36
★★★おれがあいつであいつがおれで 36
★★★くろグミ団は名探偵…… 37
★★★そして五人がいなくなる…… 37
★★★ねらわれた星…… 38
★★★ふしぎ駄菓子屋銭天堂…… 38
★★★ぼくのつくった魔法のくすり… 39
★★★ムジナ探偵局…… 39

行ってみたいな！こんな学校
★1ねん1くみ1ばんげんき…… 40
★おともださにナリマ小…… 40
★がっこういこうぜ！…… 41
★★すごいね！みんなの通学路…… 41
★★先生、しゅくだいわすれました… 42
★★わたしはなんでも知っている…… 42
★★★それいけズッコケ三人組…… 43
★★★菜の子先生がやってきた！…… 43
★★★放課後の時間割…… 44

平和ってなに？
★もっとおおきなたいほうを…… 45
★★せかいでいちばんつよい国…… 45
★★★さがしています…… 46
★★★パンプキン！…… 46
書名さくいん（50音順）…… 47

图 6–3　名古屋市第三期阅读推广调查中孩子们最喜爱的书单

注：星级表示阅读的难易程度，一星较为简单。

在全国的读书推进计划中，各图书馆的方案都有所不同，但在操作方法上都体现着同样的宗旨。如岩仓市的儿童读书推进计划中“与书详见”，都体现着让大众接触图书的理念，图书馆都在为创造更便捷、愉悦的阅读环境而不断努力。图书馆与学校、社区之间，因为读书推进计划而协作得更为紧密。

日本图书馆界倡导“图书馆自由”,对在儿童识字能力弱、残障人士阅读困难、外国人士读写困难的情况下，也提供更为细致的服务，完善阅读推广方案。

日本图书馆在科普专题的活动中最具有特点的是地震科普。日本作为全球地震最为频发的地区，对于地震的预防、防护和心理建设等方面是多数图书馆在做科普推广时的重要议题。图书馆将对地震的科普做成绘本，普及给少儿，还有对地震的情报进行资料收集整理及通报，开展针对地震的科普讲座，有关地震知识、防护及情报信息。

二、日本民间科普阅读推广

除了官方的读书指导及读书推进计划外，日本在民间也有独立的阅读推广途径，许多自发成立的读书协会以及出版社参与科普图书的推广活动。

（一）读书普及会

非营利性组织财团法人（NPO）组成读书普及协会[①]（网址：http：//yomou.com/）是非官方的阅读推广组织。

读书普及会，是以一般市民为对象，普及和启蒙读书的重要性和乐趣的组织。协会为培育孩子、提供老年人及残障人士阅读机会、举办读书活动，进行朗读、制作音频及盲文书。还使用非木质纸及大豆墨水进行出版和印刷，为普及阅读举办讲座。通过这些活动，让人们重新认识彼此，互相尊重、相互学习，营造共同的成长环境，推进社会教育肩负的培养孩子健全未来的使命，丰富内心世界。[②]

读书普及协会在日本 6 个地区，设有 16 个读书协会。见表 6–4。

表 6–4　日本读书普及会—读书协会分布

地区	读书协会
北海道地区	钏路、北见、札幌
北陆地区	石川、富山、福井
中国地区	山口、广岛
九州地区	宫崎
关西地区	京都、兵库、滋贺、大阪
关东地区	东京、埼玉、千叶

注：源自日本读书普及会网站。

不同地区的读书会会定期举办活动，每月一次。地方协会有固定的读书场所，多数在地方所属的图书馆，并设立主要的负责人。读书会大多是免费的，也会象征性收取 100 日元（相当于人民币 6 元），用于购买读书会的茶点。读者有了喜欢的图书也可在网站上分享读书心得。

读书普及协会有会员“推荐书”环节，推荐的图书主要符合快乐、力量、勇气、希望、智慧、感动等主题，科普类的图书占比不大，但范围较广，在建筑、宇宙工程、健康、数学、心理学方面都有涉及，还包括本土作家和翻译著作。

读书普及会下设有读书普及研究所，其中一项业务就是以书评的形式，为大家介绍改变人生的书，一日一书，发布在网络上，目前已经介绍 5490 种。书评

① 读书普及协会网址：http：//yomou.com/.

② NPO 法人読書普及協会［EB/OL］.［2018–10–28］http：//yomou.com/wp–content/uploads/2016/07/5c8d5b3f2447ef18df275e53d022ca0a.pdf.

涵盖的范围广泛，科普类的书籍占据重要位置。如在 2018 年 10 月 15 日至 30 日的 15 天时间，推荐具有科普性质的书籍就有 4 种，如：

小泽竹俊《把今天当做人生最后一天生活》「今日が人生最後の日だと思って生きなさい」（医学类临终关怀书籍）

岩濑昇《解读原油暴跌之谜》「原油暴落の謎を解く」（经济类）

田家康《异常气象改变了人类历史》「異常気象が変えた人類の歴史」（气象类）

筱原菊纪、泽田诚、本田真美、枝川义邦《最新科学揭露的最强记忆术》「最新科学で解き明かす最強の記憶術」（脑科学）

协会中还有关于读书故事的分享，阅读改进了很多人对世界的看法，也改变了他们的人生。

（二）日本科普图书出版

与科普阅读推广最为密切的是日本科普图书的出版。日本讲谈社有一句口号："让每个人口袋里有一本科普书。"日本科普图书门类全、品种多、数量大、对重要的书会不断再版发行。[①]

图书出版包括科普文库、丛书、译丛，图说、图鉴、百科、大系、少儿读物、声像等。根据中国科普研究所抽样调查结果显示，日本科普图书中，原创科普图书占据 71%，全彩色的占 58%，青少年的科普读物绝大多数为全彩精装铜版印制。科普图书印制精美，彩图直观。

科普图书内容涉及天文、地理、物理、数学、生物、医学以及使用技术等门类。日本科普图书的选题也向纵深化、精细化方向发展。

日本科普图书的趣味性，也使得公众对科普阅读推广的接受度较高。在名古屋市的科普图书调查中，科普图书受欢迎的程度通常和它精美的图画、简明的文字直接相关。

基于实际情况的精准调查、推广方案制作，根据地区特色制定推广科普计划，政府、家庭、学校图书馆的全方位配合，以及图书出版相关行业共同努力，共同推进了日本科普阅读推广的发展。

---

① 中国科普研究所 . 日本科普图书编撰形式初探［EB/OL］.［2018–9–15］. http：//www.crsp.org.cn/xuesh uzhuanti/yanjiudongtai/052914602015.html.

第七讲

国内阅读推广优秀案例

2016年至2018年，在中国图书馆学会的指导下，阅读推广委员会主办、科普阅读推广专委会承办了第一届、第二届科普阅读推广优秀案例征集工作。两次共收到来自全国各地公共图书馆、学校图书馆的案例200余个，共评出一等奖案例9个。以下是具体的案例内容与专家点评。

第一节　第一届科普阅读推广一等奖案例

一、立足科普 传承乡土——北京历史文化科普讲座十年推广路

（一）首都图书馆·乡土课堂概述

“首图讲坛·乡土课堂”是首都图书馆于2003年1月4日创建的讲座品牌，该品牌立足于北京乡土题材，于每周六上午9：30准时为北京市民奉上一道“文化大餐”，十余年来从未间断。截至2016年7月，“乡土课堂”已成功策划举办讲座637期，听众十余万人次。凭借鲜明的定位，浓郁的文化特色，以及生动鲜活的选题，“乡土课堂”受到北京市民的热烈喜爱，成为北京最具特色的品牌讲座。

“乡土课堂”是北京科普历史文化系列讲座，以向市民普及北京历史文化知识为宗旨，讲座内容体现了鲜明的京味儿特色和博大精深的文化内涵。它从北京的先农坛讲到鸟巢，从建城讲到建都，从帝王之家讲到胡同四合院；它带领市民

穿梭于古今之间，徜徉于北京的街头巷尾，陶醉于独特的京味文化之中，人们通过讲座更加生动、深刻地认识到北京的民间风俗、地理变迁、文物珍品、名胜古迹、人文足迹。“乡土课堂”不但在北京市民中普及了北京历史地理文化知识，更弘扬了科学精神、传播了科学思想、倡导了科学方法。

（二）案例亮点

“乡土课堂”围绕社会热点和文化现象，适时策划和推出系列化、主题化讲座。2009 年 1 月 31 日是北平和平解放 60 周年，“乡土课堂”特意在年初安排了“解密尘封档案，揭开历史帷幕——纪念北平和平解放 60 周年主题讲座”，邀请党史研究专家与市民听众一同解读刚刚解封的史料档案，回顾 60 年前那段波澜壮阔、又不为人知的历史岁月。讲座一经推出就倍受欢迎，读者纷纷写信、留言，表达自己的听讲感悟。随后，“乡土课堂”继续从读者需求出发，以人民群众的文化需求为核心，紧跟时代步伐，不断探索和开拓新主题、新形式，增强“乡土课堂”的生命力和影响力，相继策划推出了“走进故宫”“寻找天桥”“博物馆之旅”（自然博物篇、古建篇、文化艺术篇）、“国之重宝”“古代生活”“皇家园林”等十余个大型主题系列讲座。系列讲座的推出，有效提升了听众获取知识的连贯性、深入性，使“乡土课堂”这一品牌深入人心。

1. 以多元化、立体化的形式向市民进行历史文化的科学普及

“乡土课堂”并不局限于“讲”和“听”，还带领听众走出图书馆，与讲座主题中的人和事“面对面”。在“追寻北京文明的足迹”及“博物馆之旅——自然科学篇”系列讲座结束后，“乡土课堂”通过网络筛选和现场邀请的方式，带领部分听众前往李大钊故居、鲁迅故居、中国地质博物馆及北京天文馆进行免费实地参观。通过专业讲解员的详细介绍，听众对讲座主题及内容有了更加深入的了解，有效提升了他们对于讲座主题相关知识继续学习和探索的兴趣。此外，主办方根据主题讲座打造的大型展览活动，有效地丰富了讲座的知识性，为读者形成系统知识认知提供帮助。2013 年，首都图书馆推出的“京都华彩——纪念金中都建城 860 周年”主题展览，便是根据“史说北京”讲座内容策划而成。展览着重选取金、元、明、清四个朝代，配以大量珍贵的历史图片，从城市建设与文化发展角度，为观众生动地讲述了北京作为都城的文明发展进程，赢得了媒体及市

民的广泛关注和一致好评。

2. 开发衍生产品，深化讲座服务，提升系统性

通过录制编辑讲座视频，结集出版相关图书等方式，深化讲座服务成果，提升讲座传播影响力。自 2008 年，“乡土课堂”向全国文化信息资源共享工程国家中心，上传讲座视频 400 余场，无论是数量还是质量都是突飞猛进的发展。近年来，“乡土课堂”还根据讲座内容，结集出版了《漫步北京历史长河（上、下）》《史说北京》《听道》等 6 本图书。在 5 周年、10 周年等重要时间节点上，“乡土课堂”也制作了讲座的延伸推广品。讲座图书《熟悉 · 陌生 北京城》、极具北京传统文化特色的纪念明信片，都赢得了热心听众的喜爱，有效促进了讲座知识的再次传播，并提升了讲座的系统性、完整性。

3. 组织开展互动交流活动，丰富讲座品牌内涵

“乡土课堂”在每年的首个周六都会举办新年开讲仪式暨新闻发布会活动，向听众公布全年讲座选题、主要内容及年度特色。仪式上还会配合当年主题，邀请具有北京特色的表演团队，为听众带来难得一见的老北京文艺演出。其中，“智化寺”京音乐、北京曲剧、天桥杂耍等，不仅为市民提供了了解北京文化艺术的机会，更增添了大众对北京文化艺术的兴趣和喜爱。

为了进一步提升品牌影响力和人文感召力，“乡土课堂”于 2008 年和 2013 年，分别策划推出了 5 周年、10 周年纪念活动，通过举办征文比赛和文化表演，与忠实听众共同回忆了“乡土课堂”的发展历程。这些活动不仅体现了北京市民对“乡土课堂”及北京文化的支持与热爱，同时也使“乡土课堂”这一讲座品牌更加生动、立体、丰富。十年讲座品牌，品质始终如一，这源自“乡土课堂”在策划、组织及实施工作中的系统化、规范化管理。

4. 加强院所合作，保证专业性、学术性

“乡土课堂”讲座品牌的长久发展，离不开合作机构的贡献。北京市社科联、北京史研究会是开展与北京历史文化相关的学术研究、知识普及、文化交流的专业研究机构。为了保证“乡土课堂”的专业性，促进品牌长久发展，首都图书馆与北京市社科联、北京史研究会开展合作，邀请专家讲师团走进图书馆开坛设讲，在为社会大众普及历史文化知识的同时，也为相关领域研究人员提供了成果展示的平台与机会，提升了讲座的科学内涵。同时，为了拓展讲座类型，让更多领域的知识走进“乡土课堂”，讲坛陆续和北京文史研究馆、首都师范大学、北京考古学会、北京博物馆学会等多家研究机构建立了合作关系。合作机构的不断扩大，讲师队伍的不断壮大，为“乡土课堂”的可持续发展提供了保障。

5. 注重操作细节，体现人文关怀

在“乡土课堂”举办之初，如何让学术研究与读者需求相结合，是主办方重点研究问题。为此，讲坛设立了读者调查环节，通过边讲边调研的方式，了解听众需求点和兴趣点，再加强与主讲嘉宾的沟通和咨询，促进讲座不断产生优质选题。同时，通过不断完善组织实施环节，保障每一场讲座的举办质量。从选题策划、与主讲嘉宾沟通对接、设计制作海报、宣传页等宣传品、各渠道讲座信息发布，到主持接待、现场秩序维护、读者服务，再到讲座后期的音视频审核制作等，工作人员均按照讲座相关规定，逐一完成复杂和繁琐的工作流程，把慎重与细致的品质渗透到每一个环节。

“乡土课堂”定位准确、主题鲜明、特色突出，凭借免费听讲的公益性质、权威专家主讲的立足定位、细致严谨的组织策划，带给读者如沐春风的感受，赢得了良好的社会口碑。

（三）专家点评

阅读推广是文化自信的基石。要使图书馆推广成为一个品牌应注意以下几点：一是可持续性。图书馆服务要坚持继承和创新相结合，取长补短，不断保持源源不断的活力和动力，把好的品质坚持下去，持续十年、二十年、甚至更长时间；二是影响力。举办的活动一定要保证参与人数，做好自我评价，活动不仅要有广度，还要有深度。从信息传播的角度来说，读者不仅要到图书馆参与活动，还要将知识传播出去，构建图书馆的人际情报传播网，扩大影响力；另外，在互联网时代，可以将活动做成视频上传到网上，让更多的人能看到，不仅可扩大自身影响力，更是一种良好的示范。

——河北大学管理学院信息管理工程系教授　杨秀丹

二、“I·金图”助推科普数字阅读

（一）金陵图书馆——“I·金图”数字阅读

受数字媒介迅猛发展的影响，数字化阅读方式逐渐被人们所接受。《第十三次全国国民阅读调查报告》中显示，数字化阅读方式的接触率为64%，同比上升了5.9个百分点，数字阅读已然成为亮点，且首次超过纸质阅读。

信息技术的迅猛发展，使科普信息化成为科普阅读推广的重要手段。科普信息化主要是通过信息化手段普及科学知识、倡导科学方法、传播科学思想、弘扬科学精神，提高公民科学素养。

“I·金图”数字阅读系统，以“I·金图”App移动客户端为核心，以数字云屏借阅机为实体终端，以二维码扫描技术为核心手段，以馆藏数字资源为内容主体，利用微信、微博、网站门户，建立起跨时空的数字阅读服务平台，依托平台开展线下线上活动，将优秀科普资源推荐给读者。金陵图书馆馆藏数字资源包括维普、万方、CNKI等科普类期刊全文数据库资源和世界科普视频资源，依托“I·金图”数字阅读系统，读者可通过家用触屏设备、电脑、手机等开展线上线下科普数字阅读。依托金陵图书馆与科协的天文学会等开展“金图讲坛——科普系列”讲座。在科普宣传周期间，图书馆与南京市科学技术协会的“科普闻道”联姻，向全市群众推广科普文化知识。

（二）推广活动

实现科普信息化既可依托南京市科协平台，也可依托图书馆的数字科普资源平台，金陵图书馆与南京市科协发挥各自优势融合了两个平台的优点，使科普阅读推广工作的成效明显。

1. 推出科普数字文献线上阅读

在数字资源建设中，图书馆是在充分考虑读者的需求及资源使用率的前提下进行商购和自建的，其中科普类资源是重要组成部分。金陵图书馆商购的科普类资源包含了CNKI知网数据库、维普智立方资源发现系统、万方数据知识服务平台等期刊种类30876种，13687万篇。为满足读者阅读需求，打破时空制约，方便读者，除馆内电子阅览室面向读者开放各类科普资源外，还开通了线上数字资源阅览功能，利用“I·金图”平台，使读者不必到馆，通过电脑、手机等终端进行注册，即可使用数字资源。

2. 科普视频展播

依托“I·金图”平台中的视频资源，开设线下科普数字阅读的阵地——微知堂，每月一期，每期精选数字资源，汇总 2~3 个视频节目，内容涉及环境保护、军事侦探、科技前沿、历史文化、生命科学、体育探险、天文航天等领域。让读者在享受图书馆借阅服务之余，也可以跟随镜头深入浅出地了解世界的奇妙，探究各种神奇现象背后的秘密。

每期在现场都穿插了与读者的互动环节，读者踊跃抢答，现场气氛热烈。工作人员还向读者介绍了“I·金图”数字阅读系统的应用方法，指导读者使用科普资源，并回答相关问题。每期活动结束后，都有读者前来询问下一期“微知堂”活动相关事宜。

在 2016 年南京网友节，“I·金图”开展线上线下子活动 96 项，包括法制宣传、网络科普、社会公益、文化才艺、便民服务等。“I·金图”——微知堂线上展播知识问答，便是其中一项。

3. 科普资源微阅读

《2016 年关于全国国民阅读调查报告》的数据显示，我国成年手机阅读的群体使用微信阅读的频率为每天 2 次，人均每天微信阅读时长超过 40 分钟。从微信阅读时长来看，我国公民人均每天微信阅读时长为 14.11 分钟，其中，接触手机阅读的群体人均每天微信阅读时长为 27.22 分钟，接触微信阅读的群体人均每天微信阅读时长为 40.98 分钟。与阅读相关的活动也是很多微信阅读接触者的主要选择，看新闻、阅读朋友圈中分享的文章、阅读公众订阅号发布文章的选择比例分别为 72.9%、67.1% 和 20.9%。

基于微信的广泛应用，“I·金图”数字阅读系统与线下流行的微信相结合，利用金陵图书馆微信公众号创建“I·金图”微站，精选图书、杂志、视频等优质资源，其中科普类资源约占 1/3，供读者阅读使用。

4. 金图科协共联姻，数字阅读遍南京

2016 年 3 月，为提升科普阅读推广效能，金陵图书馆与南京市科协联合，向市民推出整合了双方优质科普资源的“书香金陵”“科普闻道”项目。

南京市科协有53年的历史，十几万会员，联系数十万科技工作者，网络和体系建设健全。全市13个区县、80个街道、32个镇均建有科协组织，在农村建有各类专业技术协会（研究会）200多个，在175个企事业单位建立了科协组织，市科协所属团体已达89个（3万余名个人会员和718个单位会员），是跨地区、跨隶属关系、跨所有制、学科齐全、人才荟萃的科普组织。

“科普闻道”是由南京市科学技术协会倾情制作的官方应用，抓取热门科普信息，第一时间发布社区新鲜事，寓科学于生活，弘扬科学精神，丰富百姓生活。从2013年开始，南京市科协就开展了以“科普闻道”为品牌的科普信息化工作。截至2016年6月，南京市科协在全市布设了610台科普阅览屏。科普阅览屏共建立一级频道144个、二级频道674个，发布科普信息20多万条、“科普画廊”96期；基层自主发布文章5392篇、上传图片16644张、视频711个、推送通知4900条，建成科普热点监测系统、专家远程答疑系统、科普内容服务系统、科普社区服务系统等在内的“预见性介入科普知识传播系统”。南京市科协还开发了“科普闻道”“南京科普游”App手机客户端，开通了“南京科普”微信，形成了“手机客户端+阅览屏+微信”三位一体的科普阅读推广格局。“科普闻道”的阅览屏主要分布在政府机关、学校、医院、社区、机场、写字楼等公共场所，是普及数字科普阅读的重要媒介之一。

2016年5月，在“全国科技活动周暨南京市第二十八届科普宣传周”活动期间，市图书馆与市科协合作的“科普闻道”栏目作客“书香金陵”触摸屏，与此同时，“书香金陵”栏目也落户“科普闻道”触摸屏。金陵图书馆的读者及南京市科协的千余家会员单位用户，可同时利用两个平台的数字阅读服务。

“科普闻道”栏目设有科协大讲堂、科协讲堂预告、科普画廊、金陵科普杂志的内容，读者可以在触屏中点击“科普闻道”模块，及时查看科协大讲堂最新预告、在线观看近百场优秀的科普讲座、浏览科普宣传画报和阅读精美且实用的科普杂志。

“书香金陵”栏目设有读者活动、动态资讯、电子图书、电子杂志等内容，读者只需手指点点，就可以了解金陵图书馆最新开展的各种阅读活动，阅读近数十万种电子书籍和千余种电子杂志。借助科普阅读屏的广泛普及，进一步提升市民的阅读素养。

（三）效能提升

通过金陵图书馆数字资源阅览证办理情况，见图 7–1。可看出数字阅读服务的重要性。

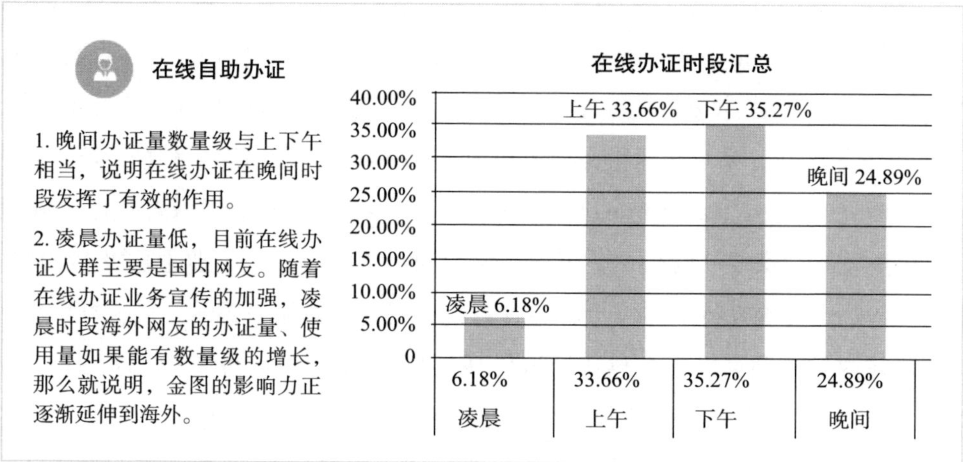

图 7–1　数字资源阅览证办理时段汇总

读者可以不受实体图书馆开放时间、地点的限制，随时免费办证以实现阅读诉求。线上读者群不仅有南京本地，也有江苏本省及其他城市的读者。从在线办证的年龄层可以看出，读者集中在 30~50 岁之间，如图 7–2 所示。这些人群通常都因上班、家庭等因素空闲时间较少，往往无暇前往图书馆进行借阅，数字阅读却恰恰符合其阅读需求，可在上班路上或零散休息时间进行阅读。

金陵图书馆“I· 金图”数字阅读平台的建立受到了社会的广泛关注，见表 7–1。读者可以轻松体验数字阅读的乐趣，切实地感受到便利和实用。该平台也成为科普数字阅读推广的重要基础。

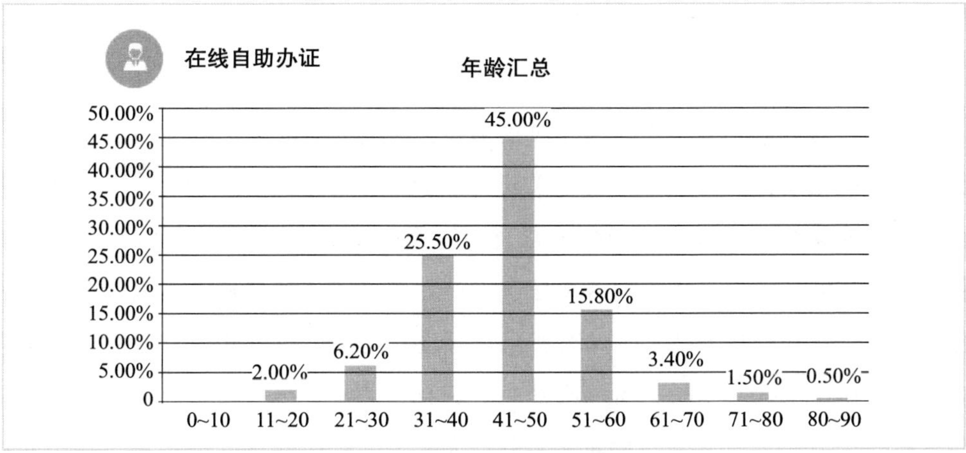

图 7-2　在线办证读者年龄分布

表 7-1　媒体相关报道

日期	媒体	标题
2015.4.18	南报网	金陵图书馆推出移动阅读 App 百万册电子书刊免费看
2015.4.19	金陵晚报	金图移动阅读 App 囊括百万册电子书刊
2015.4.19	南京网络电视台	我市开通首家图书馆移动阅读平台
2015.4.21	现代快报	图书馆“藏”进手机 书籍、报纸免费看
2015.4.23	江苏网络广播电视台	全民阅读日名家心得：读书要“营养均衡”
2015.4.24	江南时报	金陵图书馆推出移动阅读平台
2015.4.24	房天下	金陵图书馆电子阅览平台首次进驻售楼处
2015.10.27	金陵晚报	无图书证也能读百万册书，I· 金图”数字阅览全面上线
2015.11.3	金陵晚报	首届金图读者节落幕 24 小时全天不间断的文化盛宴
2015.11.3	新华日报	“电子阅读是洪水不是猛兽”图书馆长力推阅读 App
2016.4.9	南京日报	南京网友节 17 日开幕。(“I· 金图”——微知堂是子活动之一)
2016.5.11	龙虎网	2016 年“全国科技活动周暨南京市第 28 届科普宣传周”活动将开幕(“科普闻道”阅览屏开通“南京全民阅读”栏目)

从数字资源的建设及与南京市科协合作中发现，科普资源通常呈现出知识点明确，篇幅不长、内容生动有趣、展示形式多样等特点，恰恰符合碎片化的数字

阅读特性，因此多项科普阅读推广工作受到读者好评。

（四）专家点评

科普阅读对于公共图书馆和高校图书馆来说都是非常重要的工作，相比于普通阅读对专业知识的要求、现代技术的认知和社会力量的联合都不一样，尤其当现代技术的发展对科普工作的影响很大时。金陵图书馆通过数字手段推广科普，将文献、视频和微阅读等系列活动组合，能根据读者不同情况满足阅读需求，这为公共图书馆更好地开展科普工作提供了借鉴。另外，只靠图书馆很难掌握全部的学科知识和现代化手段，所以要广泛吸引社会力量，多与科普企业公司合作并参与到科普活动中。案例的撰写要具备四大要素，即工作场景的记录、典型的案例事件、活动策划中的问题和问题解决方案，从而方便别人借鉴和复制。对此金陵图书馆需进一步完善案例内容，更详细地记录活动过程。

——首都图书馆宣传策划部主任　王海茹

三、“体验”+“互动” 快乐科普

（一）广州少年儿童图书馆——“体验”+“互动”阅读推广

2015 年 6 月，广州少年儿童图书馆新馆开放，以八大主题馆的新颖功能布局，致力于推动少儿阅读再上台阶。科普馆以丰富的科普图书为基础，利用社会科普资源，通过与社会机构合作，开展了独具科技魅力的阅读推广活动，深受读者欢迎。

与其他主题阅读推广相比，科普阅读推广更注重可操作性、体验感和互动性，“体验”+“互动”式的阅读推广活动特点明显，社会效益极佳，带动了科普文献的有效利用。

（二）活动类型和设计实施

1.“参与型”活动创新阅读体验

2016 年，图书馆举办“蝴蝶培育计划”系列活动，流程设计如下：

活动策划→名家知识讲座→领取蝴蝶培育套装和培养手册→“虫虫欲动”主题荐书→借阅昆虫类图书→亲自养育蝴蝶幼虫→第二次知识讲座，交流心得，发放套装→感受“破蛹化蝶”的过程并做记录→第三次知识讲座，发放套装→在蝴蝶展览上亲手把毛毛虫培育成蝴蝶，与蝴蝶“约会”，用少儿读者的话来说，活动“酷毙了”。如图 7–3 所示。

活动持续两个月，全程都在少儿馆内举办。图书馆与广州市青少年科技中心、华南师范大学、昆虫研究院等机构通力合作，为近三百个青少年家庭提供极佳的创新阅读体验，科普馆第二季度昆虫类图书馆藏利用率与第一季度相比上升了 123%。

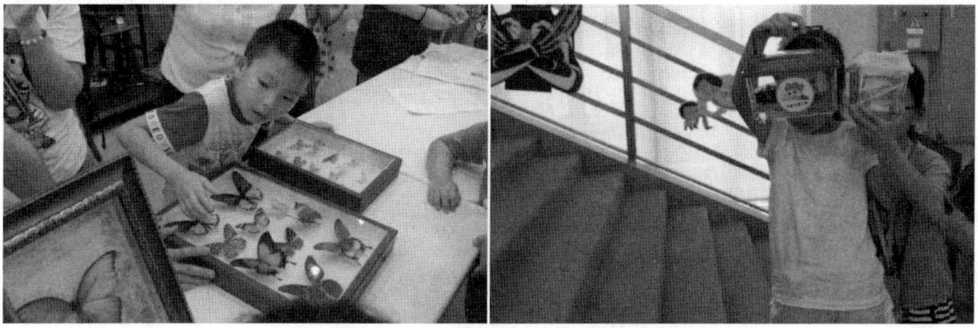

图 7–3 “蝴蝶培育计划”系列活动

2.“互动型”活动提升科普兴趣

活动注重互动性，其策划本意就在于让读者能亲自感受，同时推出主题荐书。见图 7–4。如“建筑节能 123——从广州经典建筑谈起”，小读者们能亲自摸摸环保砖头，玩玩建筑拼图游戏；又如纸飞机飞行大赛，在讲述原理后，亲子家庭亲自折叠各种纸飞机并当场“比拼”……活动见表 7–2。

表 7–2 “参与型”活动一览表

活动名称	活动内容简介	合作机构
活在微生物的世界里	微生物好，微生物坏？到底是敌还是友？我们该如何来对待这谜一般的微生物呢？一起探秘奥妙的微生物世界	华农生科院（大学生志愿者）
走近“爬宠”	了解奶蛇，蜥蜴、守宫、肥尾蜥蜴、蜘蛛等，非常特别的宠物	华农生科院（大学生志愿者）
探密昆虫	观察昆虫标本，如瓢虫、蜻蜓等，了解地球上数量最多的动物群体	华农生科院（大学生志愿者）

续表

活动名称	活动内容简介	合作机构
叶脉书签制作	一起动手，去除叶子的表皮及叶肉组织，制作精美的叶脉书签	华农生科院（大学生志愿者）
建筑节能 123—从广州经典建筑谈起	倡导建筑节能和家庭节能小知识，并认识广州经典建筑	广州市建筑节能与墙材革新管理办公室（党员志愿者）
神奇的绿色建筑	倡导环保理念，感受环保建材	广州市建筑节能与墙材革新管理办公室（党员志愿者）
建筑废物变废为宝	建筑废弃物对环境保护变得特别重要。通过观察再生混凝土实心砖、再生路面砖、植草砖，加深对环保的认识	广州市建筑节能与墙材革新管理办公室（党员志愿者）
纸飞机飞行大赛	简单折叠，利用空气动力学的原理让纸飞机在蓝天翱翔	广州乐同工业科技有限公司
六期“探索－解密”科普体验展	展览主题每月更换。包括“锥体上滚”“液晶新材料”“旋转镜像”“机翼与小球”等，涉及光、电、力、磁等学科，展览形式灵活，由一个个展箱进行独立展示，小读者能亲手操作	广州市青少年科技中心

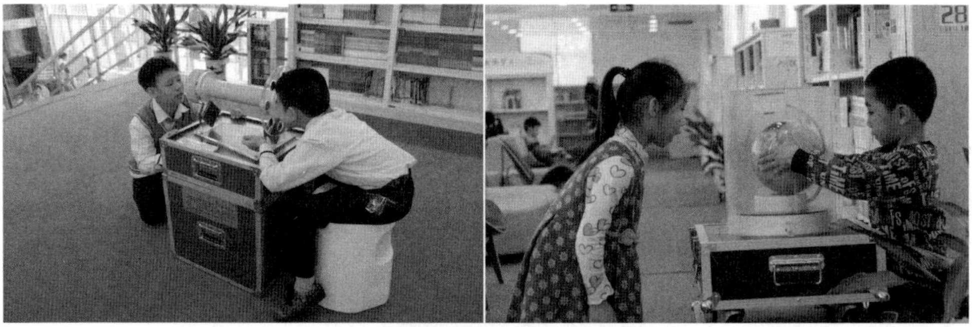

图 7–4 “互动型”活动系列展示

科普馆的活动读者与热情向来高涨，极大增强了读者与科普图书、科普馆的黏合性。

3.“实验型”活动彰显科技魅力

把实验室的实验搬至图书馆，是我馆在探索科普活动的新尝试。设计活动时我们把握两个原则：一是符合公共图书馆消防安全，绝对避免明火；二是做好现场秩序的控制，提前确定参与实验的读者名单。见表 7–3。

表 7–3 “实验型”活动一览表

活动名称	活动内容简介	合作机构
自来水的足迹	了解生活中的自来水，如何甄别水质，解开生活中关于水的疑惑和难题	信息时报、广州市自来水厂
3D 打印演示	现场展示 3D 打印机原型与耗材，并进行打印演示	广州市青少年科技中心
表面张力大战地心引力	模拟冰淇淋状的火山喷发实况。实验室瞬移至图书馆。通过吸睛的物理和化学科学小实验，解释科学原理，使小读者在游戏和互动中增加对物理和化学现象的感性认识	广州科乐多文化发展有限公司
纸的秘密		
冰淇淋大战火山		

4.“智能型”科普活动经久不衰

作为智能型科普代表，机器人首当其冲。2016 年央视春晚上，机器人阿尔法大出风头。与其他类型活动不同，机器人活动在图书馆的受欢迎程度都无可否认地位居前列。图书馆与多家机构合作，从不同机器人的展示到机器人拼装、竞技，让少儿读者多层面接触机器人。活动名额一经放出即被抢光。对此类科普活动社会需求强烈。图书馆的机器人“悦悦”，为读者提供语音查询服务；机器人的现场展示，机器人方阵热舞、光感车的出现，让孩子们感受高科技的魅力，近距离接触人工智能，引发对科学探索的兴趣。见表 7–4。

表 7–4 “智能型”活动一览表

活动名称	合作机构
机器人舞蹈表演（多次）	广州乐同工业科技有限公司
足球竞技（多次）	
乐同拼装体验课（多次）	
去爸爸那儿机器人夏令营	广州市机器人技术协会
千师万苗工程，智慧改变未来	广州市青少年科技中心
走进创客机器人世界	巴巴机器人活动中心
机器人体验活动包括《我们的城市》《旧工厂重建计划》等	广州乐同工业科技有限公司
“触电”机器人	广州乐同工业科技有限公司
机器狂欢日 · 馆庆二十载	中鸣数码科技有限公司
比隆小镇奇幻之旅	“比隆小镇”儿童科技创新教

（三）实施要点

1. 活动策略优化，强化“互动”+“体验”

在活动策略上，强化“互动”+“体验”，适应少儿心理特点，关注社会热点，以质取胜，以增加读者到馆的停留时间，继而推高科普图书的借阅数量，使其每季稳定上升。

2. 整合社会资源，强化科普专业性，引入科普行业志愿者

上述各类活动均联合了多种类型的合作机构，扩大了社会力量。如人工智能方面的科技公司，他们在帮助和指导青少年学习、了解现代工业设计、电子、机械、传感器、计算机软硬件、人工智能等诸多方面都提供了专业的师资队伍。再如实验类活动的“科乐多”也有源于德国的专业科学团队，因而在开展活动时，可以起到很好的示范作用。科技行业机构的加入，增强了图书馆科普推广的专业性，为图书馆科普阅读推广提供了新的动力。在科普阅读推广活动中，大学生志愿者和机关党员志愿者成为重要的支援力量。

（四）成效与影响

1. 引起了较广泛的社会关注

广州电视台、《信息时报》《羊城晚报》《广州日报》等媒体纷纷进行科普馆活动报道，宣传了公共图书馆，提升了图书馆的影响力与知名度。

2. 丰富了科普阅读推广形式

“参与型”“互动型”“实验型”“智能型”是广州市少年儿童图书馆科普活动的四大主流活动类型，丰富了科普阅读推广形式与内容。图书馆利用新馆的开放性场馆特点，以富有趣味的科普阅读推广活动，不断增强读者粘性，吸引新读者的加入。

3. 提高了科普文献利用率

活动得到了少儿读者和家长的高度评价，科普馆图书借阅量持续大幅上升。

科普活动每次在网上一经推出，即会迅速吸引读者报名。凭借特色科普活动的吸引力，专题荐书的给力配备，科普馆图书的外借量节节上升，环比每季都在持续大幅上升。2016 年 7 月，科普馆创出 3.5 万册的单月外借记录。通过科普阅

读推广活动，图书馆激发了小读者对科学探索的兴趣。

（五）专家点评

广州少年儿童图书馆的科普活动，取得了很大成效：第一，文献利用率的提升。通过开展科普活动激发了公众的阅读兴趣，促进了阅读并提升了文献的借阅率；第二，体验型的阅读通过参与、互动、体验环节来引导读者，使读者认识更加深刻；第三，知识服务涉及的专业性很强，并且贯穿始终，提高了科普阅读服务的深度；第四，开展社会化合作，每个活动都有合作机构和志愿者，充分发挥图书馆文献资源和公共服务平台的优势和价值。另外提两个建议，一是做好科普阅读的推荐书目工作，在活动基础上经过长时间的积累会产生很重要的成果；二是注重活动的影响力，尤其活动的原始记录非常重要，具体的活动名称、操作流程、遇到的问题等都非常有价值。

——首都图书馆副馆长、中国图书馆学会阅读推广委员会副主任　陈坚

第二节　第二届科普阅读推广一等奖案例

一、科技星期天

（一）北京市通州区图书馆

通州区图书馆立足本职，联合社会力量，整合优质资源，通过设计与机构相关的主题栏目，用科普活动推动科普阅读，推荐经典科普文献，提升了读者科普阅读能力，提高了科普文献利用率。而其涉及多领域的生活实践交流活动扩大了科普阅读的社会效应，形式与内容的锐意创新，取得了良好的科普阅读推广效果。

1. 三位一体的“跨时空”栏目设置

该栏目群由“特斯拉实验室”“I SEE 科技沙龙”和“蔚蓝视野”三个栏目组成。将主题定位为“三位一体”的“跨时空”科普，打通时间的阻隔，用“经典科学”

“现代科学”和“未来科学”完整展现科学的历程。以此全面扩展科普阅读推广的时间维度和空间维度，使科普既有来龙又知去脉，让科普阅读的内容更丰富、关联性和整体感更强。

（1）特斯拉实验室（经典科学卷）

该栏目的主要形式为“讲解 + 观察 + 操作”。设计团队为每一次活动设计具有代表性的科学实验设备，由主持人和讲解员现场操作，观众观摩整个实验过程。实验进行之前，由讲解员进行讲解，保证实验过程结构清晰，效果呈现明显。实验结束之后，选择安全性较高的实验项目，邀请现场观众亲手操作。

“特斯拉实验室”以尼古拉·特斯拉的名字命名，特斯拉是举世闻名的以高度前瞻性著称的伟大科学家，他的科技发明奠定了现代社会发展的物质基础。

特斯拉实验室定位于展示“经典科学”，这一部分从希腊古典时期开始，历经泰勒斯、柏拉图、埃拉托色尼、托勒密，直至哥白尼革命和牛顿建立经典力学，包括中国科学家为科学史做出的不朽贡献，直抵 19 世纪科学的技术化和社会化时期。内容主要是经典力学实验、光学实验、电磁学实验和流体力学实验。实验以“取材于生活，效果惊艳神奇，需要认真观察，认真思考才能掌握原理”为原则，充分调动参与者的积极性，激发人们阅读科学技术书籍的兴趣，在书籍中寻找解答的方法，培养人们对科学世界的向往和追求真理的精神，并在每次活动中推荐相关书籍，包括《科学的历程》《科学家故事 100 个》《被世界遗忘的天才：特斯拉回忆录》《极简科学史》等。

（2）I SEE！科技沙龙（现代科学卷）

该栏目的主要形式为“演示 + 讲解 + 操作”。主持人使用精心设计的图片演示现象，再由讲解员对现象进行讲解，分解每一个实验流程，总结实验原理，并邀请现场观众参与到一些比较安全的实验中来，共同完成实验。对于相对简单的实验，在讲解结束后，请观众现场重复操作。

“I SEE！科技沙龙”纵贯 20 世纪的重大科学发现，包括物理学的革命、地理学革命、原子时代的化学革命，航空航天技术时代、电子技术与信息时代以及生物技术时代的科学技术革新等。

该栏目中大量引用了 20 世纪下半叶中国在科学技术领域前赴后继的探索历程和重大突破，展现了新中国如何突破科学技术壁垒，不断走向一个个胜利，在不懈攀登科学高峰的历程中体现了民族精神和时代意志。在讲解时，讲解员根据讲解的主题推荐并引领阅读相关领域的书籍，推荐书目包括《钱学森传》《师从天才：一个科学王朝的崛起》《数学家的故事》《神经漫游者》《自然的魔法》等；多媒体科普资源包括《激荡三十年》《两弹一星》《霍金：时间简史》《英国天才》等。

（3）蔚蓝视野（未来科学卷）

该栏目的形式为“引导 + 讲解 + 展示 + 体验”。主持人引用或朗读科学文章、科学家事迹或科学事件，分析其中的科学元素及其对社会发展的意义，以图片或视频的方式展示最新的科学研究成果，再安排其中可操作内容进行实验展示，并邀请观众现场体验。

“蔚蓝视野”栏目从 21 世纪开始，将目光投向最前沿的科学技术领域，将最新的科学技术发明，最前沿的科学研究成果以视频、图片、图文的方式全方位展现，使参与者从中感受到科技进步的力量。不仅如此，该栏目还将科学幻想加入其中，使之具有鲜明的时间质感。这是针对进一步解放思想，激发创新精神而采取的举措。

“蔚蓝视野”栏目通过展现现代技术与现实生活、前沿科学与传统思维方式的反差制造感染力，激起参与者们学习科学技术的热情。该栏目推荐的书籍时间跨度从 19 世纪下半叶至今，例如，《儒勒 · 凡尔纳选集》《发现之旅：历史上最伟大的十次自然探险》《3D 打印：打印未来》《数学之美》等；除此之外，推荐的多媒体科普资源包括《大脑探秘》《神奇的人体机器》《我聪明的大脑》《萌芽》等。

活动亮点

科学的发展同步映射着人类文明的进步。三个栏目组合集群的设计打破了“用形式区分科普载体”的习惯，使科普的时间线更加明晰，以前最容易被忽略的“科学技术发展史”和“思想史”重新获得应有的地位。

不同栏目的相互协作不再仅仅强调科学知识本身，更加强化了知识之间，以及知识与实践之间的关联，使科普阅读更加自然和流畅，更有可学性、可读性；科普阅读范围也得到了大幅度扩展，从科学技术到人物传记、从科学技术史到思想史，阅读层次更丰润、更饱满。视频资源的加入使科普阅读的影响力和感染力得到了明显的提升。

中国科学家和中国历史先民们的不朽贡献增强了参与者的民族自信心和自豪感。当代中国科技人的杰出贡献则为每一个中国人做出了表率，强烈地激发了中华民族的科技自信，文化自信和继往开来、自强不息的顽强斗志。

2. 将科普生活化，将科普阅读生活化

“科普 E 点知”

该栏目的主要形式是“讲解 + 体验 + 指导操作”。设计团队选择生活中普遍具有代表性的事物问题，例如学习的效率问题、生活用品的利用问题、营养健康问题等等。通过讲解这些问题背后的原理，使观众学以致用，解决实际问题。

“科普 E 点知”是专门设计用来衔接科普与生活的栏目，该栏目旨在“发现生活中的科学，找到科学背后的原理”。

最好的教育方式是潜移默化，科学最大的魅力在于应用。作为社会教育的重要形式，科普本身应该扎根生活。“科普 E 点知”就是为了在科普与生活之间建立起桥梁而设置的栏目。生活中的科技最能打动人心，锅碗瓢盆、柴米油盐背后的原理一旦被揭示出来，便会产生强烈而广泛的共鸣。该栏目推荐的书籍主要以发生在生活中的事情为原型，既能够解决一定的实际问题，又能够引发不同层次的思考。推荐书籍包括《生活中的魔法数学》《智力故事 300 个》《生活中的物理现象》《男孩的冒险书》《眼睛看不见的东西》《写给小学生看的相对论》《神秘的量子生命》等；科普多媒体资源包括《流言终结者》《离奇的实验》《物理世界探秘》《你身边的科学》等。

活动亮点

“科普 E 点知”并不讲解非常高深的知识，它所解决的恰恰是那些生活中最常见、最棘手、最麻烦的问题。由于这个栏目非常贴近生活，不仅得到了广大参与者的普遍好评，而且参与度极高。“科普 E 点知”通过一个个问题将参与者引入各大科学领域，引导人们运用科学原理亲手提升生活质量，实现了“科学生活化”的目标，让阅读发挥出更具生产力作用并因而更有意义。

3. 由参与者再现历史瞬间，“在做中学”

奥秘剧场

该栏目的主要形式是“角色扮演 + 情景模拟”。由设计团队精心挑选科学史上的重要历史节点，设计表演情景，并选择合适的参与者扮演相应的角色，通过多媒体技术的配合，再现科学史上重要的历史事件。其他观众进行观摩、评论和思考。

“奥秘剧场”是根据库尔特 · 汉恩和约翰 · 杜威“在做中学”的教育理念开设的特色创新体验栏目。大部分的科普活动要靠讲和做进行。“奥秘剧场”大胆地在科学普及中引入了角色扮演与情景模拟：牛顿观察苹果落地，阿基米德火烧敌船、猫发明电木……该栏目通过编排人员进行角色扮演和情景模拟，将伟大的科学发现和那些精彩的历史瞬间用“情景剧”的形式“演”出来，让科学之光照亮心灵。

情景的再现让人们重新看到了在那些恢宏瑰丽的历史时代，人类为了追求科学和真理做出过怎样的努力，经历了怎样的艰苦探索，引发人们对于科学家、科学发现的历程的好奇心，引发对于科技进步的思考。该栏目的推荐书籍以科学家传记为代表，如《走进费曼丛书：别逗了，费曼先生》《居里夫人传》《爱因斯坦传》《故事中的科学》《数学大师：从芝诺到庞加莱》《艾伦 · 图灵传：如谜的解谜者》等；除此之外，还有部分优秀科教视频，如《货币》《美国商业大亨传奇》《鸟瞰中国》《汽车百年》等。

活动亮点

科学不仅仅是用来学习的，更是用来体验和应用的，在诸多体验之中，历史的再现尤其能够震撼人心。科学发明不是一帆风顺的，科学家是一群热爱思考的普通人，他们经历的失败、遭受的痛苦和曲折比科学发现本身更有价值，他们为了全人类的美好生活付出了巨大的努力，做出了巨大的牺牲，他们的成就闪烁着人性的光辉。

角色扮演和情景模拟能够激发人们内心深处的波澜，让人们体会到人类在科学之路上曾经历过并正在经历的坎坷和曲折，明白在科学探索的路上，失败与成功拥有同样的价值，充分感受意志品质的重要，让科普不再是冷冰冰的技术，而是有血有肉、有情怀、有温度、有格局。

4. 科普让人们更有社会责任感

绿色家园、科技人

该栏目主要形式是“展示 + 讨论 + 制作”。该栏目动用了大量多媒体资源，设计人员选择一个多世纪以来最有代表性的图片和视频，由讲解员进行播放展示。其中有触目惊心的破坏、优雅宁静的涵养、突飞猛进的发展，也有相得益彰的和谐。通过反差和对比，组织观众进行讨论，并由主持人引导观众制作一些绿色环保的实用物品，体会和谐社会和生态文明的意义。

在过去的几个世纪里，人类为了发展生产力对大自然进行了近乎毁灭性的掠夺和破坏。“绿色家园”栏目专门为环境保护和可持续发展而设置。“可持续发展”是这个栏目的关键词，各种废旧物品的回收利用原理、新能源的开发、新兴生物技术和生命科学技术都是该栏目的主题。栏目旨在探讨科学技术和科学研究如何让人类的生活更美好，让生态环境更和谐。

“绿色家园”将环境科学和可持续发展作为底色，“科技人”则选拔知识量大、知识内容掌握准确、表达能力优秀的科普工作者和志愿者参与到科普知识讲解的过程中，充分调动知识丰富、能力强、奉献意愿强、乐于科学普及推广的群体的积极性，动员更多的“科技人”，营造“科学大家说”的良好氛围，在保证科学普及严谨性的前提下，让更多的人参与到推广普及科学技术、科学人事迹、科技进步资讯的队伍中来。该栏目推荐的资源不仅包括了书目，还包括纪录片和科教片，例如:《诺贝尔奖得主的大学时代》《寂静的春天》《环球同此凉热》《蓝色星球》等。

活动亮点

科学技术的发展不是为了人类社会独善其身，而是为了让人类与自然更好地和谐相处。中国正在致力于生态文明建设，可持续发展的意识必须深入人心，成为每个公民的自觉认识。通过设置“绿色家园”和“科技人”栏目，加强社会道德和可持续发展的社会责任感和历史使命感，让广大民众领悟到学习科学知识并不是为了学习而学习，而是要最终转化为现实生产力，为社会奉献力量。一个拥有强烈责任感的民族是有前途的，一个拥有使命感的民族的前途一定是光明的。

通过这两个栏目的相互配合，让科普活动引导民众承担社会责任，肩负民族复兴使命，坚定建设美丽中国的信心和决心。

5. 把科普知识竞赛作为各栏目成果展示的渠道

知识竞赛

策划团队将各个栏目涉及的知识点、科学理论、科研历程、科学工作者等信息有选择地整合为竞赛题库，再从中随机抽取题目作为竞赛题目。由现场观众组成参赛者阵营，展开知识竞赛，并对优胜者和参与者颁发纪念品，予以鼓励。

科普知识竞赛是促进和推动科普阅读的有力手段，也是验收科普学习成果的良好载体。科普知识竞赛极大地激发了人们的参与热情。在竞赛活动的筹备阶段，数百组家庭全家总动员，踊跃参与，悉心准备，在随后的竞赛中展现出优秀的知识结构和认识水平。

活动亮点

通过竞赛的方式激发大众参与科学普及推广的内在热情，养成学习和积累科学知识的良好习惯，直接推动和促进科普阅读的开展，并将其转变为大众的能动行为、主动行为。

截至 2017 年 10 月 30 日，北京市通州区图书馆科普阅读推广共举办了 120 场特色科普阅读活动，参加人数近 12293 人次，详见表 7–5。

表 7–5　2017 年北京市通州区图书馆科普阅读推广明细表

序号	时间	科普名称	科普内容	人数
1	2017.5.14	涂鸦 3D 海龟	DIY 涂鸦独一无二的海龟，这些涂上色的海洋生物只要通过扫描机就立马在大屏幕的海底世界游动起来	96
2	2017.5.14	独特方式科普海龟	讲解海龟的起源、外形特点、主要种类和生活习性	96
3	2017.5.14	人机交互学单词——area	利用体感设备让小朋友在运动的过程中学习英语单词，通过捕捉人体的肢体动作，使大屏中虚拟的场景和现实中小朋友的一举一动完美结合，让小朋友身临其境学单词	93

续表 1

序号	时间	科普名称	科普内容	人数
4	2017.5.21	人机交互学单词——art	利用体感设备让小朋友在运动的过程中学习英语单词，通过捕捉人体的肢体动作，使大屏中虚拟的场景和现实中小朋友的一举一动完美结合，让小朋友身临其境学单词	85
5	2017.5.21	科普月球车	月球车是一项技术复杂、要求严格的研究开发任务，开发者除了要突破、掌握同机器人相关的轻型机械、机构、遥操作、自主导航和机械臂等技术外，更重要的是要在航天器的规范与标准研制管理上多下功夫	95
6	2017.5.21	玉兔登月模拟操作体验	月球是地球唯一的天然卫星。质量是地球的 1/81，重力是地球重力的 1/6，让我们随着火箭登陆月球吧	95
7	2017.5.29	人机交互学单词——bus	利用体感设备让小朋友在运动的过程中学习英语单词，通过捕捉人体的肢体动作，使大屏中虚拟的场景和现实中小朋友的一举一动完美结合，让小朋友身临其境学单词	87
8	2017.6.4	独特方式科普海马	讲解海马的起源、外形特点、主要种类和生活习性	96
9	2017.6.4	涂鸦 3D 海马	DIY 涂鸦独一无二的海马，这些涂上色的海洋生物只要通过扫描机就立马在大屏幕的海底世界游动起来	96
10	2017.6.4	人机交互学单词——city	利用体感设备让小朋友在运动的过程中学习英语单词，通过捕捉人体的肢体动作，使大屏中虚拟的场景和现实中小朋友的一举一动完美结合，让小朋友身临其境学单词	86
11	2017.6.4	科普雨林	跟随镜头一起了解遍布世界各地的雨林	90
12	2017.6.11	玉兔登月知识问答	科普地球与月球的相关知识	95
13	2017.6.12	畅游太阳系	通过数字多媒体技术，三维仿真技术以及机电一体化的开发方式，采用互动体验的展示模式，融科学性、趣味性、互动性于一体，让参观者参与到知识讲解和体验中，在互动的快乐中学习和了解天文知识	95
14	2017.6.18	科普日食	当地球、月球、太阳运行到同一直线上时，月球刚好运行至太阳和地球之间，月球便会挡住太阳光，从而出现日食。通过 3D 技术，揭晓日食的形成过程及原理	95

续表 2

序号	时间	科普名称	科普内容	人数
15	2017.6.18	科普山脉	我们将踏上最雄伟的山脉的旅程——从低洼处隆起的处于形成期的山脉直到珠穆朗玛峰的顶部，发现某些神秘的生物迎接高山生活的挑战而诞生。其中，我们还将看到一些最罕见的现象，如熔岩湖。同样的力量创造了高山猿，同时还将看到狒狒群——一个有一千多名成员的大群落。在落基山脉，灰熊爬上峰顶大口地吞食夏季的蛀虫。同时，在另一个世界——巴基斯坦的山峰上，我们看到雪豹猎食令人惊骇的一幕	92
16	2017.6.18	涂鸦 3D 河豚	DIY 涂鸦独一无二的河豚，这些涂上色的海洋生物只要通过扫描机就立马在大屏幕的海底世界游动起来	96
17	2017.6.18	独特方式科普河豚	讲解河豚的起源、外形特点、主要种类和生活习性	96
18	2017.6.18	人机交互学单词——cat	利用体感设备让小朋友在运动的过程中学习英语单词，通过捕捉人体的肢体动作，使大屏中虚拟的场景和现实中小朋友的一举一动完美结合，让小朋友身临其境学单词	86
19	2017.6.19	科普月食	当地球、月球、太阳运行到同一直线上，月球刚好运行至太阳和地球的一侧时，由于地球挡住了太阳光，从而出现月食。通过 3D 技术，揭晓月食的形成过程及原理	95
20	2017.6.25	食肉植物	植物也能捕捉动物。让我们跟随讲解员来了解一下这个独特的群体吧。究竟食肉植物都有哪些呢？它们的特点是什么呢？又是什么原因使得它们捕捉动物呢	95
21	2017.6.26	寻找四叶草	七颗四叶草被众多三叶草覆盖着，你的任务就是在有限的时间内将这七颗四叶草找出来，记住，你最多只能点错七次	95
22	2017.6.27	动物保护色	很多动物都有保护色，这是他们保护自己的一种手段。选择你的对手来进行比赛，看看谁能率先找到森林中的所有动物。点击每个动物可以对其进行近距离观察，还能够了解到动物的相关知识	95

续表 3

序号	时间	科普名称	科普内容	人数
23	2017.7.2	乒乓球太空漫步——伯努利原理应用	为什么乒乓球会悬浮于空中	96
24	2017.7.2	科学现象之——蝴蝶飞飞之“放电”	为什么塑料“蝴蝶”带电会飞起来	96
25	2017.7.2	吸管线圈团团转——伯努利定理	吸管可以喝饮料、喝牛奶，与不相关的线圈能擦出什么样的漂亮火花呢	96
26	2017.7.2	拉不开的杂志——摩擦力	一张纸与一张纸之间的摩擦力很小，不足以令人察觉，随着纸张数的增多，摩擦力会有什么神奇的变化吗	96
27	2017.7.2	神奇的再生	再生是一种神奇的力量。在再生屋中去找找什么动物拥有这神奇的再生能力吧。玩家需要在场景中点击来找寻答案，每找到一个答案就会增加一个有趣的知识	95
28	2017.7.2	人机交互学单词——car	利用体感设备让小朋友在运动的过程中学习英语单词，通过捕捉人体的肢体动作，使大屏中虚拟的场景和现实中小朋友的一举一动完美结合，让小朋友身临其境学单词	87
29	2017.7.9	独特方式科普鲨鱼	讲解鲨鱼的起源、外形特点、主要种类和生活习性	96
30	2017.7.9	科普植物之歌	将镜头瞄准我们这颗星球上的植物，由主持 Iain Stewart 带领大家走进植物的世界，了解植物的起源及生命机理	96
31	2017.7.9	涂鸦 3D 鲨鱼	DIY 涂鸦独一无二的鲨鱼，这些涂上色的海洋生物只要通过扫描机就立马在大屏幕的海底世界游动起来	96
32	2017.7.9	人机交互学单词——book	利用体感设备让小朋友在运动的过程中学习英语单词，通过捕捉人体的肢体动作，使大屏中虚拟的场景和现实中小朋友的一举一动完美结合，让小朋友身临其境学单词	82
33	2017.7.16	水不会溢出来	当我们进入装满水的浴缸洗澡时，浴缸里的水会溢出来。但是当我们放入一样神秘物品在装满水的杯子里，水却完全不会溢出来	98
34	2017.7.16	报纸当成爆竹玩	报纸折一下，再甩开，会发出很惊人的声音，就像放鞭炮一样	98
35	2017.7.16	硬币浮现在纸面上	注意看，摩擦白纸……硬币就浮现出来了	98

续表 4

序号	时间	科普名称	科普内容	人数
36	2017.7.16	角硬币金灿灿	想知道如何像变魔术一样，把黑乎乎的硬币一下子变成金灿灿的吗	98
37	2017.7.16	无法踮起的脚	踮脚尖是再平常不过的动作了，但如果面对墙壁，还能做这平常动作吗	98
38	2017.7.16	人机交互学单词——dog	利用体感设备让小朋友在运动的过程中学习英语单词，通过捕捉人体的肢体动作，使大屏中虚拟的场景和现实中小朋友的一举一动完美结合，让小朋友身临其境学单词	80
39	2017.7.16	从太空看地球	地球的四季更替是如何产生的？为什么我们只能看到月球一半的脸？日食和月食是如何形成的？在这个演示中，我们能站在一个空间的角度，了解这些天文和自然现象形成的原因，并能通过改变各种参数得到其他运行效果	95
40	2017.7.16	海上霸主鲨鱼	鲨鱼是海中的霸主，它为什么能成为海中霸主，它有什么特殊的身体结构？通过短片来了解鲨鱼的种类和如何捕食等等相关知识，一起来领略海上霸主的风姿	95
41	2017.7.23	可爱的海豚	海豚是聪明的动物，在这个游戏中，玩家通过给聪明的海豚宝宝设定信号路线，使得海豚宝宝可以获取到海底的宝箱	95
42	2017.7.23	人机交互学单词——eye	利用体感设备让小朋友在运动的过程中学习英语单词，通过捕捉人体的肢体动作，使大屏中虚拟的场景和现实中小朋友的一举一动完美结合，让小朋友身临其境学单词	80
43	2017.7.23	独特方式科普金枪鱼	讲解金枪鱼的起源、外形特点、主要种类和生活习性	96
44	2017.7.23	观察青蛙	在三维模型里辨认青蛙背部以及腹部的各部分，观察青蛙腹内的器官并加以辨认	95
45	2017.7.23	涂鸦 3D 金枪鱼	DIY 涂鸦独一无二的金枪鱼，这些涂上色的海洋生物只要通过扫描机就立马在大屏幕的海底世界游动起来	96
46	2017.7.23	科普草原	将镜头对准惊恐的蒙古小羚羊，亲眼目睹它们的季节迁徙	93

续表 5

序号	时间	科普名称	科普内容	人数
47	2017.7.28	人机交互学单词——ear	利用体感设备让小朋友在运动的过程中学习英语单词，通过捕捉人体的肢体动作，使大屏中虚拟的场景和现实中小朋友的一举一动完美结合，让小朋友身临其境学单词	86
48	2017.7.30	人机交互学单词——cook	利用体感设备让小朋友在运动的过程中学习英语单词，通过捕捉人体的肢体动作，使大屏中虚拟的场景和现实中小朋友的一举一动完美结合，让小朋友身临其境学单词	85
49	2017.7.30（上午）	气球空气大挪移	将一大一小两只气球连接到吸管两端，气球会发生怎样的变化？哪一个气球力气更大，会把空气压向对方	128
50	2017.7.30（上午）	空气炮打靶	我们不用枪也不用箭，就能把前面的靶子打倒。谁有这么大的本领？一起来玩打靶游戏吧	128
51	2017.7.30（上午）	放在水里不会变湿的纸	把纸巾放在水里，它竟然安然无恙，这是怎么回事	128
52	2017.7.30（上午）	自动过滤纱布	小朋友们可能都没有发现，生活中普普通通的棉布条还是一名合格的“搬水工”哦，不需要任何外力的帮助，就可以把水挪个地方！好奇了？那就一起来看看它的无声表演吧	128
53	2017.7.30（上午）	施展魔法让气球乖乖听话	气球的小魔术，我们要让它乖乖听话，升起来、降下去，又或者是悬浮在水中，都由我们来指挥！小朋友们是不是心痒难耐了呢，这么神奇的魔法我们可以学么	128
54	2017.7.30（上午）	小苏打和白醋帮我们吹气球	让瓶子帮我们吹一个大大的气球，这能实现吗	128
55	2017.8.4	科普郁金香	被欧洲人称为“魔幻之花”的郁金香，自古以来就有一种莫名的魔力使园艺学家热衷于品种改良，甚至有人倾家荡产只为了它那稀有的球根	92
56	2017.8.4	科普四叶草	四叶草代表幸运。在欧洲，寻找四叶草还是小孩们的热门游戏，他们认为找到四叶草就能得到幸福	92
57	2017.8.4	科普百变天气	很多事情就发生在我们身边，我们却浑然不知	98
58	2017.8.6	在水里绽放美丽烟花	烟花在空中可以绽放得很美，在水里也可以放烟花？这是怎么做到的呢	96

续表 6

序号	时间	科普名称	科普内容	人数
59	2017.8.6	模拟火山熔岩喷发的景观	有趣的油水小实验，就像是火山岩将要喷发时的景观哦	96
60	2017.8.6	制作安全橡皮泥	想知道橡皮泥是如何制作出来的吗	96
61	2017.8.6	隧道里的收音机	为什么收音机进入隧道就不再“唱歌”	96
62	2017.8.6	把硬币吹进碗里	硬币为什么会乖乖听话到碗里来	96
63	2017.8.6	神力棉签	小小的棉签能吊起一瓶矿泉水	96
64	2017.8.6	毒蘑菇	蘑菇的品种众多，其中有一些蘑菇是有毒而不能食用的。让我们通过对蘑菇的生长地、形状、颜色、气味及分泌物五个方面了解毒蘑菇和普通蘑菇的区别	95
65	2017.8.6	生命的源泉——太阳	太阳是太阳系中最大的星体，也是太阳系中唯一的恒星。通过视频介绍太阳的结构及太阳的主要特征	95
66	2017.8.11	独特方式科普蝴蝶鱼	讲解蝴蝶鱼的起源、外形特点、主要种类和生活习性	96
67	2017.8.11	科普人体奥秘	通过电脑合成图像向观众展示人体脏腑的进化方式及原因；运用人体科学图片微观地呈现脏腑的神奇工作机理	85
68	2017.8.11	了解地震、以及如何科学避震	大地震具有毁灭性的破坏力。对于世界上很多城市来说，遭遇大地震只是个时间问题。那么，巨大的灾难究竟会何时降临，这个问题是对人类智慧的考验。我们正在努力寻找地表下的各种线索，来保卫自己的家园	92
69	2017.8.11	涂鸦 3D 蝴蝶鱼	DIY 涂鸦独一无二的蝴蝶鱼，这些涂上色的海洋生物只要通过扫描机就立马在大屏幕的海底世界游动起来	96
70	2017.8.13	不会洒出来的水	为什么我们端着装有水的杯子走路的时候，水很容易洒出来，而送外卖的外卖机里的汤汁却一点都不洒出来呢	82
71	2017.8.13	暗夜精灵——水星	水星在太阳系中距离太阳最近，并且是八大行星中最小的行星，以它独特的魅力吸引着人们的视线	95
72	2017.8.13	水面漂浮的针	针是由铁做的，针能漂浮在水面上，是不是很神奇	82

续表 7

序号	时间	科普名称	科普内容	人数
73	2017.8.13	科普沙漠	陆地的表面大约 30% 的部分是沙漠，这些地区虽然严重缺水，生态系统却异常多样	80
74	2017.8.13	筷子提米瓶	瓶子里塞满了米粒，变得很重，但是你可以用一根筷子就能很轻松地把瓶子提起来	82
75	2017.8.13	蛋壳的稳定性	用一只手捏哪一个更容易捏碎，是两个核桃还是一个鸡蛋	82
76	2017.8.13	神奇的反作用力	一个人能顶住三四个人来推吗？你一定会说："不能"，来通过活动现场，我们为您揭晓答案	82
77	2017.8.13	棉花糖的制作原理	硬硬的冰糖可以变成松软的云朵棉花糖吗	82
78	2017.9.22	蜘蛛的丝	蜘蛛属于哪类动物呢？通过拼图游戏我们可以近距离地观察一只蜘蛛；不同的蜘蛛对应的蛛网也是多种多样的，让我们帮助迷路的小蜘蛛找到它们的家吧；蛛丝和钢丝哪个更坚韧，让我们来看一下它们之间的较量吧	98
79	2017.9.22	人机交互学单词——face	利用体感设备让小朋友在运动的过程中学习英语单词，通过捕捉人体的肢体动作，使大屏中虚拟的场景和现实中小朋友的一举一动完美结合，让小朋友身临其境学单词	80
80	2017.9.22	动物的保护色	很多动物都有保护色，这是他们保护自己的一种手段。让小读者认识到动物与动物、动物与环境之间的变化，培养小朋友关心爱护小动物的情感，丰富小朋友对动物的认识	98
81	2017.9.24	会喝水的土豆	拿出两个土豆，一个是生的，另外一个是煮熟的，从外表上看不出来的，那我们怎么才能分辨出来哪个是生土豆呢？这时候就需要做一个小小的实验，就能够告诉大家答案了	130
82	2017.9.24	变色小魔术	三只看起来一样的杯子，往里加入相同颜色的水，却变成了不同的颜色，这是为什么呢	130
83	2017.9.24	纸桥游戏	一张纸的力量是多么的薄弱，它也能当桥吗	130

续表 8

序号	时间	科普名称	科普内容	人数
84	2017.9.24	不能吹泡泡的肥皂水	肥皂水是小朋友们的最爱，可以吹出五彩的泡泡，可实验室中的肥皂水被施了什么魔法，居然吹不出泡泡来	130
85	2017.9.24	稳如泰山的父亲	当孩子猛冲向父亲时，父亲却可以像泰山一样纹丝不动，这是什么原因呢	130
86	2017.9.24	拉不开的毛巾	两块毛巾既没有打结，也没有缝在一起，可就是拉不开，这是为什么呢	130
87	2017.9.24	压不破的鸡蛋	鸡蛋是很脆弱的，在实验室里，你会发现即使在鸡蛋上放重物也不会把它压破，这是为什么呢	130
88	2017.9.24	轻重不一样的东西会同时落地吗?	有轻重两个物体从同一高度坠落，你肯定认为重的东西先落地，但事实是如此吗	130
89	2017.9.24	巧分生蛋和熟蛋	两个鸡蛋不敲开，你能分辨谁生谁熟吗	130
90	2017.9.24	一张纸的威力	一张纸能举起一本书，是不是听起来很神奇呢	130
91	2017.10.2	吸管圆圈舞	将长吸管和短吸管摆成直角，从长吸管的一端吹气，短吸管会发生怎样的反应呢	126
92	2017.10.2	人机交互学单词——hair	利用体感设备让小朋友在运动的过程中学习英语单词，通过捕捉人体的肢体动作，使大屏中虚拟的场景和现实中小朋友的一举一动完美结合，让小朋友身临其境学单词	88
93	2017.10.2	平衡杯	两把叉子加上一枚硬币，架在杯沿上，却完全不会掉下去，这是怎样回事呢	126
94	2017.10.2	杯子倒立不漏水	当杯子倒立过来，满满的一杯水，却被一张纸托住了，真让人惊讶	126
95	2017.10.2	水杯叠罗汉	装满水的杯子，可以再倒扣上一个水杯	126
96	2017.10.2	倒不满的啤酒杯	把啤酒往杯里倒，怎么倒都不会溢出来	126
97	2017.10.2	生活大小事——早餐	每次我们制造东西的时候都会发生一些大小事，这对环境又有怎样的影响？早上培根的香味总是令人难以抗拒，美国人每年吃掉很多培根，在大多数西方国家培根是早餐的主食，对食物链造成的影响或许会让你大吃一惊	82

续表 9

序号	时间	科普名称	科普内容	人数
98	2017.10.4	人体奥秘 ——生命的起源	地球上的生命，漫长而又繁杂，人类是众多群体中的一员。在这五彩缤纷的世界中，人类如何凸显他的本质，是爱情，是亲情，还是其他。多年来我们都在寻找作为人的意义。挑战自我，突破极限，成为人类不断进化的阶梯。本期的“科技无限”就和你一起穿越历史的迷雾，去探寻真正的人体奥秘	94
99	2017.10.4	涂鸦兔爷	兔儿爷的起源约在明末。明人纪坤（约1636年前后在世）的《花王阁剩稿》:“京中秋节多以泥抟兔形，衣冠踞坐如人状，儿女祀而拜之。”到了清代，兔儿爷的用途已由祭月转变为儿童的中秋节玩具	90
100	2017.10.4	扎染	扎染古称扎缬、绞缬、夹缬和染缬，是中国民间传统而独特的染色工艺。扎染是织物在染色时部分结扎起来使之不着色的一种染色方法，是中国传统的手工染色技术之一。扎染有着悠久历史。它起源于黄河流域，起源于何时尚无定论。现存最早的扎染制品出于新疆地区	90
101	2017.10.4	讲解民俗文化	中秋节始于唐朝初年，盛行于宋朝，至明清时，已成为与春节齐名的中国主要节日之一。受中华文化的影响，中秋节也是东亚和东南亚一些国家尤其是当地的华人华侨的传统节日。自2008年起中秋节被列为国家法定节假日。2006年5月20日，国务院将其列入首批国家级非物质文化遗产名录	90
102	2017.10.22	DIY 涂鸦脸谱	了解面具的来历及各种颜色在面具脸谱中所代表的意义。尝试选择用具有代表意义的颜色来为自己制作的面具上色。激发青少年了解中国与世界文化的兴趣	126
103	2017.10.22	钱币有轻功	明明看见钱币就要掉下去，但99%的人就是无法用手指夹住钞票，这是为什么呢	126
104	2017.10.22	盔甲水袋	把塑料袋装满水，就算是用几支很尖的铅笔刺穿塑料袋，水也不会流出来？是真的吗	126
105	2017.10.22	金属碗中的水会跳舞	用大的金属碗装满水，双手在碗口摩擦，碗内会有什么变化呢	126

续表 10

序号	时间	科普名称	科普内容	人数
106	2017.10.22	大可乐瓶喷泉	大可乐瓶内装入大半瓶水，并插进两根吸管，往其中一根吸管里用力吹气，猜猜看，另一根吸管会发生什么变化呢	126
107	2017.10.22	牙签独木舟	只要蘸上一点神秘液体，牙签独木舟就可以在浴缸里畅快航行	126
108	2017.10.22	神奇泡泡	用铁丝做成立方体，蘸上肥皂水，铁丝立方体就会形成不可思议的肥皂平面组合？	126
109	2017.10.22	吸水蜡烛	燃烧的蜡烛与盘子里的奇妙表演，一转眼，水会被吸到杯子里吗	126
110	2017.10.22	人体电池	把金属勺子和铝箔纸同时放在舌头上，并没有什么异样的感觉，但只要让这两种金属手握的那端一接触，就会产生一种奇妙的味道	126
111	2017.10.22	盐水酱油二重奏	在装满浓盐水的杯子上，倒扣一杯酱油水，你会发现，这两杯水不会彼此混合，界限分明	126
112	2017.10.22	人体奥秘 ——生命的续存	走进人体，走进一个神秘而奇妙的世界。皮肤能保护你免受严酷环境的侵袭，控制人体的是地球上最复杂的大脑，就连创造新生命的过程也独出心裁	94
113	2017.10.29	科普总结展	以家庭为单位，展示全年科普活动的精髓并进行科普知识竞猜	210

（二）专家点评

北京市通州区图书馆“科技星期天”少儿科普阅读推广创新案例是通州区图书馆一项实践性较强的品牌性科普推广活动。它通过彼此关联的主题栏目、简洁醒目的标题、生动有趣的组织形式，吸引了少年儿童的注意力。此项科普活动无论形式还是内容都具有一定的创新性，并取得了良好的实践效果，更为难得的是它将科普活动与科普阅读进行了有效对接。“特斯拉实验室”“I SEE！科技沙龙”和“蔚蓝视野”“科普 E 点知”“奥秘剧场”等版块，通过“讲解＋观察＋操作”的形式，既串联起科学发展的宏大脉络，同时也化难为简，“在做中学，在学中做”，将科普生活化，将生活科学化。此项科普活动既具有活动的丰富性，又具有阅读的指导性，因而值得推荐。

——首都图书馆宣传策划部主任　王海茹

二、数字体验嘉年华

（一）上海浦东图书馆——数字阅读体验

在社会环境变化、信息技术发展的背景下，数字阅读、新技术体验、创客教育等相继成为公共图书馆探索实践的焦点。上海浦东图书馆在建设数字阅读新空间的过程中，努力将阅读服务、技术体验和学习促进相互结合，"数字体验嘉年华"就是这样的一个实践项目。

1. 空间建设定位

随着数字内容的产生和数字技术的发展，数字阅读已完全浸入人们的生活，众多公共图书馆均在积极探索数字阅读内容与阅读方式的推广。2016 年，浦东图书馆联合上海浦东文化传媒有限公司，在馆内建设了 400 平米的"数字体验中心"这一新型服务空间。自 2016 年 7 月起，数字体验中心全年 365 天面向公众开放，每周开放 56 小时。

其建设目的和定位为——"引进、展示并推广符合时代发展的新型阅读技术、设备、资源与方式，打造数字阅读推广的前沿阵地和文化领域现代技术应用的体验空间，承担青少年创客空间的功能。"

2. 空间功能布局

在功能区域和服务项目的设计上，浦东图书馆数字体验中心形成了"听 + 看 + 读 + 活动体验"相结合的模式。

与喜马拉雅 FM 合作定期更新音频书，读者可通过蓝牙耳机、手机扫码等方式体验"听"书阅读。

对读物内容提炼整合并编撰成剧本，制作出每部 5 分钟左右的多媒体影片。读者可在 210° 弧幕、立体声渲染的沉浸式空间进行观看。

配备多台装置丰富资源的 iPad 和 Kindle 供读者体验阅读。同时提供各类电子书、电子报刊阅读机供读者浏览和扫码保存阅读。

3. 项目策划与实施

到 2017 年 6 月，数字体验中心成立一周年，浦东图书馆着手策划了“数字体验嘉年华”项目。

数字体验中心围绕三个基本目标：一是集中向读者提供菜单式的数字阅读和新技术体验；二是针对性地向少儿读者提供科技体验和科普、创客课程；三是整体提升数字体验中心的吸引力和关注度。

浦东图书馆与浦东文化传媒有限公司、浦东新区科协及多家社会机构、企业合作，在调整整合、设计增加活动项目的基础上，最终确定了“嘉年华”项目框架：

时间跨度 1 个月（7 月 1 日至 7 月 31 日）；5 类体验项目、6 类 /25 场活动课程；

体验类适合各年龄段读者，课程类侧重于青少年读者。

4. 开幕式

7 月 1 日嘉年华举行开幕式预热活动，机器人舞蹈秀、3D 打印笔涂鸦、VR 互动等项目吸引了大量读者参与。如图 7–5 所示。

图 7–5 开幕式活动展示

5. 宣传推广

通过媒体报道、发放活动折页、微信公众号宣传等形式将数字阅读推广出去，提高人们对数字阅读的关注。如图 7–6、7–7、7–8 所示。

图 7–6 邀请本地媒体采访报道

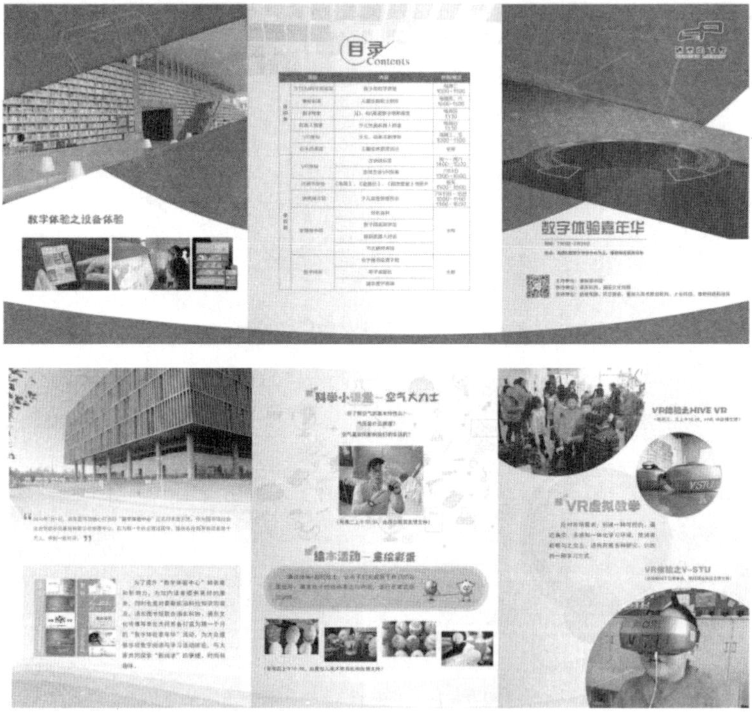

图 7–7 印制发布嘉年华活动

图 7–8　通过图书馆公众微信号推送十余次活动

6. 体验项目

免费、免预约参与，并有工作人员现场辅导。

VR 虚拟现实体验：为读者提供 200 首古诗主题场景和自然生命探索体验。见图 7–9。

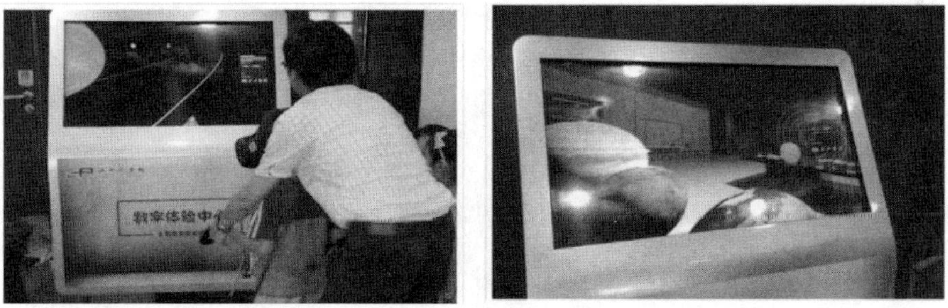

图 7–9　虚拟现实体验

利用“维度转换扫描仪”，将读者的平面涂鸦立体动态地呈现在屏幕上。另外，还有“智能机器人”，模拟书法桌、耳机森林、环屏书等，体验课堂，如图 7–10、7–11、7–12、7–13、7–14 所示。这不仅提高了孩子的观察力，还让孩子增强了对科普智能知识的熟知度。

图 7–10　海洋涂鸦角

图 7–11　智能机器人

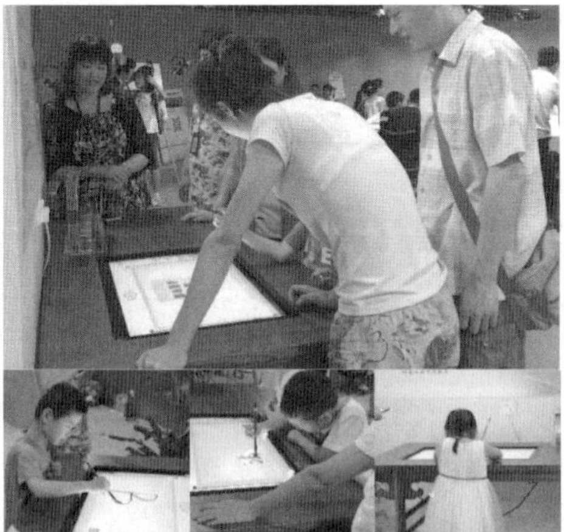

图 7–12　模拟书法桌

图 7–13　耳机森林

图 7–14　环屏书体验

7. 课程与活动

周二至周日每天有活动，在线报名免费参与。

设计跨领域的科学现象主题探秘课堂，包括“神奇干冰”“空气大力士”“水滴放大镜”等，如图 7–15 所示。

图 7–15　STEM 科学实验室（每周二）

用 VR 的方式上物理课，学习太阳系运行、宇宙大爆炸等宇宙现象及其背后的知识。如图 7–16 所示。

图 7–16 VR 自然课堂（每周三、五）

以发掘美术创造力为主题的 DIY 彩绘课堂，结合绘画 + 超轻粘土的形式，让孩子们完成属于自己的手工创作。如图 7–17 所示。

图 7–17 DIY 童绘彩蛋（每周四、六）

3D、4K 高清数字电影播映，选播有勇气、有态度、有故事的经典影片，让大人与孩子共同欣赏。如图 7–18 所示。

图 7–18 3D 数字电影（每周五）

面向小学生的乐高动力机械课程，每周一课，扩展孩子对于物理、几何知识运用的兴趣，培养分析判断及动手能力。见图 7–19、表 7–6。

图 7–19 乐高机器人探索（每周日）

表 7-6　东高动力机械课程

序号	课程名称	活动目标	参考模型
1	吊车	用滑轮的原理来搭建一辆吊车。能够分辨出动滑轮和定滑轮，知道动滑轮的省力作用。	
2	包裹传送带	用滑轮的知识来搭建一个邮局包裹传送系统，会利用旋转半径较大的曲柄来省力。	
3	大力的挤压机	用滑轮的知识来搭建一个挤压机；学会利用轮轴相切实现挤压；知道如何选择省力的曲柄。	
4	陀螺转起来	让孩子们运用齿轮加快旋转速度，会运用复合式齿轮传动。	
5	奶牛管理系统	用杠杆的知识搭建一个简单的铁路栅栏，能够在栅栏上找到支点和负载的位置。	

（二）项目效果

1. 显著的直接成效

一是在整整 1 个月的数字体验嘉年华活动期间，25 场活动课程参与人数约 650 人次，各类设备及活动项目的体验人数近 3000 人次。平均每天有超过百人在数字体验中心内参与活动、体验和阅读，迅速成为图书馆内的“热门空间”；二是书法触屏、VR、全息立体书、交互多媒体扫描装置等比较新的技术和普通家庭很少配置的设施资源集中于此，为广大读者提供了免费开放、零门槛的体验机会；三是乐高机器人搭建、STEM 科学实验、VR 自然课堂以及手工 DIY 等课程成为青少年拓展学习的首选。课程类活动有内容设计，不仅简单易学，更增加了多样性和推广性。

2. 积极影响

一是数字体验中心的空间知晓度进一步提升，到访率相比以前明显提升。二是本次活动中的多项活动与设备均来自与合作方。经过嘉年华的实践，馆方将受到读者欢迎的部分项目和设施正式引入体验中心，长期向读者提供体验设施。三是面向青少年儿童的课程式学习拓展项目成为数字体验中心的常规项目。我们接连开展了多期乐高机器人搭建课程，引入 3D 打印机实践课程，向小读者提供了更多融入科学和创新体验的机会。四是“数字体验嘉年华”作为数字体验中心的成功运作项目，将定时在每年 7 月开展，持续为读者打造一年一度的科技体验盛宴。

（三）亮点与经验

“数字体验嘉年华”的成功举办，大大得益于广泛开展的社会化合作。我们与浦东新区科协共同出力，与上业科技、超星、昂立教育、蓝悦云服务、夏加尔美术等近十家科技服务和教育行业单位合作，引入适合的资源、设备及服务项目，保证了活动内容的丰富、完整。

在合作方式上我们对设备采取了借用和租用的方式。先引进体验，在项目结束后根据使用情况和预算，对部分设施设备以购买或签订租用协议的方式保留。而对活动项目则采取试用、按次购买的方式进行，根据需要再签订后续采购协议。通过以上方式，我们成功地控制了嘉年华项目的前期成本，并使数字体验中心的项目引进更加合理化、理性化。

1. 科普活动课程化体系化

作为终身学习场所和公共文化空间，公共图书馆有开展大众科普的使命和责任。本次嘉年华中我们特别引入了多个面向青少年和儿童的活动项目，并在前期对活动内容做了预设安排。将科学实验、乐高机器人这样的科学类活动形式课堂化、内容体系化，让孩子们的参与过程更像学习而非简单体验，连续参与其中的孩子们也能感受到学习的连贯性。

“课程化、体系化”的思路，进一步指导了后续科普活动的开展。例如数字体验中心在 2017 下半年持续开展的 20 个课时的乐高机器人搭建课程，按照体系涵盖了杠杆、齿轮、机械臂等知识单元，使课程更加全面立体。

2. 空间运营与项目共生

随着科技进步和数字阅读的不断发展，探索建设新技术体验、数字化应用甚至是休闲娱乐新空间正成为公共图书馆探索转变的新趋势。“数字体验嘉年华”项目诞生于浦东图书馆的这样一个“新空间”，它的运作与空间运营互为促进，依赖生长，向我们展现了一种积极的共生关系。公共图书馆打造有生命力的服务空间，离不开持续输出的、与之相匹配的活动项目；而不同类型的读者活动，也应当依托于恰当的空间之中，两者互为推动。“数字体验嘉年华”项目（见表7–7）是浦东图书馆紧跟数字阅读发展、探索新空间运营的一次探索，也是响应科普阅读推广、发挥学习空间职能的一次实践。科普活动与主题空间运营有机结合，为浦东图书馆持续开展科普阅读推广活动奠定了基础。

表 7–7　浦东图书馆数字体验嘉年华项目汇总

序号	项目	内容	时间 / 频次	参与方式
活动类	STEM 科学实验室	青少年科学体验	每周二 10：00—11：00	微信报名
	童绘彩蛋	儿童绘画粘土创作	每周四、六 10：00—11：00	微信报名
	数字电影	3D、4K 高清数字电影观赏	每周五 13：30	微信报名
	机器人探索	少儿乐高机器人搭建	每周日 13：30	微信报名
	VR 体验	天文、绘画主题体验	每周三、五 10：00—11：00	微信报名
	石头汤漂流	儿童绘本漂流活动	全程	微信报名
体验类	VR 体验	古诗词欣赏	周一—周六 14：00—15：00	到馆体验
		自然生命探索	7 月 8 日 14：00—16：00	到馆体验
	环屏书体验	《海燕》《道德经》 《前赤壁赋》《哥伦布传》	每天 15：00—16：00	到馆体验
	涂鸦海洋馆	智能扫描投影互动	7 月13日—16日 10：00—1：00 13：00—16：00	到馆体验

续表

序号	项目	内容	时间 / 频次	参与方式
体验类	智慧图书馆	耳机森林	全程	到馆体验
		数字阅读器		到馆体验
		全息立体书		到馆体验
		智能机器人		到馆体验
		触屏书法机		到馆体验
其他类	数字阅读	电子图书免费下载	全程	到馆体验
		电子读报机		到馆体验
		“数字浦东”App		到馆体验

（四）专家点评

上海浦东图书馆的“数字阅读空间里的科普实践项目——浦东图书馆数字体验嘉年华”体现了科普阅读推广的如下特点：一是通过社会化合作提高图书馆服务能力，打造全新的数字化阅读与科普推广空间，并形成集活动、课程和体验为一体的空间效应；二是展现了新型阅读技术、设备、资源的数字化科普推广的风采，吸引了与以往科普推广活动不同的读者群，成为新型展览 / 展示阅读推广的范例；三是符合当代青少年习惯和兴趣的科普课程和学习内容，有益于对科学知识的理解、探索和掌握。

——河北大学管理学院信息管理工程系教授　杨秀丹

三、古书中挖掘古人成就 互动中读出古人智慧

（一）古代科技创造发明展览

中国科学院文献情报中心是支撑科技自主创新、服务国家创新体系、促进科学文化传播的国家级科技文献情报机构，主要为自然科学、边缘交叉科学和高技术领域的科技自主创新提供文献信息保障、战略情报研究服务、公共信息服务平台支撑和科学交流与传播服务。

基于自身丰富的科技文献资源及科学传播经验，文献情报中心联合北京师范大学策划“中国古代数学展”，参加了由团结香港基金主办的“创科博览2017”——中华文明与科技创新展，该展览由科技部、中科院、香港创新及科技局、香港教育局、香港民政事务局、中联办教科部支持举办。

该展览重点以中华民族五千年科技的发展进程为主线，采用古代科技创造发明与现代科技创新成果对比、有机结合的方式，系统展示中国古代的科技成果，以及相对应的当代科技创新成就，展示中华民族五千年科技成果的发展与进步。

中国科学院文献情报中心通过深入挖掘馆藏古籍中的数学古籍资源、筛选古籍中的特色、优质内容，共展出“割圆术”“九九乘法”“勾股容圆”“增乘开方法”“十进位值制与算筹记数法”等8个系列30类展品，占据了最中心场地的三个展区，受到了香港各界人士尤其是中小学生的热烈欢迎。

（二）活动内容

本次数学展的内容均来自记载我国古代数学的古籍和善本：《孙子算经》、许慎《说文解字》、《九章算术》、刘徽注《九章算术》、祖冲之《缀术》、李淳风《九章算术注》、杨辉《详解九章算法·纂类》、沈括《梦溪笔谈》、容庚《秦汉金文录》、项名达《象数一原》《九章算术细草图说》《勾股割圜记》、朱世杰《算学启蒙》、李冶《测圆海镜》《河防通译》《益古演段》、徐岳《数术记遗》、梅觳成《增删算法统宗》、吴大徵《权衡度量试验考》、李俨《中国数学大纲》、郭沫若《卜辞通纂》等。在各个知识点中附加来自古籍的书影，生动真实。如图 7–20 所示。例如：

1. 十进位值制

将自然数，从一开始每增加到上一个基本数字的十倍就用一个新数字符号或以新方式用已有的符号来表示，就是十进制。目前出土的商代甲骨文就有一至九、十、百、千、万共13个数字符号；前九个与后四个结合，分别表示十、百、千、万的倍数。甲骨文中有这样几段文字：“俘人十又六人”“鹿五十又六”“五百四旬又七日”等，不难发现当时人们的确在使用十进制。如图 7–21、7–22 所示。

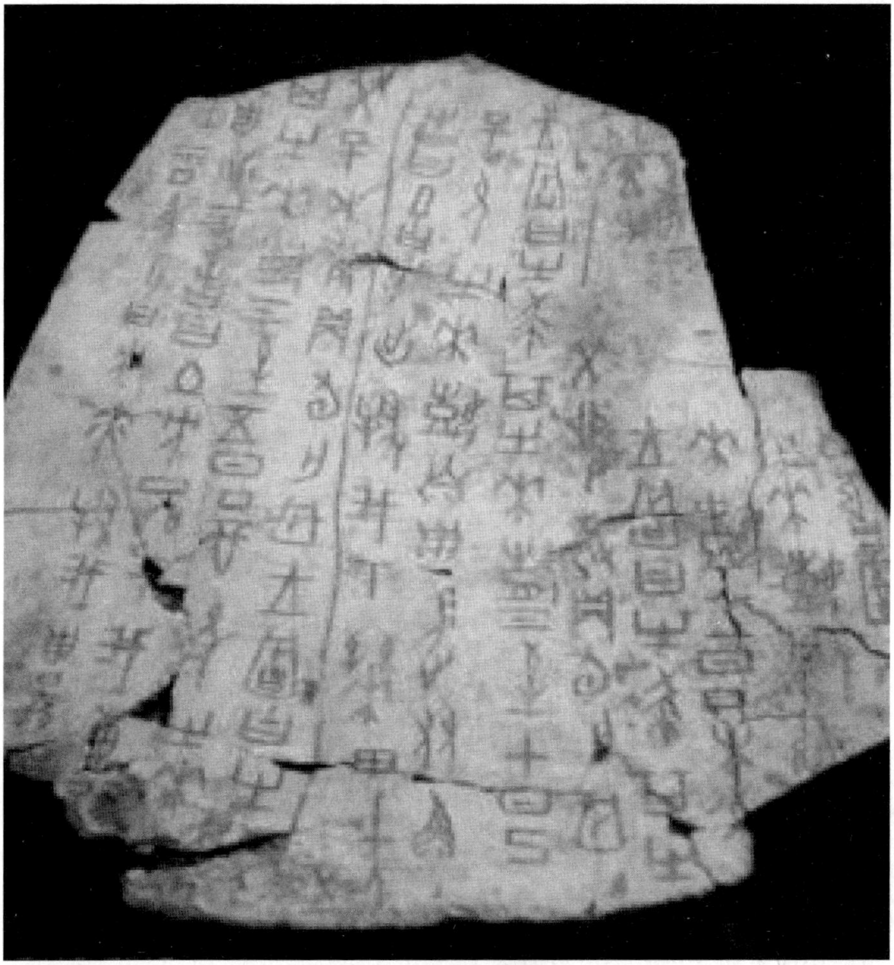

图 7–20　甲骨复原图

图 7–21　郭沫若《卜辞通纂》中关于数字 1–10 的甲骨文拓样及相关文字说明

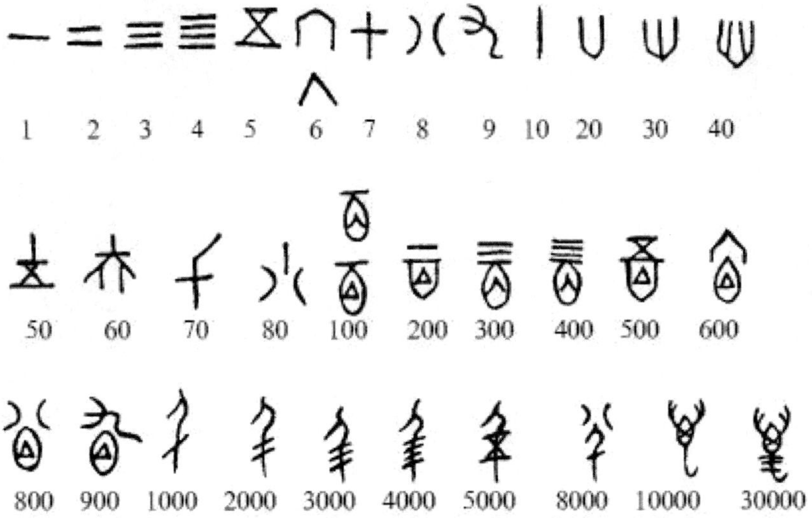

图 7–22　甲骨文的数字

2. 算筹

算筹是古代进行数学计算的工具。也称为策、筹、算、筹策、算子、筹算等。它是一些像筷子样的小棍状物，大多用竹子制作，也有铁、骨头等质料。用它摆出数字，就能进行计算。《说文解字》竹部中“算”字这么解释：“算：从竹从具，长六寸，计历数者。”这是说明“算”是一切数字计算所需的竹制的工具。“算”有时叫作“筹”。算筹采用的是十进位制的记数方法，同一个数字在不同的数位上，数值也就相应不同，每进一位数值乘 10，并且在算筹盘上，以空位表示 0。如图 7–23、7–24 所示。算筹以颜色区分正负数，魏刘徽注《九章算术》称：“正算赤，负算黑”。为了不使数字和数位混淆，算筹采用纵式和横式两种方法记数：

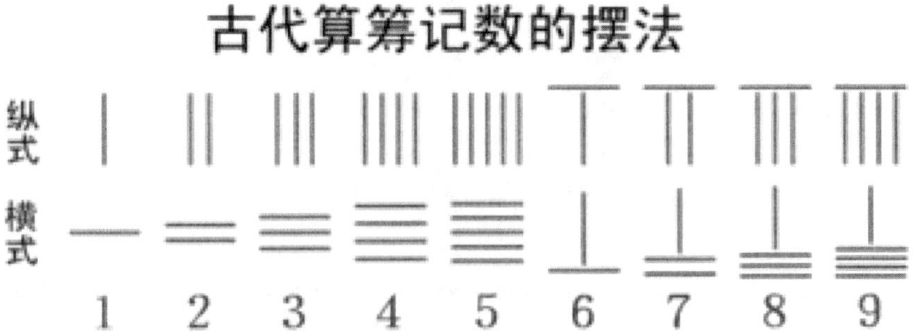

图 7–23　李俨《中国数学大纲》中所示算筹摆法

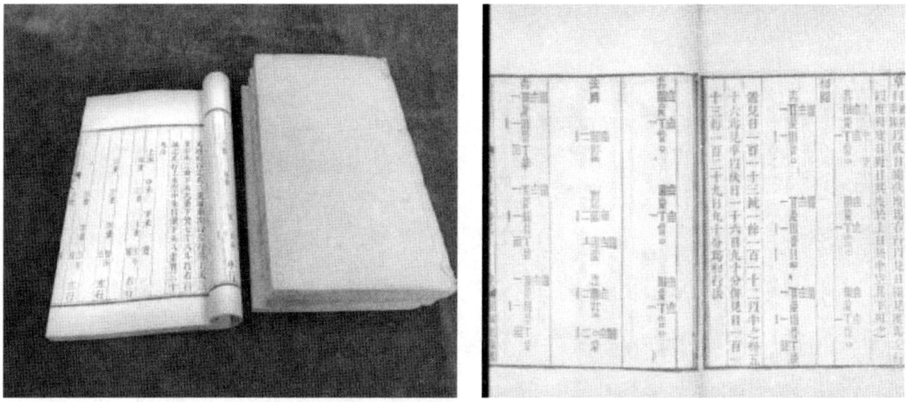

图 7–24　中国科学院文献情报中心所藏古籍中记载的算筹图示

算筹的实物，已考古发掘并出土多批。大多数为西汉末年以前的遗物，其中最早的出现在战国晚期。1953 年，在湖南长沙左家公山发掘的一座战国晚期木椁墓葬中，出土了一批算筹——竹签“计 40 根，长短一致，每根长 12 厘米”，这是目前发现的较早的算筹实物。见图 7–25。另外，1986 年，在甘肃天水市放马滩战国末期的墓葬中，与竹筒同出了一批算筹，总计有 21 枚，用竹条削成圆棒状，长 20 厘米、直径 0.3 厘米。[①]

图 7–25　1973 年长沙马王堆三号汉墓出土博具 1 盒，内有 42 根算筹，湖南省博物馆藏

① 引用自百度文库 http://wanka.baidu.com./uiew/d35c70add05abe23482fb4daa58da116d171foo.html.

除传统的图片、文字展板展示，还开发了程序模拟和互动展教具，极大丰富了展览形式。除了展示品，本次展览开发制作了大量同比例的小型互动品，帮助观众实际操作、体验和验证数学原理。

（三）活动的创新点

深入挖掘古籍资源。此次展览以我国古代数学为主要内容，深入挖掘古籍内容，将其中可以进行展出的内容进行筛选、分析，结合展览的需要挑选数学古籍中最具有代表性和展示性的内容制作展品、展板。

提供体验式阅读。在展览中将古籍书影与实物展品共同陈列，利用立体的展品，将书中二维的图像和抽象的数学概念进行具体化展示；利用可供动手实践的模型和游戏，使观众能够对书籍中描述的概念有直观感受，激发深入探究的兴趣。

突破阅读推广的单一化形式。阅读推广不应局限在用眼睛阅读纸本书或电子书，而应该结合现代化手段和多媒体方式，更多地调动其他感知器官，利用听觉、触觉、味觉等，使读者感受到隐藏在书页中的更多信息，进而对阅读内容更加有兴趣。

古代数学展览利用现代化的布展手段，使数学古籍重新进入普通读者的视线，使其生动地了解中国五千年科技发展历史中古人在数学研究和应用中的智慧和创造。该展览广泛提升了广大香港人士对中华科技发明及创新发展的认知水平，增强了民族自豪感，增强了其作为中华民族子孙的文化自信，更激励了广大市民投身创新的热情，取得了良好的科学普及传播效果。

（四）专家点评

中国科学院文献情报中心基于自身丰富的科技文献资源及科学传播经验，联合北京师范大学策划的“中国古代数学展”深入挖掘了馆藏古籍中的数学古籍资源，让中国先人掌握的古代数学公理再次绽放耀眼的光辉。为了使高深的知识更易为公众接受，展览将古籍书影与实物展品、模型及游戏对比陈列，实现了对比式、体验式、互动式阅读。它利用现代化手段和多媒体方式，突破单一化的展览形式，能够更主动、更全方位地调动读者的听觉、触觉等感官，带领读者去发现隐藏于书页之丰富而宏大的信息内容，使数学古籍重新进入普通读者的视线，这一做法值得借鉴推广。

——首都图书馆副馆长、中国图书馆学会阅读推广委员会副主任　陈坚

四、“奇妙的图书馆”科普驿站

（一）张家港市图书馆概述

2016 年 4 月，图书馆成立“奇妙的图书馆”科普驿站，依托张家港市科协平台、2 家高校科研教学的人才优势，致力于科学知识普及推广。面向不同人群，图书馆开展了进学校、进村（社区）、进企业、进军营、进机关等分群体、分级别科普活动。该站有 32 家村（社区）图书馆驿站、2 家大学科普驿站，1 家未成年人科普驿站，有专兼职科普人员 25 名和大量学生科普志愿者，先后创建了“沧江市民大讲堂”“图书馆在线”“小精灵科普基地”。

在 2017 年 9 月 16 日全国科普日，图书馆举办“创新驱动发展、科学破除愚昧”主题活动，启动“科普图书进驿站”主题活动。市科协牵手 32 家图书馆驿站，通过引入科普图书向市民普及科学知识。

（二）工作内容

整合图书馆资源，设立专属科普书架，实现资源集中化。为加深和拓展科普知识，市图书馆将有关方面的书籍音像归类到专门的书架以及阅览室，并由浅入深地排列好，定期延长图书馆科普展览室的开馆时间，为读者提供便利。

1. 开展“科普日图书馆在线”活动

以数字图书馆为平台，积极向读者推荐科普主题在线学习资源，指导公众使用图书馆网站、图书馆 App、微信公众号等科技载体，在线免费获取和阅读科普展览、科普讲座、科普图书下载、科普活动等服务信息。

细分读者群体，精准对接服务，拓宽覆盖面，提高效能。科普驿站针对不同年龄层的人群，开展了不同的活动。科普宣传、科普知识竞赛、“科普小达人”体验活动，以及读者沙龙活动等，受到了广大市民的积极响应。

面对青少年群体，开展“科普小达人”体验活动。利用图书馆“少儿电子大世界”数据库，向来馆青少年介绍信息技术、航空航天、节能环保等知识；利用周六“快

乐益读”活动，举办科普知识竞赛、环保手工制作等互动体验活动，引导广大青少年树立科学精神；引进科普体验系统，让市民亲身体验科技的神奇，激发他们对科学的兴趣。

2. 举办科普知识竞赛及科普主题展览

市图书馆会定期举办科普知识竞赛，主题覆盖不同层面的科学内容，通过知识竞赛的方式，向不同年龄段读者普及科学知识，调动其学习和了解科学知识的积极性。在科普日，举办“保护生态环境，共建生态家园”展览，用 18 块展板、54 张专题图片，集中向读者宣传气候变化、植被破坏、水土流失，水源污染等环境问题。

3. 举办沙龙活动，交流生活体验，感受科技改变生活

市图书馆“益启读书会”“周末生活课”的读者结合科普宣传日主题开展读者沙龙活动，读者们通过交流生活中的科学新举措，感受创新生活的巨大变化，同时通过分享生活小窍门，宣传生活中的绿色理念。在市图书馆组织的科技沙龙活动中，还邀请各行业的优秀科技人才分享了科技查新经验。

4. 参加全国科普日活动，科普活动走进社区

2016 年 9 月 24 日，市图书馆“悦读先锋”文化志愿者走进杨舍老街“全国科普日”主场活动，开展了“科普惠民进社区”志愿服务。向现场居民发放图书馆制作的“科情咨询”“绿色环保”“健康生活”资料 300 份，现场解答咨询 100 余条。

5. 推荐“创新创业”主题图书，细化科普驿站功能

2016 年 9 月 17 日至 24 日，市图书馆开展了“创新放飞梦想 科技引领未来”主题图书推荐活动，以设置专架的形式向读者推荐创新、创业、科普类优秀图书 200 册，引导读者通过阅读好书，关注科技创新，关注万众创业。

（三）专家点评

张家港市图书馆“科普驿站”项目利用了张家港市的图书馆总分馆体系和网格化管理优势，在总馆、32 所分馆，以及企业、学校、军营、社区、乡村，以科普为目的，以阅读推广活动为载体，针对和覆盖了不同人群，通过讲座、展览、沙龙、主题活动等多种形式推广阅读，线上线下相结合，作为“科普驿站”的资源支撑，充分利用了馆藏文献资源，还通过项目向市民推介了科普馆藏文献，把阅读推广和科学普及有机结合起来，取得了良好的效果，受到了当地民众的欢迎。从“科普驿站”项目的设计、组织以及效果来看，“科普驿站”项目体现了图书馆阅读推广活动的专业化和均等化特征，是一个比较优秀的、可持续开展的图书馆阅读推广案例，值得各图书馆借鉴。

——中国图书馆学会阅读推广委员会副主任　邱冠华

五、创想汇

（一）深圳宝安区图书馆创意活动概述

公共图书馆是以阅读为中心的公益性文化服务机构，是广大市民终身学习的基地，有着体系成熟、布点广泛、资源富集、专业化程度高的文化基础设施，自然而然地成为阅读推广的一支核心力量。2016 年，深圳宝安区图书馆获“宝安区科普教育基地”称号，科普项目得到宝安区科学技术协会支持。

针对阅读推广活动中形式呆板、阅读与思考分离、主题单调乏味，低龄读者在单纯的阅读推广活动中很难获取信息的问题，图书馆设立科普类图书专架，营造科普阅读氛围，创立了“创想汇”科普活动品牌。从科普图书专架选取不同主题图书，针对低龄读者，与社会教育机构合作，开展“VR 阅读新体验活动”“创意编程公开课活动”“3D 打印 DIY 活动”，将阅读与实践相结合，激发了读者的阅读兴趣。

（二）活动流程

活动分四个阶段，每一阶段环环相扣，循序渐进，使观众在阅读中思考，在思考中实践。

1. 选书阶段

VR 阅读新体验活动、创意编程公开课活动、3D 打印 DIY 培训活动，经过多次筛选，最终确定了本次科普阅读推广的三类科普图书，共有 23 本。如《我的第一本 3D 打印书》《太空穿越》《探索发现——探秘海洋世界》《Scratch 少儿趣味编程 2》等。

2. 预热阶段

为了让读者对每场活动的图书有更多的了解，提高参与度，图书馆号召对活动感兴趣的读者，提前借阅相应科普图书。图书馆通过网站、微信公众号、微博、海报、电子屏等多种渠道宣传活动信息。

3. 活动阶段

活动与多个社会教育机构合作，由工作人员和专业导师共同组织，其中 VR 阅读新体验活动，采取先阅读再体验的活动形式；先进行每场科普图书的阅读分享交流会，并由导师科普讲解 VR 技术小知识，再通过 VR 一体机设备现场体验 VR 阅读，读者不仅能在活动中获得相关科普知识，还能感受、体验新型阅读方式。

3D 打印 DIY 活动和创意编程公开课活动分为“阅读分享 + 动手实践”两个部分，组织现场活动的有工作人员和社会机构的专业导师。现场通过 PPT 讲解、图书导读、趣味问答等多种方式分享科普知识，激发读者的活动兴趣，再由嘉宾导师讲解，引导读者使用 3D 打印笔和 Scratch 编程软件，将科普图书中的理论知识实际运用起来，带领大家完成自己独一无二的作品。

通过参与“创想汇”系列科普阅读推广活动，读者不仅能在活动中感受 VR 技术带来的奇妙阅读体验并了解 3D 打印和编程的原理，也能在活动过程中把科普知识真正实践起来，实现阅读推广的更大作用。

4. 竞赛阶段

在“创想汇”系列——3D 打印 DIY 活动中，图书馆广泛征集读者 3D 打印的 DIY 作品，鼓励读者积极创作，在年底举办了“3D 映象”读者作品评选活动。

在最后的竞赛阶段中，读者踊跃提交个人 3D 打印作品，参加年底的“VR 阅读 ·3D 映象”读者作品评选比赛。工作人员从读者提交的作品中筛选了 60 件作品参评，由特邀专家评委参照评分指标，从“建模、创意、分层、后期”4 个方面筛选出 20 件优秀作品参展，由图书馆颁发荣誉证书以资鼓励，优秀作品在三楼“创客 e 家”进行展览。

在“创想汇”系列——创意编程公开课活动中，图书馆积极辅导读者完成具有个人特色的编程作品，并鼓励 3~5 名零基础的读者报名参加了“编玩边学杯”全国青少年 Scratch 创意编程大赛（深圳市科学技术协会主办）。

2017 年 6 月至 12 月，图书馆共开展了 21 场“创想汇”系列活动，参加人数 610 人，收到自媒体报道 20 篇。在图书馆网站上，该项活动的总点击量达 10743 次。

（三）经验分享

1. 知识与实践结合，把科普知识大众化

阅读带来的积极影响是多方面的，但最本质的作用和价值是从历代积累的和最新产生的阅读资源中获取有效信息，从而使每位阅读者增进知识、提升智慧、修养品行。单纯的阅读对低龄读者很难产生深刻的记忆和影响，低龄读者少有机会去接触和应用相关的科普知识，难以从阅读资源中获取最丰富的信息，而“创想汇”系列科普阅读推广活动，积极引导读者将阅读与思考相结合，将科普图书中的知识传播出去。

2. 注重活动内容的多样性，满足不同读者的需求

“创想汇”系列共有 3 种不同科普类型的活动，分别是 VR 阅读新体验活动、3D 打印 DIY 活动、创意编程公开课活动。每种活动均有不同的科普主题，对于读者而言便有了一个明确的选择指向，可根据个人的兴趣爱好选择相应的科普活动，满足了不同需求。孩子们在参加活动的过程中也常常遇到志同道合的小朋友，大家在活动中交流讨论，大大提高了参与活动的积极性。

3. 定位清晰，明确阅读推广对象

阅读推广对象是指阅读推广的目标群体，不同人群的阅读特点存在很大的差异性，图书馆有必要了解不同人群的阅读特点，以便有针对性地开展阅读活动。低龄读者普遍存在着认知水平和阅读能力方面的问题，如阅读兴趣不够、注意力不集中、理解能力不足等。一般而言，当一个人在当地的图书馆或书店不能很容易地借到一本书，或在网络上不能轻松地打开或下载一本书时，那就很有可能放弃对这本书的阅读。因此，选择合适的科普读物和采取有趣的活动形式，对于提高整个阅读推广活动的质量有着重要影响。“创想汇”系列活动，挑选了画面丰富、色彩鲜明、内容易懂的科普图书，在宣传海报上增加了趣味卡通的元素，以吸引孩子们的注意力。

动手实践环节，选取了少年儿童能够适应的 VR 设备、3D 打印笔和编程内容。

4. 合作共赢，与社会教育机构开展合作

每一个社会机构都可能成为重要而独特的科普阅读推广力量。图书馆提供活动场地、前期的准备宣传及导读工作，社会教育机构则负责推荐相关的主题科普图书，并在每场活动过程中安排专业导师指导实操。深圳市宝安区图书馆 2017 年“创想汇”系列科普阅读推广活动完成情况表，如表 7–8、7–9、7–10 所示。

表 7–8 “创想汇”之 VR 阅读新体验活动

时间	地点	主题科普读物	设备	导师	人数
6 月 3 日	三楼创客 e 家	《海天霸主》《超级恐龙》《恐龙角斗场》	VR	吴丽娟	40
6 月 24 日	三楼创客 e 家	《太空穿越》	VR	吴丽娟	38
7 月 22 日	三楼创客 e 家	《探秘海洋世界》《探秘地球世界》	VR	吴丽娟	40
8 月 26 日	三楼创客 e 家	VR 科普讲座	VR	吴丽娟	25
9 月 23 日	三楼创客 e 家	《探秘交通世界》《探秘动物世界》	VR	吴丽娟	28
10 月 29 日	三楼创客 e 家	《探秘北极》《探秘南极》《探秘武器》	VR	吴丽娟	31
11 月 26 日	三楼创客 e 家	《探秘鸟类》《探秘农庄》《探秘飞行世界》	VR	吴丽娟	25
12 月 10 日	三楼创客 e 家	“VR 阅读 ·3D 映像”读者作品颁奖	VR	吴丽娟	65

表 7–9 “创想汇”之 3D 打印 DIY 活动

时间	地点	主题	设备	科普图书	人数
7 月 26 日	三楼创客 e 家	多彩花朵	低温 3D 打印笔	《我的第一本 3D 打印书》	16
8 月 9 日	三楼创客 e 家	酷跑单车	低温 3D 打印笔	《3D 打印基础教程》	16
8 月 23 日	三楼创客 e 家	绚丽小风车	低温 3D 打印笔	《3D 打印基础教程》	16
9 月 17 日	三楼创客 e 家	创意小提琴	低温 3D 打印笔	《爱上 3D 打印》	16
10 月 21 日	三楼创客 e 家	海绵宝宝	低温 3D 打印笔	《爱上 3D 打印》	16
11 月 12 日	三楼创客 e 家	小小工程车	低温 3D 打印笔	《3D 打印梦想与现实之间》	16
12 月 16 日	三楼创客 e 家	孔雀开屏	低温 3D 打印笔	《3D 打印梦想与现实之间》	16

表 7–10　“创想汇”之创意编程公开课

时间	地点	主题	设备	科普图书	导师	人数
8 月 29 日	总馆培训室 5	大战古力帕	电脑	《趣味创意编程》	倪辰飞	30
9 月 10 日	总馆培训室 5	水果钢琴	电脑	《趣味创意编程》	倪辰飞	30
11 月 11 日	总馆培训室 5	疯狂足球	电脑	《Stratch 少儿趣味编程 2》	倪辰飞	22
11 月 18 日	总馆培训室 5	超级英雄	电脑	《Stratch 少儿趣味编程 2》	倪辰飞	44
12 月 10 日	总馆培训室 5	欢乐打地鼠	电脑	《趣学 Scratch 教孩子学编程》	倪辰飞	40
12 月 17 日	总馆培训室 5	迷城寻宝	电脑	《趣学 Scratch 教孩子学编程》	倪辰飞	40

（四）专家点评

深圳宝安区图书馆“创想汇”科普阅读推广活动主要组织开展了 VR 阅读新体验活动、创意编程公开课活动、3D 打印 DIY 活动等。这一系列活动以低龄读者为推广对象，以新技术体验为推广手段，推广活动组织有序，过程合理规范，活动目标圆满达成，是公共图书馆开展科普阅读推广活动的一个成功案例。

“创想汇”的尝试与探索为公共图书馆开展科普阅读推广活动贡献了宝贵的经验，这些经验包括：明确的推广对象、丰富的推广内容、知识与实践的结合以及寻求与其他专业社会教育机构的合作机会。这些经验为其他图书馆组织开展阅读推广活动提供了有益的参考。

——中国图书馆学会科普阅读推广专业委会 副主任　俞传正

六、身边的科学

（一）广州图书馆科普推广活动概述

广州图书馆发挥馆藏资源优势和科技教育优势，结合读者服务工作，创新科普形式，丰富内容，营造氛围，落实《科普法》《全民科学素质行动计划纲要》，为构建科普网络，普及科学知识、弘扬科学精神，提高读者科学素养发挥了积极作用。2006 年，广图获“广州市科学技术普及基地”称号；2011 年，获“广东省人文社会科学普及基地”称号；2012 年，获“广州市《全民科学素质行动计划纲要》实施工作先进集体”称号；“在科学世界里畅游”荣获中国图书馆学会——青少年科普阅读系列活动最佳组织奖。

儿童与青少年部作为广州图书馆科普工作主要的落实部门，其阅览面积3150平方米，座位450个，科普类藏书占总馆藏的21.2%。根据儿童与青少年的需求，开展贴近实际、贴近生活、群众喜闻乐见的特色科普活动，形成了“阅创空间·我是科普小达人”“阅创空间·小小创客”等品牌，2017年，举办科普推广活动126场，参加人数106159人。

（二）活动形式

广州图书馆的科普推广活动人群主要涵盖3~18岁年龄段的儿童与青少年。针对不同年龄段群体，活动形式亦有所不同。主要活动形式包括：

1. 展板展示宣传

开设科普主题书架，向未成年人推荐优秀科普图书。编辑推荐书目宣传单、PPT，科普专题书架、专栏，加入创意摆设。科普图书专题推荐每月一期，每期一主题。2017年，推出数学、空中居民的奇闻趣事、Bigbang宇宙、水果、建筑、历史、生物科学、STEAM等12个主题。

2. 特色主题活动

“阅创空间·我是科普小达人”依托本馆科普资源，每月开展内容丰富、贴近生活的特色科普活动，旨在丰富未成年人的科普知识，拓展科普视野，提高科学素质。主题有环保、地理、化学、气候、天文、建筑、安全教育、生物等，形式有专题小讲座、科普制作、科学实验展示、科普游戏、手工书DIY等。

近年来，人工智能（AI）已深入到日常生活之中。图书馆在科普资源区域设置儿童与青少年创客空间，推出“阅创空间·小小创客”系列活动。创客活动融科学、艺术、阅读、创意、手工于一体，内容包括Scratch创意儿童编程、3D打印工坊、Arduino智能硬件编程、创意积木拼搭等。除开展主题活动外，“阅创空间·小小创客”还推出体验活动和冬/夏令营活动，利用已有空间和阅览桌椅，配备电脑、创客套件、各类DIY创客工具、3D打印机等，鼓励青少年团体或个人进行交流、商讨并创意设计。

3. 专题科普展览

引进新型互动展品——科普大篷车，举办科普展品体验展览。科普大篷车是装载科普展品、科普资料、科普展览和放映科普影片的多功能流动科普宣传设施。

车载展品具有很强的参与性、互动性，被形象地称为“流动的科技馆”。图书馆长期在馆内摆设科普大篷车设备，寓教于乐，满足了未成年人边玩边学的愿望。

举办 3D 立体图书体验科普展览，通过引入科普电子借阅机设备及特殊制作的 3D 科普图书展示墙，让读者可以拿手机等电子设备，自行扫描观看 3D 科普图书。展览以新颖独特的方式，多维的感官刺激，激发未成年人对科学的兴趣，让书上的角色真正跃然纸上，吸引小朋友广泛阅读科普图书。

4. 科普宣传讲座

为向读者推荐科普资源，每年开展大型科普讲座。2017 年，图书馆举办“身边的科学”讲座 5 场，参与人数 1700 人次。2 月，举办《给孩子一个健康童年——儿童春季呼吸系统常见疾病的正确护理专题讲座》，邀请国内著名儿科专家——邓力教授为大家解读春季儿童多发病预防和正确护理。3 月举办《寻找天上的星星——亲子天文知识专题讲座》，组织儿童学习天文的基础知识，让儿童可以辨认星空。6 月，举办《“日食、极光”科技与大自然的和谐之美》，袁凤芳老师和大家分享北欧日食，畅游西藏星空，探索极光之旅；9 月，《儿童建筑，引领想象与创造的儿童乐园》一起看一看，专门为儿童打造的建筑背后隐藏着什么奇妙的构思。12 月，举办《自信微笑，从齿开始》，带领儿童了解口腔护理知识。

5. 大型科普活动

在“科技活动周”和“全国科普日”，图书馆面向小读者开展形式多样的科普活动，如举办天河区科普讲解员大赛、天河区科普宣传周启动仪式、科普大篷车进广图等大型科普活动。2017 年，广州图书馆联合广州市科学技术普及中心，在大岭村开展“科普进山区 科普进农村”科普周主题活动，把图书馆的科普活动带进大岭村，让村民参与其中。活动人数达 600 人，捐赠科普期刊 480 册。

6. 大型科普比赛

2017 年，广州图书馆、广州市青少年科技教育协会、广州市天河区科技工业和信息化局、广州市天河区科学技术协会共同开展了“一起创”2017 年创客大赛，以“全民创客、共建未来”为宗旨，通过竞赛形式鼓励大众从“一起想”“一起学”到“一起造”。大赛根据参赛对象的特点，设有“新人”和“创客”两个级别。其中，新人级按年龄分为亲子组、少儿组、青少年组；创客级分为青少年组、成人组。

（三）活动效果

1. 科普实施主体社会化参与程度高，共建长效合作机制

开展科普活动并非图书馆一个机构在孤军奋战。图书馆联合越来越多的社会主体参与到科普活动中，影响面广、作用力大，与各方形成了长效合作机制。

学生科普志愿者。图书馆常与高校志愿者合作开展科普活动。如与华南理工大学建筑学院的大学生志愿者围绕“建筑”主题，通过科普情景剧、讲座、展览、视频、制作模型、有奖问答等形式，让读者从多方面了解建筑的世界；与广东第二师范学院的志愿者团体合作，为低幼儿童开展科普绘本赏读的活动等。

政府机构。图书馆联合多家政府机构，共同推广科普阅读。如与广州市科普中心联合举办的“科普大篷车”青少年科普展品体验展览；联合广州市科学技术普及中心在“科技活动周”和“全国科普日”期间开展的形式多样的科普教育活动等。

社会教育机构。整合利用社会资源，鼓励社会教育机构与图书馆合作开展形式多样的科普活动。如与魔法图书馆合作，开展编程一小时活动；与星空漫游天文科学俱乐部合作，开展天文知识小讲座等。

2. 社会反响热烈，公众评价好

各类科普推广活动通过广州图书馆微信和微博平台、广州图书馆馆内物料投放、其他媒体支持等线上线下渠道进行宣传推广，社会反响热烈。2017 年，广州图书馆发布宣传稿件近 50 篇，累计阅读量约 72000 次。从参与活动的家长的反馈来看，科普活动的开展确实获得了不错的成效。参加活动的家长认为图书馆活动有意义，对提高孩子科普阅读能力、增长知识非常有帮助。

（四）专家点评

“身边的科学”青少年科普阅读推广案例内容丰富，形式多样，通过主题图书推荐、特色专题活动，“阅创空间”及“科普大篷车”将展览、讲座、比赛、游戏等进行有机结合，将科普阅读做得丰富多彩，形式多样，且在资金并不丰富的基础上取得了丰硕的成果。在 2017 年的科普阅读推广中，该案例涉及了数学、建筑、生物科学、人工智能、STEAM 、Scratch 等课程。更为难得的是他们主动把科普阅读和国内外重大时事有机结合起来，线上线下联合推广，并且走

进山区和农村，通过“一起创”2017年创客大赛，鼓励大众从“一起想”“一起学”到“一起造”，使得科普实施主体社会化参与程度高，社会反响热烈，公众评价好，这一案例最成功的一点就是吸引了一批小读者，让他们养成了一种阅读科普读物的好习惯。

——国家图书馆出版社编辑、中国图书馆学会阅读推广委员会委员　邓咏秋

附录

科普法律与规划

1.《中华人民共和国科学技术普及法》

2.《全民科学素质行动计划纲要》(2006—2010—2020 年)

3.《中华人民共和国科学技术进步法》

4.《关于加强科学技术普及工作的若干意见》

5.《2000—2005 年科学技术普及工作纲要》

6.《2001—2005 年中国青少年科学技术普及活动指导纲要》

7. 关于推进《2001—2005 年中国青少年科学技术普及活动指导纲要》实施工作的意见

8.《关于进一步加强全国环境保护科普工作的意见》

9.《关于加强科技馆等科普设施建设的若干意见》

10.《科普税收优惠政策实施办法》

11.《国土资源科学技术普及行动纲要》(2004—2010 年)

12.《国家中长期科学和技术发展规划纲要(2006—2020 年)

13.《关于加强县(市)科技工作和科普事业发展的指导意见》

14.《关于科研机构和大学向社会开放开展科普活动的若干意见》

15.《国家环保科普基地申报与评审暂行办法》

16.《关于加强国家科普能力建设的若干意见》

17.《科普基础设施发展规划》(2008—2010—2015 年)

18.《全民科学素质行动计划纲要实施方案》(2011—2015 年)

19.《国土资源"十二五"科学技术普及行动纲要》

20.《国家科学技术普及“十二五”专项规划》

科普网站

表 1　科普类公众号头条点赞数前十名

排名	名称	点赞数
1	果壳网（Guokr42）	155137
2	酷玩实验室（coollabs）	38310
3	科学解码（kexuejiema）	20175
4	中国国家地理（dili360）	9425
5	博物（bowuzazhi）	8949
6	腾讯科技（qqtech）	7580
7	小大夫漫画（zhongshanbajie）	5178
8	科普中国（Science_China）	5052
9	农业技术（nyjs123）	5001
10	科技头条（tianxiexuetang）	4855

科普机构

一、科普基地类别

科普基地主要包含五类：

1. 自然科学博物馆类（自然博物馆、各类专业科技博物馆、科技馆、天文馆、动物园、植物园、水族馆和青少年活动场所等）；2. 国家重点实验室类（科研院所、高等院校等单位的实验室或实验基地）；3. 高技术企业和生产基地类（科技部门的技术基地和工业、农业等部门的生产或实验基地）；4. 国家级自然保护区类；5. 图书馆类（略）。

二、科技、文化、教育场馆（138 个）

中国儿童中心、中国妇女儿童博物馆、中国电信博物馆、中国邮政邮票博物馆、北京通信电信博物馆、北京海洋馆、中国气象科技展厅、北京市规划展览馆、中国电影博物馆、北京市海淀区安全教育馆、北京自来水博物馆、北京排水科普展览馆、首都图书馆、北京古代建筑博物馆、首都博物馆、中国第四纪冰川遗迹陈列馆、天津消防教育馆、天津电力科技博物馆、天津开发区三维成像技术博物馆、天津宝成博物苑、中国航标展馆、开滦博物馆、张家口炮兵博物馆、山海关长城博物馆、苗世明藏报馆、辽宁农业博物馆、沈阳盛京自然博物馆、大连市沙河口区中小学生科技中心、鞍山市铁东区青少年活动中心、鞍山科技馆、铁岭市科学馆、大连贝壳博物馆、鞍山市立山区青少年活动中心、义县宜州化石馆。

阜新市科技馆、吉林市博物馆、靖宇火山矿泉群地质博物馆、集安市科技馆、哈尔滨市儿童少年活动中心、大兴安岭资源馆、黑龙江省地质博物馆、黑龙江省科学技术馆、大庆市博物馆、大庆铁人王进喜纪念馆、哈尔滨极地馆、哈尔滨科学宫、大庆油田历史陈列馆、大庆科技馆、上海农业科普馆松江馆、上海消防博物馆、上海邮政博物馆、上海种猪养殖科普馆。

海军上海博览馆、上海铁路博物馆、中国福利会少年宫、上海海洋水族馆、上海汽车博物馆、上海集成电路科技馆、上海院士风采馆、上海民防科普教育馆、上海市禁毒科普教育馆（上海市青少年活动中心）、上海纺织服饰博物馆、闵行区浦江镇青少年教育培训中心、上海风电科普馆、松江区科技馆、上海大自然野生昆虫馆、上海纺织博物馆、上海鲜花港花卉科普馆、上海东方地质科普馆、上海磁浮交通科技馆、上海青少年科技探索馆（上海市卢湾区青少年活动中心）、江川科学健康生活馆（上海市闵行区科协科技馆）、上海长风游艇游船馆。

中华农业文明陈列馆、江苏省妇女儿童活动中心、盐城市气象科普馆、润扬大桥桥梁展览馆、茅以升纪念馆、苏州极地科普馆、中国气象学会、常州少儿自然博物馆、南通科技馆、都城少儿社会体验馆（杭州青少年活动中心）、温州科技馆、中国台风博物馆、金华市青少年宫、马岙博物馆、浙江省珠算协会国华珠算博物馆、合肥现代科技馆、铜陵市科学技术馆、芜湖科技馆、桐城市科技馆、马鞍山市气象局气象科技馆、厦门科技馆、德化县陶瓷博物馆、江西省消防教育博物馆、新干县大洋洲商代青铜博物馆、青岛市妇女儿童活动中心、临沂市科技馆、泰安市科技馆、中国阿胶博物馆、菏泽科普馆、山东省天宇自然博物馆、河南省地质博物馆、濮阳气象科技馆、珠海市青少年妇女儿童活动中心、东莞市科学技术博物馆、广东科学中心、广东中医药博物馆、佛山科学馆、广东省地震科普教育馆、韶关科技馆、三亚自然博物馆、海南省人类生命科技馆、重庆市规划展览馆、聂荣臻元帅陈列馆、四川科技馆、秦九韶纪念馆、四川乐山乌木珍品文化博物苑、攀枝花市青少年科技活动中心、贵州科技馆、黔东南州民族博物馆、赤水桫椤博物馆、贵州顶效开发区绿荫贵州龙动物群化石陈列馆、昆明动物博物馆、云南民族博物馆、云南李家山青铜器博物馆、保山市博物馆、大理市博物馆、耀州窑博物馆、甘肃省博物馆、青海阳光医学历史博物馆、新疆科技馆、温泉县新疆北鲵馆、新疆生产建设兵团农二师华山中学科技展馆。

三、社会公共场所（82个）

中科院北京植物研究所北京植物园、北京八达岭国家森林公园、北京植物园、北京延庆硅化木国家地质公园、北京市顺义区汉石桥湿地自然保护区、北京花乡世界花卉大观园、天津万源龙顺度假庄园、野三坡世界地质公园、河北衡水湖国家级自然保护区、石家庄市植物园、临城县崆山白云洞旅游区、阳泉市翠枫山自然风景区、二连盆地白垩纪恐龙国家地质公园、吉林莫莫格国家自然保护区、辽宁医巫闾山国家级自然保护区、辽宁双台河口国家级自然保护区、辽宁老秃顶子国家级自然保护区、海州露天矿国家矿山公园、辽宁省本溪水洞景区、黑龙江嘉荫恐龙国家地质公园神州恐龙博物馆、伊春市汤旺河林海奇石风景区、上海野生动物园、上海植物园、宝山区吴淞炮台湾湿地公园、崇明东滩鸟类自然保护区、东方假日田园、上海马陆葡萄公园、星期8小镇（上海童梦企业管理有限公司）、江苏省盱眙铁山寺天文科普园、扬州世界动物之窗、姜堰市溱湖湿地公园、溧阳市天目湖望湖岭旅游发展有限公司（天目湖水电科普园）、常山国家地质公园、杭州植物园、安吉中南百草园、浙江新昌硅化木国家地质公园、安吉江南天池度假村、天柱山风景名胜区、福建省三明仙人谷国家森林公园、屏南县白水洋国家地质公园、永春牛姆林自然保护区、泰宁世界地质公园、福建深沪湾海底古森林遗迹自然保护区、厦门华侨亚热带植物引种园、江西井冈山国家级自然保护区南昌市动物园、山东长岛国家级自然保护区、刘家湾赶海园、临沂动植物园青岛银海大世界、青岛海底世界、诸城白垩纪恐龙地质公园、西峡恐龙遗迹园、河南宝天曼国家级自然保护区、河南省洛阳白云山国家森林公园、嵩县天池山国家森林公园、洛阳万山湖旅游有限公司龙潭大峡谷景区、湖北省赛武当自然保护区、黄石国家矿山公园、郧县国家地质公园、莽山国家森林公园、广州市流溪河国家森林公园、广东南岭国家级自然保护区、广东茂名森林公园、广东广宁碧翠湖宝锭山景区、广东内伶仃福田国家级自然保护区、惠东港口海龟国家级自然保护区、广西南宁良凤江国家森林公园、北海海洋之窗、南宁海底世界、重庆兴澳海底世界、青川县东河口地震遗址公园、九寨沟国家级自然保护区、四川江油国家地质公园、兴文县世界地质公园、自贡市桑海井科普教育基地、贵阳药用植物园、贵州关岭化石群国家地质公园、贵州百里杜鹃风景名胜区、云南腾冲火山热海旅游区、云南禄丰世界恐龙谷旅游区、宁夏青铜峡库区湿地、西吉县火石寨国家级地质森林公园、伊吾县苇子峡太阳历广场。

四、科研院所（84 个）

北京交通大学物理演示与探索实验室、北京邮电大学信息与通信技术科普教育基地、北京农业信息技术研究中心、中科院国家天文台兴隆观测基地、中国航天员科研训练中心、南开大学医学知识科普基地、河北大学博物馆、石家庄经济学院地球科学博物馆、河北科技师范学院生物标本馆、阳泉市气象科普教育基地、沈阳理工大学兵器博物馆、长白山科学研究院、白城市气象台、吉林省气象科普馆、长春市林业科学研究院、吉林农业科技学院、黑龙江省农业科学院绥化分院、哈尔滨工程大学启航活动中心、齐齐哈尔医学院基础医学院形态学展馆、国家超细粉末工程研究中心、中国水产科学研究院东海水产研究所鱼类标本馆、上海电机学院机械原理与先进制造技术展示厅、中国科学院上海昆虫博物馆、上海市松江区气象科普教育基地、上海中医药大学附属岳阳中西医结合医院、东南大学吴健雄纪念馆、南京大学化学化工学院、南京北极阁气象科普基地、中国人民解放军南京军区南京总医院（比较医学中心，动物实验中心，比较医学科）、浙江大学科技创新成果展馆、浙江大学实验农场、浙江大学水科学全国科普教育基地、杭州市气象科普教育基地、绍兴市农业科学研究院、中国科学技术大学国家同步辐射实验室、厦门市青少年天文气象馆、武夷山市武夷蛇类研究所、福建省气象台、龙岩市农业科学研究所、福建农林大学蜂疗研究所、福建农林大学中华名特优植物园、江西省蚕桑茶叶研究所、中国海洋大学海洋环境与生态教育部重点实验室、烟台市农业科学研究院、山东航天电子技术研究所、郯城马陵山地震台、河南理工大学地球科学馆、濮阳市地震台、开封市气象台、华中农业大学农业生命科学技术科普基地、华中科技大学物理学院、中华鲟研究所、怀化职业技术学院水稻纪念园、中山市气象科普教育基地、广州市农业科学研究所、阳江市气象科普基地、广州气象卫星地面站、南宁市蔬菜研究所、广西中医学院医药会展中心、中国林业科学研究院热带林业研究所试验站、重庆市畜牧科学院、电子科技大学科学技术研究展示厅、贵州省生物技术研究所、黔西南州气象局、医科院药植所云南分所、德宏州气象局、云南省旅游学校地学旅游博物馆、大理市气象局、林芝地区气象科普基地、山南地区气象科普教育基地、西藏地勘局中心实验室、长安大学地质博物馆、兰州大学校史馆博物馆、渭南市气象科普教育基地、兰州大学半干旱气候与环境观测站、中国科学院寒区旱区环境与工程研究所、中国科学院寒区旱区环境与工程研究所沙坡头沙漠研究试验站、宁夏医科大学（大众基础医学知识科普教育基地、大众临床医学知识科普教育基地、大众中医药学知识科普教育基地）、北方民族大学化工及机械基础科普基地、伊犁师范学院标本馆、石河子大学博物馆、新疆师范大学生物标本馆、塔城地区农业科学研究所、石河子气象地震科普教育基地。

五、生产设施（62 个）

天津市农业高新技术示范园区、天津天士力集团有限公司、协和干细胞基因工程有限公司、天津诺恩水产技术发展有限公司、天津中新药业研究中心、天津市建筑节能推广培训中心、天津泰达环保有限公司、天津杨柳青园艺科技博览园、天津津南国家农业科技园区、内邱县长寿百果庄园、河北富岗苹果基地、和林格尔县农民科技推广示范教育基地、杭锦后旗乌兰布和沙区林业科普基地、内蒙古联通综合业务体验馆、彰武县隆江牧业有限公司、建昌县高效农业科普示范基地、盘锦光合水产科普教育基地、抚顺北研科普示范基地、吉林公主岭国家农业科技园区现代农业示范园、长春市农博园、吉林丰满发电厂、吉林世纪阿姆斯生物技术有限公司科普基地、铁力市农业科技示范园区、黑龙江黑宝药业股份有限公司、上海申亚农业科技有限公司、上海城市蔬菜产销专业合作社城市园艺场、上海浦东美商生活垃圾生化综合处理厂、上海正义园艺有限公司、中国电信股份有限公司上海分公司信息生活体验馆、金坛市江南农耕园、江苏艺林园花木有限公司、中国国电集团温岭江厦潮汐试验电站、杭州钢铁集团公司、平湖市澳多奇农庄、光泽县鸿建科技农庄、寿光市蔬菜高科技示范园、中国黄金实景博览苑、山东兖矿集团济宁三号煤矿、寿光市洛城绿色食品示范基地、胜利油田科技展览中心、保龄宝生物股份有限公司营养科学传播中心、昌邑市绿博园、皇明中国太阳谷、新安县蜗牛产业协会、"铝是怎样炼成的"科普教育基地、武汉开隆高新农业发展有限公司、湖北省现代农业展示中心、深圳市建筑科学研究院有限公司、仁化县丹霞佳大农业科技园、汕头农业科学园、广西现代农业技术展示中心、重庆市鳄鱼养殖中心、四川省旌阳科普示范基地、巴中市巴州区清江果药开发研究会、金沙江溪洛渡向家坝水电站珍稀特有鱼类增殖放流站、四川沱牌集团有限公司、贵阳供电局节能展示中心、西藏现代农业示范园区、林芝地区藏药材基地、新疆华联现代农业科技示范园、中国农村专业技术协会、山东省科协。

六、其他（40个）

中国北方国际射击场、天津市东丽区育才中学、塘沽区中小学生活劳动教育基地、中青消防安全教育基地、石家庄市中小学生校外综合实践活动基地、河北衡水中学、榆社县河峪酥梨小米经济协会、阳泉市矿区赛鱼小学科学宫、介休市教育局中小学生素质教育基地、丹东市市民科普教育基地、锦州市凌河区青少年素质教育实践基地、九台市金穗国防科普教育基地、鹤岗市育民小学、上海市育民中学"蓝鸿铭海洋鱼类标本馆"、上海市青少年校外活动营地—东方绿舟、上海超级计算中心、上海市血液中心、南京市建邺区江心洲街道、江苏省靖江高级中学、江苏省泗洪中学、宜兴市宜城街道宝东社区、奉化市滕头学生社会实践基地、宁波市青少年绿色学校、浙江省新昌中学、浙江景宁中学生物馆、厦门市消防教育馆、日照经济开发区公安消防大队、胶南市职业中等专业学校、成武县第二中学、青岛市中小学素质教育实践基地、济南高新开发区活力元素开发中心、潮安县青少年航空航天科技教育基地、中山国防教育训练基地、巴县中学校科技馆、重庆市电力科技展厅、成都市双流县中和中学、成都农业科技职业学院、宝鸡市消防科普教育基地、陕西兵器游乐世界、宁夏电力公司教育培训中心。

科普类推荐书目

一、科普理论阅读

表 2　科学理论阅读书目

序号	题名	著者	出版者	出版年
1	从一到无穷大：科学中的事实和臆测	［美］G. 伽莫夫著	科学出版社	2002
2	推理的迷宫：悖论、谜题及知识的脆弱性	［美］威廉·庞德斯通著	北京理工大学出版社	2005
3	通向实在之路：宇宙法则的完全指南	［英］罗杰·彭罗斯著	湖南科学技术出版社	2008
4	啊哈，原来如此！	［美］马丁·伽德纳著	科学出版社	2008
5	分子共和国	北京大学化学与分子工程学院编	知识出版社	2009
6	超越时空：通过平行宇宙、时间卷曲和第十维度的科学之旅	［美］加来道雄著	上海科技教育出版社	2009
7	玫瑰之吻：花的博物学	［美］伯恩哈特著	北京大学出版社	2009
8	哥德尔、艾舍尔、巴赫：集异璧之大成	［美］侯世达著	商务印书馆	1997
9	黑洞	［法］约翰·皮尔·卢米涅著	湖南科学技术出版社	1997
10	人脑之谜（2 版）	［英］苏珊·格林菲尔德著	上海科学技术出版社	2012
11	皇帝新脑：有关电脑、人脑及物理定律	［英］罗杰·彭罗斯著	湖南科学技术出版社	2007

续表 1

序号	题名	著者	出版者	出版年
12	时间简史：插图本	［英］史蒂芬·霍金著	湖南科学技术出版社	2010
13	阿西莫夫最新科学指南（上下册）	［美］艾萨克·阿西莫夫（Isaac Asimov）著	江苏人民出版社	2000
14	果壳中的宇宙	［英］史蒂芬·霍金著	湖南科学技术出版社	2006
15	大众天文学（上下册）	［法］C. 弗拉马里翁著	广西师范大学出版社	2003
16	什么是数学：对思想和方法的基本研究（3 版）	［美］R. 柯朗 H. 罗宾著	复旦大学出版社	2012
17	几何原本（2 版）	［古希腊］欧几里得	人民日报出版社	2009
18	生活中的魔法数学：世界上最简单的心算法	［美］亚瑟·本杰明 ［美］迈克尔·谢尔默著	中国传媒大学出版社	2007
19	寂静的春天	［美］蕾切尔·卡森（Rachel Carson）著	长江文艺出版社	2017
20	趣味物理学	［苏］别莱利曼著	中国青年出版社	2011
21	物理世界奇遇记	［美］乔治·伽莫夫、 ［英］罗素·斯坦纳德著	科学出版社	2008
22	昆虫记 . 修订本	［法］J.H. 法布尔著	作家出版社	2011
23	医疗大趋势	［美］斯蒂芬·申弗　编著	科学出版社	2009
24	为什么要相信达尔文	［美］杰里 ·A. 科因著	科学出版社	2009
25	进化！进化？：达尔文背后的战争	史钧著	辽宁教育出版社	2010
26	性别战争	［美］奥利维雅·贾德森著	山西人民出版社	2010
27	你不可不知的 50 个数学知识	［英］克里利著	人民邮电出版社	2010
28	大设计	［美］列纳德·蒙洛迪诺 ［英］史蒂芬·霍金著	湖南科学技术出版社	2011
29	植物学通信	［法］让·雅克·卢梭著	北京大学出版社	2011
30	复杂	［美］梅拉妮·米歇尔著	湖南科学技术出版社	2011
31	涌现：从混沌到有序	［美］约翰·霍兰著	上海科学技术出版社	2006
32	逼近的瘟疫	［美］劳里·加勒特著	生活·读书·新知三联书店	2017
33	病毒来袭	［美］内森·沃尔夫著	浙江人民出版社	2014

续表 2

序号	题名	著者	出版者	出版年
34	大流感：最致命瘟疫的史诗	［美］约翰·M. 巴里著	上海科技教育出版社	2018

二、科学趣味阅读

表 3　科学趣味阅读书目

序号	题名	著者	出版者	出版年
1	魔鬼出没的世界	［美］卡尔·萨根著	吉林人民出版社	1998
2	水知道答案	［日］江本胜著	南海出版公司	2013
3	动物必须刷牙吗	［德］亨宁·维斯纳著	生活·读书·新知三联书店	2006
4	没有我们的世界	［美］艾伦·韦斯曼著	上海科学技术文献出版社	2007
5	当彩色的声音尝起来是甜的	科学松鼠会编著	上海三联书店	2009
6	全民防灾应急手册	国家减灾委员会	科学出版社	2009
7	古地图密码	刘刚著	广西师范大学出版社	2009
8	所罗门王的指环	［奥］劳伦兹著	中国和平出版社	1998
9	密码故事	［美］西蒙·辛格著	海南出版社	2001
10	第三种猩猩：人类的身世与未来	［美］杰拉德·戴蒙德著	上海译文出版社	2018
11	七巧板、九连环和华容道：中国古典智力游戏三绝	吴鹤龄著	科学出版社	2004
12	星座与希腊神话	力强编	科学普及出版社	1980
13	科学成就健康	方舟子著	新华出版社	2007
14	未来总统的物理课	［美］R.A. 穆勒著	湖南科学技术出版社	2009
15	我们为什么生病：达尔文医学的新观念	［美］R.M. 尼斯 ［美］G.C. 威廉斯著	海南出版社	2009
16	黑猩猩的政治	［美］德瓦尔著	上海译文出版社	2014
17	战争的果实：军事冲突如何加速科技创新	［美］迈克尔·怀特著	生活·读书·新知三联书店	2016
18	生命八卦	袁越著	生活·读书·新知三联书店	2015

续表

序号	题名	著者	出版者	出版年
19	不懂科学倒大霉	［美］彼得·丁·本特利著	中国人民大学出版社	2010
20	一百种尾巴或一千张叶子	王冬著	中国轻工业出版社	2010
21	大象的时间，老鼠的时间	［日］本川达雄著	南海出版公司	2010
22	大象为什么不长毛	方舟子著	海豚出版社	2010
23	视觉天下	膳书堂文化	中国画报出版社	2010
24	别让错误常识闹笑话	［德］克里斯塔·珀佩曼著	中央编译出版社	2011
25	冷浪漫	科学松鼠会	中国书店	2011
26	植物知道生命的答案	［美］丹尼尔·查莫维茨著	长江文艺出版社	2014
27	一平方英寸的寂静	［美］戈登·汉普顿著	商务印书馆	2014
28	万兽之灵	奚志农著	电子工业出版社	2014
29	第四级病毒	［美］约瑟夫·麦科明克	长春出版社	1997
30	趣味天文学	［俄］雅科夫·伊西达洛维奇·别莱利曼著	中国青年出版社	2017
31	天空的魔力	［加］特伦斯·狄金森 ［加］艾伦·戴尔 著	湖南科学技术出版社	2016
32	剑桥插图天文学史	［英］米歇尔·霍斯金著	山东画报出版社	2003
33	宇宙的琴弦	［美］布赖恩·格林著	湖南科学技术出版社	2004
34	新十万个为什么	幼狮文化编著	浙江少年儿童出版社	2011
35	中国儿童百科全书	《中国儿童大百科全书》编委会编	中国大百科全书出版社	2010
36	美国国家地理少儿版百科	美国国家地理学会编	浙江少年儿童出版社	2010
37	探索频道：少儿大百科全书	［英］萨莉·摩根编	湖北美术出版社	2011
38	小牛顿科学馆套装	台湾牛顿出版公司编	九州出版社	2014
39	高危地带	［美］理查德·普莱斯顿	重庆出版社	2005
40	植物王国的奇迹	［英］罗布·克塞勒 ［英］沃尔夫冈·斯塔佩尔著	人民邮电出版社	2015
41	真实世界的脉络	［英］戴维·多伊奇著	广西师范大学出版社	2002
42	传奇医学	［英］威廉·拜纳姆 ［英］海伦·拜纳姆著	人民邮电出版社	2015
43	图解太阳系：探访我们的宇宙家园和邻居	［美］马库斯·乔恩著	人民邮电出版社	2014

三、科学史阅读

表 4　科学史阅读书目

序号	题名	著者	出版者	出版年
1	上帝与新物理学	［英］保罗·戴维斯著	湖南科学技术出版社	2011
2	费马大定理	［英］西蒙·辛格著	广西师范大学出版社	2013
3	黑洞与时间弯曲	［美］基普·S. 索恩著	湖南科学技术出版社	2007
4	万物简史	［美］比尔·布莱森著	接力出版社	2009
5	逻辑的引擎	［美］马丁·戴维斯著	湖南科学技术出版社	2018
6	疯狂实验史	［瑞］雷托·U. 施奈德著	生活·读书·新知三联书店	2015
7	贪玩的人类：那些把我们带进科学的人	老多著	科学出版社	2010
8	科学的历程	吴国盛著	湖南科学技术出版社	2002
9	脊椎动物话古今	叶祥奎编著	湖南教育出版社	1997
10	别闹了，费曼先生：科学顽童的故事	［美］费曼著	生活·读书·新知三联书店	1997
11	物理学的进化	［德］艾·爱因斯坦	湖南教育出版社	2007
12	古今数学思想	［美］莫里斯·克莱因著	上海科学技术出版社	2013
13	创世纪的第八天：20 世纪分子生物学革命	［美］霍勒斯·贾德森著	上海科学技术出版社	2005
14	科学史十五讲	江晓原主编	北京大学出版社	2006
15	上帝掷骰子吗	曹天元著	辽宁教育出版社	2006
16	原子弹秘史（上下册）	［美］理查德·罗兹著	上海科学技术出版社	2008
17	哥德尔：逻辑的困惑	［美］约翰·道森著	湖南科技出版社	2009
18	大爆炸：宇宙通史	［英］布赖恩·梅著	广西科学技术出版社	2010
19	数学那些事儿	［美］威廉·邓纳姆著	人民邮电出版社	2011
20	人类历史未解之谜全集	未来著	内蒙古科学技术出版社	2009
21	科学外史	江晓原著	上海人民出版社	2017

四、科技部推荐

表 5　科技部推荐书目

序号	题名	著者	出版者	出版年
1	神奇科学	赵致真 / 王俊主编	北京出版社	2014
2	北京市民科学素养读本	朱世龙主编	北京科学技术出版社	2015
3	星际穿越	［美］基普·索恩著	浙江人民出版社	2015

续表 1

序号	题名	著者	出版者	出版年
4	万物运转的秘密：给青少年的物理世界入门书	［英］大卫·麦考利著	电子工业出版社	2014
5	美丽中国	禹奇才主编	广东科技出版社	2013
6	美国国家地理少儿百科	美国国家地理学会编	安徽少年儿童出版社	2014
7	爱哭鬼小隼	［日］河合隼雄著	浙江人民出版社	2013
8	大嚼科学·动物卷	钟欢著	明天出版社	2014
9	哦，有了：改变人类生活的 100 位发明家和 100 项发明	［意］Antonio Cianci 著	科学技术文献出版社	2014
10	看不见的森林	［美］戴维·乔治·哈斯凯尔著	商务印书馆	2014
11	信息简史	［美］詹姆斯·格雷克著	人民邮电出版社	2013
12	寻找天堂	［德］马托·巴尔福斯著	江苏科学技术出版社	2012
13	酷虫学校	吴祥敏著	北方妇女儿童出版社	2011
14	听科学家讲故事	李瑞宏主编	浙江教育出版社	2014
15	HOW WHY 美国经典少儿百科知识全书	［美］世界图书出版公司著	广西科学技术出版社	2010
16	印刷术的历史	东方暨白著	河南大学出版社	2015
17	野生动物的神奇故事	程红　藏春材主编	中国林业出版社	2014
18	敦煌雅丹地貌形成发育过程图谱	屈建军著	地质出版社	2014
19	魅力中国海系列丛书	盖广生　苗振清主编	中国海洋大学出版社	2014
20	神奇的人体生物钟	［德］蒂尔·伦内伯格著	重庆大学出版社	2013
21	洛杉矶雾霾启示录	［美］奇普·雅各布斯著	上海科学技术出版社	2014
22	疯狂的十万个为什么	崔钟雷主编	黑龙江美术出版社	2016
23	果壳阅读·生活习惯简史	果壳著	新蕾出版社	2015
24	彩图科学史话生物	刘夙　李元主编	辽宁少年儿童出版社	2015
25	《走近科学》精品文库	走进科学编辑部	江苏少年儿童出版社	2007
26	创新的启示	路甬祥著	中国科学技术出版社	2013
27	发现世界丛书（8 册）	褚君浩主编	上海辞书出版社	2013
28	见微知著	［美］弗兰柯著	中国科学技术大学出版社	2014
29	肿瘤患者就诊指南系列	杨宇飞主编	人民卫生出版社	2004
30	奇迹在哪里	闻泉新著	浙江教育出版社	2014
31	植物让人如此动情	祁云技著	西安电子科技大学出版社	2014
32	躲不开的食品添加剂	孙宝国主编	化学工业出版社	2012
33	中华印刷典故	张树栋著	江西科学技术出版社	2014

续表 2

序号	题名	著者	出版者	出版年
34	徜徉生命海洋	刘宏颀主编	第四军医大学出版社	2013
35	五彩缤纷的虚拟现实世界	陈定方主编	中国水利水电出版社	2015
36	中国鸟类图鉴	赵欣如主编	商务印书馆	2018
37	材料图传	郝士明编著	化学工业出版社	2014
38	化石与生命	王章俊编著	中国地质大学出版社	2014
39	一只萤火虫的旅行	付新华著	上海锦绣文章出版社	2016
40	矿物世界	［德］贝特赫尔德·奥腾斯著	地质出版社	2014
41	追光	雷仕湛著	上海交通大学出版社	2013
42	古生物图鉴丛书	赵闯绘	湖南科学技术出版社	2013
43	哇，找到啦！	［意］Antonio Cianci 著	科学文献出版社	2014
44	猎豹的眼泪	［美］史蒂芬·奥布莱恩著	北京大学出版社	2014
45	岩羊在等狼回来	钟嘉编	新世纪出版社	2014
46	首席专家李宗浩谈急救	李宗浩著	湖南科学技术出版社	2008
47	消失与创造并举	汤钊猷著	上海科学技术出版社	2015

五、科普类文学作品

表 6　科普类文学作品书目

序号	题名	著者	出版者	出版年
1	太空漫游	［英］布赖恩·梅著	广西科学技术出版社	2016
2	80 天环游地球	［法］凡尔纳著	吉林美术出版社	2014
3	地心漫游记	［法］儒勒·凡尔纳著	北京少年儿童出版社	2015
4	海底两万里	［法］凡尔勒著	浙江教育出版社	2018
5	华氏 451	［美］雷·布拉德伯里著	上海译文出版社	2017
6	神经浪游者	［加］威廉·吉布森著	上海科技教育出版社	1999
7	三体	刘慈欣著	重庆出版社	2008
8	宇宙的光荣	潘家铮著	湖北科学技术出版社	2017
9	2001 太空漫游	［英］阿瑟·克拉克著；郝明义译	上海人民出版社	2013
10	与拉玛相会	［英］亚瑟·克拉克著；蔡南德译	四川少年儿童出版社	2000

六、2002—2017 年出版的优秀科普书目

表 7　2002—2017 年出版的优秀科普书目

序号	题名	著者	出版者	出版年
1	我们人类的基因	［英］亚当·卢瑟福著	中信出版集团	2017
2	地球之美	［法］帕特里克·德韦弗文；让·弗朗索瓦·布翁克里斯蒂亚尼 图	新星出版社	2017
3	太空日记	景海鹏、陈冬等著	四川科学技术出版社	2017
4	给孩子讲量子力学	李淼著	民主与建设出版社	2017
5	吃货的生物学修养：脂肪、糖和代谢病的科学传奇	王立铭著	清华大学出版社	2016
6	消失的微生物：滥用抗生素引发的健康危机	［美］马丁·布莱泽	湖南科学技术出版社	2016
7	星空帝国：中国古代星宿揭秘	徐刚、王燕平	人民邮电出版社	2016
8	去野外	［葡］贝尔纳多·卡瓦略、［葡］伊内斯·特谢拉·多罗萨里奥、［葡］玛利亚·安娜·佩谢·迪亚斯	广西科学技术出版社	2016
9	“523”任务与青蒿素研发访谈录	屠呦呦，罗泽渊，李国桥，张剑方，吴滋霖，施凛荣等口述；黎润红访问整理	湖南教育出版社	2015
10	癌症·真相：医生也在读	菠萝著	清华大学出版社	2015
11	这就是二十四节气	高春香，邵敏著；许明振，李婧绘	海豚出版社	2015
12	爸爸的画（全二册）	丰子恺，丰陈宝，丰一吟著	华东师范大学出版社	2015
13	人类简史	［以色列］尤瓦尔·赫拉利著	中信出版集团	2014
14	万物运转的秘密：给青少年的物理世界入门书	［英］大卫·麦考利（David Mac aulay），尼尔·阿德利（Neil Ardley）著	电子工业出版社	2014
15	信息简史	［美］詹姆斯·格雷克著	人民邮电出版社	2013
16	自然笔记：开启奇妙的自然探索之旅	芮东莉著	中信出版社	2013

续表 1

序号	题名	著者	出版者	出版年
17	大数据时代	［英］维克托·迈尔·舍恩伯格著	浙江人民出版社	2012
18	数学之美	吴军著	人民邮电出版社	2012
19	爱上科学：不可思议的地球之谜	崔钟雷编	凤凰出版社	2012
20	发现之旅	［英］托尼·赖斯著	商务印书馆	2012
21	时间的形状	汪洁著	新星出版社	2012
22	冷浪漫	科学松鼠会	中国书店	2011
23	天涯芳草	刘华杰著	北京大学出版社	2011
24	希望：拯救濒危动植物的故事	［英］珍·古道尔著	上海科技教育出版社	2011
25	DNA：生命的秘密	［美］詹姆斯·沃森（James D. Watson），安德鲁·贝瑞（Andrew Berry）著	上海世纪出版集团	2010
26	当彩色的声音尝起来是甜的	科学松鼠会编著	上海三联书店	2009
27	科学的旅程	［美］雷·斯潘根贝格，［美］黛安娜·莫泽著	北京大学出版社	2008
28	没有我们的世界	［美］Alan Weisman 艾伦·韦斯曼	上海科学技术文献出版社	2007
29	营国匠意	朱耀廷主编；朱祖希著	中华书局	2007
30	追星：关于天文、历史、艺术与宗教的传奇	卞毓麟著	上海文化出版社	2007
31	科学是怎样败给迷信的	［美］约翰·C. 伯纳姆著	上海科技教育出版社	2006
32	医事：关于医的隐情与智慧	讴歌著	北京出版社	2006
33	万物简史	［美］比尔·布莱森著	接力出版社	2005
34	当中医遇上西医：历史与省思	区结成著	生活·读书·新知三联书店	2005
35	游戏中的科学	［德］普雷斯著	海南出版社	2004
36	基因组：人种自传 23 章	［英］马特·里德利（Ridley Matt）	北京理工大学出版社	2003

续表 2

序号	题名	著者	出版者	出版年
37	我的野生动物朋友	［法］蒂皮·德格雷著　阿兰·德格雷 茜尔维·罗伯特 图	云南教育出版社	2002

七、科普期刊（36 种）

《科学画报》《科学中国人》《人与自然》《科幻世界》《大自然探索》《百科知识》《太空探索》《中国国家地理》《园林》《动物世界》《大科技》《大众医学》《自然杂志》《天文爱好者》《森林与人类》《知识就是力量》《智力》《海洋世界》《科学大观园》《健康博览》《人与生物圈》《生命世界》《科学世界》《大科技（科学之谜）》《Deep 中国科学探险》《科幻世界》《小哥白尼》《新疆人文地理》《生物进化》《科学 24 小时》《科学生活》《化石》《大自然》《科学观察》《科学导报》，还有《科技新时代》（美国《Popular Science》杂志的简体中文版）。

后 记

接到中国图书馆学会交付的任务后，我们科普阅读推广专委会的委员既踌躇满志，又忐忑不安。

近年来，阅读推广工作已经进入图书馆核心业务范畴。许多图书馆的阅读推广活动由 2010 年前的几场、十几场，跃升到现在的一年百场，有的馆甚至达到三百场。阅读推广活动内容丰富，形式多样。科普阅读推广活动是其中重要的组成部分，科普阅读推广工作取得的成绩亦在其中。许多公共图书馆被评为“全民阅读示范基地”的同时，也被作为当地重要的科普教育平台。科普阅读推广工作，加强了图书馆的文献建设，改善了图书馆的设备设施条件，培养锻造出了一支优秀的领读者队伍，扩大了图书馆的知名度、影响力，为提升社会公众的科学素养做出了独特贡献。全民阅读推广活动在社会上已蔚然成风，越来越多的公共图书馆与科技馆、博物馆、科协、高校、科研院所合作共享不同的资源，共同推动科普阅读推广工作的新进展、新成果。图书馆界与社会各界在科普阅读推广领域的成果与成就需要我们科普阅读推广专委会收集、整理、提炼、归纳，以便从中找出体现科普阅读推广的客观规律性，进而更好地指导阅读推广实践工作，这是编写本书的目和初衷。

本书的编写人员有来自省级、地市级公共图书馆的科普阅读推广工作者，也有来自科研院所、高校的研究人员，更有科协、科技馆的领导与专家。

本书编写分工如下：第一、二讲由阅读推广委员会科普阅读推广专委会副主任、首都图书馆策划部主任、研究馆员王海茹统筹；第三、四讲由阅读推广委员会科普阅读推广专委会副主任，河北大学管理学院教授、硕士生导师杨秀丹统筹，参加编写的人员有杭州科技职业技术学院图书馆馆员张泽华、河北大学管理学院研究生葛文娴、河北工程大学图书馆高月贤；第五、六讲由中科院文献情报中心图书馆与知识学习中心主任、副研究馆员徐慧芳统筹，参加编写的人员有中科院文献情报中心图书馆与知识学习中心馆员黄雯越、檀博、涂志芳、陈佳男；第七、八讲由阅读推广委员会科普阅读推广专委会主任，北京市东城区第一图书馆馆长、研究馆员肖佐刚统筹，参加编写的人员有中国科学院自然科学史研究所原副所长、研究员、博士生导师和中国科技馆原馆长王渝生，北京科普发展中心副主任霍利民，阅读推广委员会科普阅读推广专委会委员、北京市东城区第一图书馆副馆长、副研究馆员穆红梅，北京市东城区第一图书馆副馆长、馆员高磊，北京市东城区第一图书馆馆员陈朝霞，北京市通州区图书馆馆长、研究馆员杨兰英，广州图书馆馆员冼伟红，广州少年儿童图书馆馆员吴翠红，金陵图书馆馆员张恺，上海浦东图书馆馆员房向群、刘丹，张家港市图书馆馆员朱斐，深圳宝安区图书馆馆员颜湘原。

书稿交给编辑后，我们的内心稍有安定。然而付梓出版后，能不能赢得同仁的认可，能不能使大家在工作中有所借鉴，我们的心依然忐忑，但仍充满期待。

感谢中图学会对我们的信任，我们在编写这书本时，不仅学到了很多知识，开阔了眼界，而且真真切切地感受到了“图书馆是一个生长着的有机体”这一强大动力。在图书馆行业这片广袤的天地里，科普阅读推广工作必将大有作为。

肖佐刚

2018 年 11 月 18 日